あたって

外国為替業務の分野は多岐に及び，しかもさまざまな法律知識と取引の仕組みの理解が必要となるため，これらすべてに精通するには大変な努力が必要となります。それでもあせらず一つひとつ理解できる範囲を広めていけば，ある程度の目標に到達できます。その結果，内部事務を担当されている方は自信をもって正確・迅速に業務をこなせるようになるでしょう。また，渉外部門を担当されている方には，顧客ニーズに合った高度な知的サービスの提供も可能となります。

本書は，銀行業務検定試験「外国為替３級」の受験参考書として刊行されたものです。銀行業務検定試験「外国為替３級」では，法令知識を問う問題が多数出題されています。このため本書では，第１章から第３章までを外国業務に関連する法令・約定書の記述に集約しています。そして第４章からは業務の流れに沿って，前述の法令を応用し各項目の理論と事例を交えた実務的な説明に重点をおいています。過去の試験問題については『外国為替３級問題解説集』に収録されておりますが，本書では受験用の知識はもちろんのこと，日々の業務にも役立つよう最新の動向も盛り込んでアップデートを図っています。実務家にとって役に立つ内容であることから，試験を離れてもご利用いただけるものと確信しております。

本書を『外国為替３級問題解説集』と併せて活用されることにより，より効果的な準備ができることでしょう。銀行業務検定試験「外国為替３級」に合格されることを祈念してやみません。

2024 年 6 月

経済法令研究会

目　次

第１章　外為関係法令

第２章　外為関係の約定書と外国為替の基本

第３章　UCP600 の規定内容

第４章　輸出為替

第５章　輸入為替

第６章　貿易外取引

第７章　為替相場

第８章　外貨預金・非居住者円預金・インパクトローン

第９章　国際金融・デリバティブ

第 10 章　外為取引実践

学習の手引・本書の利用のしかた

本書は，銀行業務検定試験『外国為替３級』受験のための参考書です。

当試験の問題は，五答択一式50問となっていますが，その出題範囲および問題数は，「基本問題」10問，「輸出為替」10問，「輸入為替」10問，「予約・為替相場」5問，「貿易外取引」5問，「資本取引・国際金融」10問です。

本書の構成は，外国為替取引に係る法令・国際ルールから始まり，全編を通して外国為替のすべてが理解できるような章立てとなっており，試験範囲をカバーするよう構成してあります。

各章で取り上げる項目（テーマ）は，過去の試験問題において，直接または関連づけて出題されていますので，必ず一度は目を通して理解するまで読まれることをおすすめします。

そこで，本書には次の大きな特長を設けてあります。

①〈**学習上のポイント**〉……本文を読み始める前に，各項目を大局的に概観し，要所を把握するのに役立ちます。

②〈**重要箇所はゴシック体で強調**〉……本文中，特に重要と思われる記述についてはゴシック体で強調してありますので，メリハリをつけて読み進めることができます。

③〈**関連過去問題の併記**〉……本文中，過去問題に関連している箇所については，欄外に過去問題の出題年および問番号を併記しました。

なお，本書を読んだうえで内容につき理解されましたら，過去問題にチャレンジしてください。そのためには，別に刊行されている『外国為替３級問題解説集』（銀行業務検定協会編）を腕試しとして利用されることをおすすめします。実際に問題を解いてみて，誤ったところは再度確かめる。その繰返しの学習により理解は一層深まるでしょう。

『ローマは一日にしてならず』地道な日々の研鑽こそが，目標達成へと繋がるのです。

過去４回の出題項目

2024年3月

＜基本問題＞
◇居住性の判定
◇外為法の内容等
◇外国為替の与信リスク
◇適法性の確認義務
◇国際機関や国際協定等
◇ OFAC 規制
◇インコタームズⓇ 2020
◇コルレス契約
◇外国為替取引に関する国際ルール等
◇信用状の取扱い等

＜輸出為替＞
◇外国向為替手形取引約定書
◇信用状取引の特徴
◇信用状にもとづく書類点検
◇船積書類の取扱い
◇輸出為替手形の買取りの与信判断
◇Ｄ／Ｐ・Ｄ／Ａ輸出手形取引
◇代金回収のリスク軽減策
◇Ｌ／Ｇの取扱い
◇輸出前貸しの留意点
◇わが国の安全保障貿易管理制度

＜輸入為替＞
◇信用状取引約定書の規定
◇輸入与信判断
◇信用状発行銀行の書類の点検
◇保険書類の取扱い
◇運送書類
◇ UCP600・ISBP745 の規定
◇輸入担保荷物保管証の取扱い
◇輸入ユーザンス（本邦ローン）
◇輸入為替の決済等
◇輸入代金取立手形を接受した銀行の取扱い

＜予約・為替相場＞
◇対顧客適用為替相場
◇先物外国為替取引約定書
◇対顧客先物為替相場の算出方法
◇為替予約の取消・期日変更等
◇通貨オプション取引

＜貿易外取引＞
◇支払又は支払の受領に関する報告書
◇外為法上の本人確認
◇外国向け仕向送金
◇仕向送金
◇送金組戻しと内容変更

＜資本取引・国際金融＞
◇技術導入契約の締結等
◇対外直接投資
◇居住者外貨預金等
◇ニューヨーク市場とユーロ市場の概要
◇シンジケート・ローン
◇輸出企業に対する業務推進
◇取引先企業の海外進出形態
◇海外現地法人設立と外為取引推進
◇技術輸出
◇海外進出に伴う税制

2023年10月

＜基本問題＞
◇居住性の判定
◇適法性の確認義務
◇外国為替の仕組みやその内容等
◇外国為替の与信リスク
◇コルレス契約等
◇OFAC規制
◇インコタームズⓇ2020
◇外国為替取引に関する国際ルール等
◇信用状の取扱い
◇船積書類の取扱い
＜輸出為替＞
◇外国向為替手形取引約定書
◇輸出手形買取りと与信判断
◇輸出手形買取りの留意事項
◇書類点検
◇輸出者の代金回収方法
◇ディスクレの取扱い
◇D／P・D／A手形
◇輸出手形保険
◇船積前金融の与信上の留意点
◇輸出貿易管理
＜輸入為替＞
◇信用状取引約定書の規定
◇輸入与信判断
◇信用状発行銀行の書類の点検
◇商業送り状
◇運送書類
◇UCP600・ISBP745の規定
◇輸入担保荷物保管証の取扱い
◇信用状発行銀行の対外決済
◇輸入ユーザンス
◇輸入為替の決済
＜予約・為替相場＞
◇先物外国為替取引約定書
◇為替予約
◇対顧客先物為替相場の算出方法
◇為替変動リスク対策
◇通貨オプション取引
＜貿易外取引＞
◇支払又は支払の受領に関する報告書
◇外為法とOFAC規制における経済制裁

◇外国送金全般
◇仕向送金
◇被仕向送金

＜資本取引・国際金融＞

◇資本取引の定義等
◇資本取引の報告等
◇インパクト・ローン（居住者外貨貸付）
◇円キャリー取引
◇プロジェクト・ファイナンス
◇海外輸出債権の回収におけるアドバイス
◇取引先企業の海外進出支援業務関連
◇海外進出支援等
◇合併・買収（M＆A）
◇輸出入取引の特徴的な取引類型

2023年3月

＜基本問題＞

◇居住性の判定
◇適法性の確認義務
◇外国為替手形に適用される法律等
◇外国為替の仕組みやその内容等
◇外国為替の与信
◇外国為替取引に係る米国の国内法や決済システム等
◇インコタームズⓇ 2020
◇国際機関や国際協定等
◇信用状の取扱い
◇船積書類の取扱い

＜輸出為替＞

◇外国向為替手形取引約定書
◇輸出手形の買取りと与信判断
◇信用状取引のメリット
◇信用状付き輸出手形の買取事務
◇ディスクレの取扱い
◇債権回収関連
◇インボイス・ディスカウンティングサービス
◇信用状の通知
◇D/P・D/A手形
◇輸出貿易管理

＜輸入為替＞

◇信用状発行銀行の書類の点検
◇輸入信用状発行依頼書の点検
◇送り状
◇信用状取引約定書
◇輸入代金取立手形を接受した銀行の取扱い
◇T/R
◇本邦ローンの取扱い
◇輸入為替の決済等
◇輸入与信判断
◇運送書類の取扱い

＜予約・為替相場＞

◇対顧客為替予約
◇先物外国為替取引約定書

◇対顧客為替予約
◇為替予約の取消・期日変更等
◇為替変動リスク対策

＜貿易外取引＞
◇支払又は支払の受領に関する報告書
◇外為法上の本人確認
◇仕向送金
◇送金組戻しと内容変更
◇両替取引

＜資本取引・国際金融＞
◇資本取引の定義等
◇対内直接投資等
◇対外直接投資
◇居住者外貨預金等
◇ニューヨーク市場とユーロ市場
◇国際金融取引
◇輸入与信時に留意すべきリスク
◇海外現地法人の設立と外為取引推進
◇海外進出企業へのアプローチ
◇ RCEP

2022年10月

＜基本問題＞
◇居住性の判定
◇適法性の確認義務
◇国際機関や国際協定等の内容等
◇外国為替の与信リスク
◇外国為替取引に係る米国の国内法や決済システム等
◇インコタームズⓇ 2020
◇外国為替取引に関する国際ルール等
◇外為法の内容等
◇信用状の取扱い
◇船積書類の取扱い

＜輸出為替＞
◇外国向為替手形取引約定書
◇信用状の取扱い
◇信用状取引のメリット
◇書類点検
◇輸出手形の買取銀行の取扱い
◇ディスクレの取扱い
◇Ｄ／Ｐ・Ｄ／Ａ手形
◇補償請求方法等
◇輸出手形保険
◇輸出貿易管理

＜輸入為替＞
◇信用状取引約定書の規定
◇輸入与信判断
◇信用状発行銀行の書類の点検
◇信用状発行依頼書の点検
◇輸入担保荷物保管証の取扱い
◇ UCP600・ISBP745 の規定
◇輸入代金取立手形を接受した銀行の取扱い
◇輸入ユーザンス
◇輸入為替の決済

◇保険書類の取扱い

＜予約・為替相場＞

◇対顧客為替予約

◇先物外国為替取引約定書

◇対顧客先物為替相場の算出

◇為替予約の取消・期日変更等

◇為替変動リスク対策

＜貿易外取引＞

◇支払又は支払の受領に関する報告書

◇外為法と調書提出制度の本人確認

◇仕向送金

◇送金組戻しと内容変更

◇被仕向送金

＜資本取引・国際金融＞

◇資本取引の報告制度等

◇対内直接投資等

◇居住者外貨預金等

◇居住者外貨貸付（インパクト・ローン）

◇外債

◇国際金融取引

◇海外輸出債権の回収におけるアドバイス

◇海外進出の動機・目的

◇海外進出支援等

◇英文契約書

外国為替３級　出題範囲

【基本問題】

国際通貨／国際ルール（信用状統一規則・取立統一規則／インコタームズ®／銀行間補償統一規則など）／外国為替の区分／為替リスクヘッジ策／外為法／外為法と各種報告書／コルレス取引／信用状と貿易取引条件／船積書類と為替手形／外国為替勘定と収益／国際収支／居住性の判定／金融市場（国際金融市場／外国為替市場など）など

【輸出為替】

輸出信用状／信用状統一規則と輸出船積書類／書類の呈示期間／輸出手形買取と故障手形／委任状付第三者名義輸出手形の買取／D/P・D/A 手形と輸出手形保険／輸出手形保険制度／為替相場・為替リスク／輸出金融・保証／外国向為替手形取引約定書／銀行間補償統一規則／信用状発行銀行の倒産と債権回収策／外為取引推進など

【輸入為替】

輸入取引と外為法／信用状／信用状の通知と通知銀行の責任／信用状の確認と確認銀行の義務／譲渡信用状の取扱い／信用状取引約定書／輸入船積書類／故障手形の取扱い／書類の引取拒絶／輸入取立手形と取立統一規則／T/R／L/G／輸入ユーザンス／輸入与信リスク／国際標準銀行実務／信用状発行依頼人の信用悪化・倒産と債権回収策／外為取引推進など

【予約・為替相場】

為替市場／対顧客直物為替相場／対顧客先物為替相場／先物外国為替取引約定書／予約事務／予約の延長・取消／為替リスクヘッジ策／為替持高／総合持高など

【貿易外取引】

貿易外取引と外為法／仲介貿易／仕向外国送金／組戻／被仕向外国送金／外国通貨の両替／クリーンビル／米国払小切手の買取・取立など

【資本取引・国際金融】

資本取引と外為法／事後報告制度／証券の取得・譲渡／対外直接投資／外貨預金／居住者海外預金／非居住者円預金／外貨貸付／国際金融市場／金融先物取引／国際金融取引の留意点とリスク／スワップ取引／オプション取引／BIS規制／取引先の海外進出支援業務など

＜凡　例＞

本公式テキストにおいて，次の法令等については，適宜，簡略語を用いています。

- 外国為替及び外国貿易法→外為法
- 外国為替に関する省令→外為省令
- 外国為替の取引等の報告に関する省令→外為報告省令
- 犯罪による収益の移転防止に関する法律→犯罪収益移転防止法，犯収法
- 内国税の適正な課税の確保を図るための国外送金等に係る調書の提出等に関する法律→国外送金等調書法
- 行政手続における特定の個人を識別するための番号の利用等に関する法律→番号法
- 荷為替信用状に関する統一規則および慣例→信用状統一規則，あるいはUCP600
- 取立統一規則→取立統一規則，あるいはURC522
- 請求払保証に関する統一規則→請求払保証統一規則，あるいはURDG758
- 荷為替信用状に基づく銀行間補償に関する統一規則→銀行間補償統一規則，あるいはURR725
- ディスクレパンシー（discrepancy：不一致）→ディスクレ

☆　本書の内容等に関する追加情報および訂正等について　☆

本書の内容等につき発行後に追加情報のお知らせおよび誤記の訂正等の必要が生じた場合には，当社ホームページに掲載いたします。

（ホームページ　書籍・DVD・定期刊行誌 メニュー下部の 追補・正誤表）

第１章

外為関係法令

1. 外為取引に係る法令・国際ルール
2. URR725，ISBP821，URC522，インコタームズⓇ 2020 のポイント
3. 外為業務におけるマネー・ローンダリング防止対策
4. 外為法による規制と適法性の確認・報告義務

1 外為取引に係る法令・国際ルール

〈学習上のポイント〉

外為業務を行ううえでは銀行等の内部規定はもちろん，外為業務にかかわる種々の法令知識を身につけておく必要がある。ここでは外為業務に関する法令をあげ，概略を説明する。個々の法令の詳細については各節で解説する。関連法令の種類と概略をまず最初に頭の中で整理しておこう。

1. 外為取引関連の主要国内法令

(1) 外為法（外国為替及び外国貿易法）

過去問題
・2022年10月 問8

外為法は，外国為替，外国貿易その他の対外取引を包括的に管理する，わが国の対外取引の基本法となっている。

外為法は，外国為替，貿易取引その他の対外取引が自由に行われることを基本とし，対外取引に対して**必要最小限の管理**または調整を行うことにより，平和と安全の維持およびわが国経済の健全な発展に寄与することを目的としている（外為法1条）。このように外為法は1998年の改正により「**原則自由・例外規制**」が基本となっている。

①外為法は，本邦法人の代表者，代理人，従業員が，その海外支店や工場等，外国においてその法人の財産や業務についてした行為や，本邦内に住所のある個人が，外国においてその人の財産や業務についてした行為についても適用される（外為法5

条：外為法の適用範囲）。

②支払等の規制として，主務大臣は，わが国の国際約束の誠実な履行と国際平和に寄与するために必要があると認めるときは，支払等について許可を受ける義務を課すことができる（外為法16条）。…経済制裁措置の発動。

③銀行等には「**適法性の確認義務**」と「**本人確認義務**」を課している（外為法17条，18条）。

④輸出取引の規制では，わが国の安全保障貿易管理制度として，**リスト規制**と**キャッチオール規制**がある（外為法25条，48条）。

⑤輸入取引の規制では，(イ)輸入割当を受けるべき貨物の規制（数量規制），(ロ)特定の原産地・船積地域からの特定貨物の輸入規制（特定地域規制），(ハ)地域を特定せず特定貨物の輸入規制（全地域規制），(ニ)事前確認と通関時確認による輸入規制，がある（外為法52条，輸入貿易管理令9条）。

●図表 1-1　外為法関係の主要法令体系

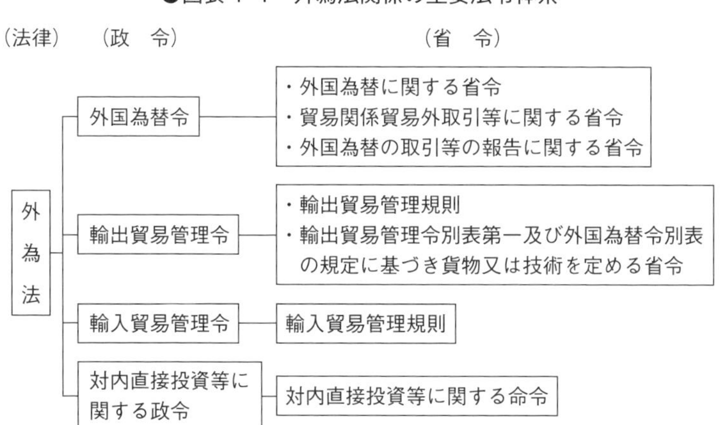

●図表 1-2　外為関係国内法令の概念図

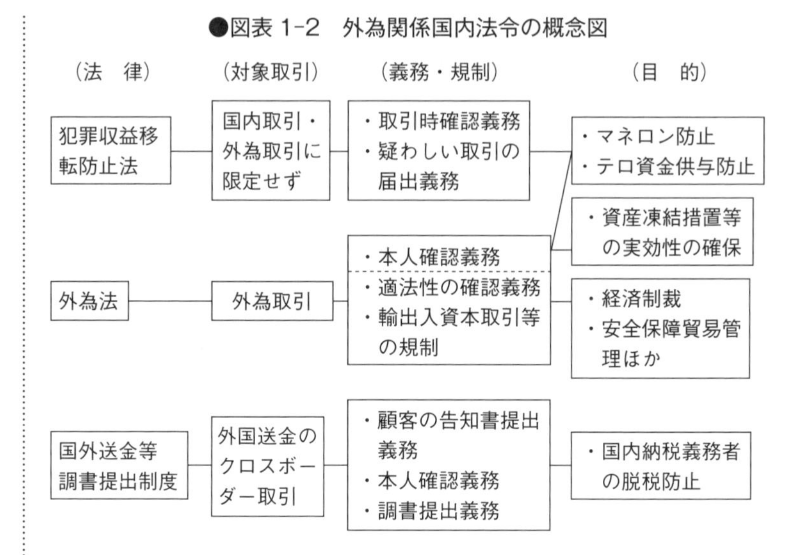

(2)　犯罪収益移転防止法（犯罪による収益の移転防止に関する法律）

マネー・ローンダリングの防止とテロリズムに対する資金供与の防止を目的とする法律で，銀行等には取引時確認や疑わしい取引の届出の義務が課されている。

(3)　国外送金等調書提出制度

「内国税の適正な課税の確保を図るための国外送金等に係る調書の提出等に関する法律（略称：**国外送金等調書法**）」にもとづく制度であり，納税義務者の外国為替その他の対外取引および国外資産の国税当局による把握をできるようにして，所得税，法人税，相続税等，内国税の適正な課税の確保を図ることを目的としている。

なお，2014 年 1 月から施行されている「国外財産調書制度」では，総額 5,000 万円を超える国外にある財産を保有する居住者に，その財産の種類や数量・価額等，明細を記載した「国外財産調書」の所轄税務署宛て提出義務を課している（国外送金等調書法5条，6条）が，根拠法は国外送金等調書提出制度と同じでも，制度の内容が異なる。

2. 外為法の内容

(1) 外為法の主務大臣等

外為法の主務大臣は，貨物の輸出入および仲介貿易については経済産業大臣とし，それ以外の取引は財務大臣とされている（外為法における主務大臣を定める政令1条)。したがって，大まかにいえば，外為法に基づく管理は，モノとサービス（役務）は経済産業省，カネの面は財務省と区分できる。

また，税関は財務省の下部機構であり，外為法や関税に関する法律に基づき，貨物の輸出入については経済産業大臣の指揮・監督・委任を受けて貿易管理事務を行っている。

日本銀行は，財務大臣の委任を受けて，外国為替資金特別会計（いわゆる外為特会）の運営（為替の介入等）を行うとともに，財務大臣または経済産業大臣の委任を受けて，各種の許可申請書・承認書・届出書の受理，報告書の徴求，外国為替諸統計の管理事務を行っている。

(2) 外為法改正で自由になっている取引

外為法は，国内の規制緩和の流れ，国際情勢の変化，国際金融のグローバル化等を背景とした累次にわたる改正を経て現在に至っている。特に1998年の改正では，事前の許可・届出制度を原則として廃止し，事後報告制にするとともに，外国為替公認銀行制度，両替商制度を廃止する等，自由で迅速な内外取引が行えるよう，欧米先進諸国並みの大幅な対外取引環境の整備が図られた。

外為法改正で自由化・規制緩和されているものは多いが，つぎの取引も自由になっている。

①非居住者との間で債権債務を相殺（ネッティング）または貸借記により，銀行等を経由しない方法による決済

②非居住者のためにする，居住者と他の居住者との間における支払等（ため払い）

③国内における居住者間の外貨建決済

④居住者の海外預金（ただし，月末残高が1億円相当額を超えると預金者が当局に報告する必要がある）

(3) 外為法上の居住性の判定

過去問題
・2024年3月 問1
・2023年10月 問1
・2023年3月 問1
・2022年10月 問1

居住者・非居住者については，外為法6条で定義されている。

「**居住者**」とは，「本邦内に住所又は居所を有する自然人及び本邦内に主たる事務所を有する法人をいう。非居住者の本邦内の支店，出張所その他の事務所は，法律上代理権があるか否かにかかわらず，その主たる事務所が外国にある場合においても居住者とみなす。」

「**非居住者**」とは，「居住者以外の自然人及び法人をいう。」

このように居住性の判定は，国籍ではなく経済的な基盤により区別する。

ただし，在日外国公館（大使館・領事館等）とその外国人職員や日本国内に駐留する米国の軍隊とその家族等は非居住者となる。一方，在外日本大使館，領事館ならびにそこに勤務する日本人外交官とその同居家族は居住者となる。

●図表 1-3　居住性の判定基準一覧表

		居住者	非居住者
自然人	本邦人	①本邦に居住する者 ②本邦の在外公館（外国にある日本大使館・総領事館等）に勤務する者	①２年以上外国に滞在する目的で出国し，外国に滞在する者 ②外国にある事務所（本邦法人の海外支店，現地法人，駐在事務所，国際機関を含む）に勤務する者 ③前①と②のほか，本邦出国後，外国に２年以上滞在する者 ④前①～③に掲げる者で，事務連絡や休暇等の理由で一時帰国し，その滞在期間が６か月未満の者
	外国人	①本邦にある事務所に勤務する者 ②本邦に入国後６か月以上経過した者	①外国に居住する者 ②外国において任命または雇用された外交官，領事館およびこれらの随員・使用人 ③外国政府または国際機関の公務を帯びる者 ④米合衆国軍隊やその構成員・軍属およびその家族等 ⑤国連の軍隊やその構成員・軍属およびその家族等
法人等(注)	本邦法人	①本邦内に主たる事務所を有する法人 ②本邦の在外公館	本邦法人の外国にある支店，出張所その他の事務所
	外国法人	外国法人の本邦にある支店，出張所その他の事務所，これらは法律上の代理権の有無に関係なし	①外国にある外国法人 ②本邦にある外国政府の公館（使節団を含む），国際機関

・財務省通達「外国為替法令の解釈及び運用について」より抜粋
・（注）法人等とは，法人，団体，機関その他これに準ずる者をいう。
・自然人の場合で，居住者または非居住者と同居し，かつ，その生計費がもっぱら当該居住者または非居住者に負担されている家族の居住性は，当該居住者または非居住者の居住性に従う。
・居住性の認定申請手続：居住性が明白でない場合には，外為省令第３条に規定する手続により，財務省宛て認定の申請を行う。申請者は営業または勤務に従事しているかどうか，収入をどこで受けているか等について資料を提出し，当該申請に係る居住性を立証する必要がある。

⑷ 外為法上の「支払手段」・「対外支払手段」等について

過去問題
・2023年3月 問40

①外為法上の「**支払手段**」とは，銀行券等の現金のほかに，小切手，旅行小切手，為替手形，約束手形，信用状，郵便為替，電子マネー等も含まれる（外為法6条1項7号）。

空港や港で携帯して出入国（輸出入）する際に，前述の支払手段および証券の総額が100万円相当額を超える場合，または1キログラムを超える貴金属の場合には，「支払手段等の携帯輸出・輸入申告書」を税関に提出する必要がある（外為法19条3項，関税法）。

②外為法上の「**対外支払手段**」とは，外国通貨その他通貨の単位のいかんにかかわらず，外国通貨をもって表示され，または外国において支払のために使用することのできる支払手段をいい，本邦通貨は含まない（外為法6条1項8号）。

3. ICC制定の国際ルール

過去問題
・2024年3月 問9
・2023年10月 問7

下記で説明する信用状統一規則やインコタームズ等は，**国際商業会議所（ICC）**という民間の国際団体が制定した任意の国際ルール（規則）であり，法律や条約ではない。したがって，それぞれの規則を適用する場合には，下記⑶に記載のISBP821以外は個別取引の契約書や信用状等に適用（準拠）する旨を必ず明記する必要がある。

なお，信用状統一規則やインコタームズ等のICCのルールは，わが国も加入しているウィーン売買条約（国際物品売買契約に関する国際連合条約）に優先して適用される。

⑴　信用状統一規則（UCP600）

過去問題
・2023年10月問8
・2022年10月問7

正式には「ICC荷為替信用状に関する統一規則および慣例（2007年改訂版）」という。UCP600は信用状取引に関する実務慣行を統一するために，関係当事者の権利・義務や書類の取扱いを全39条にまとめたものである。

信用状に基づく貿易決済を円滑に行うための国際ルールであり，法律や条約としての拘束力はないが，貿易に不可欠なルールとして世界的に認められている。信用状がこの規則に従うことを明示することでこの規則が適用され，この規則の特定の条文の適用を除外・修正することもできる。UCP600は，その手引書となっているISBP745とあわせて参照することが求められている。なお，各国の条約や法律はUCP600に優先して取扱われる。

⑵　銀行間補償に関する統一規則（URR725）

過去問題
・2024年3月問9
・2023年10月問8

正式には「荷為替信用状に基づく銀行間補償に関する統一規則」といい，UCP600に付随する規則である。いわゆるリンバースメント方式（リンバース方式）の場合の発行銀行，補償銀行および請求銀行（買取銀行）のそれぞれの義務について規定している。

信用状がリンバースメント方式（買取銀行が発行銀行の指定する補償銀行に補償請求する方式）とする場合には，信用状にURR725に従うか否かを記載する必要がある（UCP600第13条）。なお，レミッタンス方式の場合その記載はしない。

⑶　国際標準銀行実務（ISBP821）

過去問題
・2023年10月問8
・2022年10月問7

正式には「UCP600に基づく書類点検に関する国際標準銀行実務」といい，2023年7月には従前のISBP745に代わってISBP821が発効している。

ISBPは信用状取引による書類のディスクレ（discrepancy：不一致・矛盾）やトラブルを減らすことを目的としており，信用状を取扱う実務家によって，どのようにUCP600の条文が解釈されて適用されるべきかを説明したUCP600の実務上の解釈指針（ガイダンス的なもの）であり，UCP600の補完的役割を果たしている。

なお，信用状にはISBP821の準拠文言は記載しない。

⑷ 取立統一規則（URC522）

過去問題
・2024年3月 問9
・2023年10月 問8

取立統一規則は，信用状なし為替手形（D/P・D/A手形）の取立，および小切手・クリーンビルの取立に関する国際ルールである。この規則は，それらの買取と取立に関係なく適用される。

⑸ インコタームズⓇ 2020（INCOTERMS Ⓡ 2020）

過去問題
・2024年3月 問7
・2023年10月 問7
・2022年10月 問7

インコタームズとは，International Commercial Termsの略称で，貿易取引慣習として世界中で普遍的に利用されている定型取引条件の解釈に関する国際規則である。

この規則には，FOBやCIFなど11の規則があり，売買契約の基本事項となる売主と買主の義務，輸送上の危険が移転する時と場所，費用の負担者等について規定されており，貿易取引に伴う法的トラブル回避のための重要な国際ルールとなっている。

インコタームズを適用する場合には，売買契約書上にそれを明記する必要がある。インコタームズは近年ほぼ10年ごとに改訂されており，インコタームズⓇ 2010の改訂版として「インコタームズⓇ 2020」が2020年1月1日に発効している。この規則は国内間の売買契約にも使用可能となっている。

⑹ 請求払保証統一規則（URDG758）

過去問題
・2024年3月 問9
・2022年10月 問7

荷為替信用状取引とは異なり，入札保証や契約履行保証等の保証状取引に適用される規則である。この規則は原因契約との付従性のない「独立抽象性」と，書類の形式審査のみで支払可否を決定するという「書類取引性」があり，基本はUCP600と同質である。

したがって，請求するための受益者が署名した書類の充足した呈示があれば，契約が履行されたかどうかとは無関係に，保証状発行銀行が直ちに受益者へ支払うことを確約した保証状となる。

なお，保証状にURDG758に準拠することが明記されていれば，たとえdemand guaranteeというタイトルではなくても（例えばBid BondやLetter of Creditなどのタイトルであっても）本規則が適用される。

(7)　国際スタンドバイ規則（ISP98）

ISP98は，UCP600とともにスタンドバイ信用状を発行する際の準拠規則となっている。また，ISP98はUCP600やURDG758と同様に，独立抽象性と書類取引性があり，これにより陳述書の呈示のみで履行請求が可能である。さらに，スイフト等の電子的手段による書類の提示についても認められている。

過去問題
・2023年10月問8
・2022年10月問7

4.　国外送金等調書提出制度

(1)　制度の目的

海外のタックス・ヘイヴン（租税回避地）を利用した脱税行為の増加が懸念されたため，1998年の外為法改正と同時に，所得税，法人税，相続税その他の内国税の適正な課税の確保を図ることを目的として，「**内国税の適正な課税の確保を図るための国外送金等に係る調書の提出等に関する法律（略称：国外送金等調書法）**」が制定された。

⑵　制度の対象取引（国外送金等調書法３条，４条）

過去問題
・2023年3月問38
・2022年10月問37

本制度は，資金が日本と外国にまたがって移動する取引（**クロスボーダー取引**）を対象とし，下記の取引が該当する。また，顧客が居住者・非居住者にかかわらず対象となるが，外貨建国内送金や，輸出入の荷為替手形に基づく為替取引（ドキュメンタリー取引）は本制度の対象外である。

①外国への送金（国内から外国へ向けた支払い）
②外国からの送金（外国からの支払いの受領）
③小切手クリーンビルの買取・取立（海外からの取立を含む）

⑶　調書提出制度の３つの義務

①　顧客の告知書提出義務

取引金額にかかわらず，顧客から，氏名，住所および個人番号または法人番号，送金原因等を記載した告知書を提出してもらう。

②　銀行等の本人確認義務

銀行等は，取引金額の大小にかかわらず顧客に本人確認書類の提示を求め，告知書に記載の氏名または名称，住所および個人番号または法人番号と一致しているか確認しなければならない。

代理人や法人顧客の取引担当者の本人確認は不要である。

【本人確認書類（国内に住所を有する個人の場合）】

「個人番号カード」，「通知カードと住所等確認書類」，「個人番号の記載のある住民票の写し又は住民票の記載事項証明書（6か月以内のもの）および住所等確認書類」の３種のいずれかの書類で確認する。犯罪収益移転防止法や外為法の確認書類とは異なる。

【告知書の受入れ（銀行等の本人確認）が不要な取引】

(イ)顧客が国，地方公共団体，公共法人，金融機関等となる取引
(ロ)すでに本人確認済みの本人の預金口座を通じて行う取引

③　銀行等の調書提出義務

銀行等は**100万円相当額超**の国外送金等については，**国外送金等調書**を作成して，1か月分をまとめて取引日の翌月末までに所轄の税務署に提出する。提出は紙ベースによるほか磁気テープ等の電子媒体でも認められている。100万円相当額超になるかどうかの判定は，対顧客売買相場で換算した円貨額，本邦通貨と外国通貨の交換が伴わない場合は，毎月公表される報告省令レートを用いる。

●図表1-4　国外送金等調書提出制度の手続フロー概略

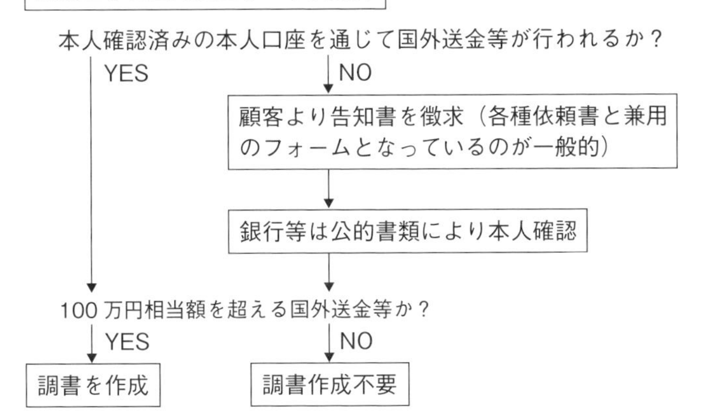

2 URR725，ISBP821，URC522，インコタームズ®2020のポイント

〈学習上のポイント〉

URR725はリンバースメント方式の銀行間補償の国際ルール，ISBP821はUCP600の条文解釈，URC522は代金取立の国際ルール，そしてインコタームズ® 2020は貿易取引における売主と買主の義務および費用と危険の負担範囲を定めた国際ルールである。それぞれどのような条文が盛り込まれているかしっかり理解しておこう。

1．銀行間補償に関する統一規則（URR725）

過去問題
・2023年10月 問28

URR725には，発行銀行，補償銀行，および請求銀行（買取銀行）の義務と責任について規定している。

また，補償銀行は，発行銀行の指図と授権に基づいて行動し，補償銀行の義務の不履行に起因する場合以外は，補償に関する責任は最終的には発行銀行が負うこととされている。

【URR725のポイント】

① 補償授権書（R/A：Reimbursement Authorization）にURR725に従う旨の明記がある場合には，この規則が適用され，補償に関するすべての当事者を拘束する。発行銀行は，補償についてURR725に従う場合は，信用状にもその旨を明記する必要がある（第1条）。例えば，スイフトによって信用状を発行するときは，電文の“Applicable Rules”（適用規則）欄に“URR LATEST VERSION”のように入力する。

② URR725に従う銀行間補償においては，補償銀行は，発行銀

行の指図および授権に基づいて行動する（第1条）。

③信用状または補償授権書に影響を与える信用状の条件変更（増額や減額等）が，テレトランスミッション（スイフト等）により発行された場合には，発行銀行は，補償授権書またはその条件変更を認証されたテレトランスミッションで補償銀行に通知すべきである（第6条a項）。

④発行銀行は，補償授権書で信用状条件充足証明書（certificate of compliance）を要求してはならない（第6条c項）。

⑤補償授権書には，URR725に従う旨の明記に加えて，つぎのことを記載すること（第6条d項）。…信用状番号，通貨および金額，支払可能な追加金額および許容幅，請求のできる銀行名，手数料（請求銀行および補償銀行の手数料）の負担者。

⑥補償授権書には，請求呈示の有効期限を記載してはならない（第7条）。

⑦輸出者振出の期限付為替手形の引受と支払を補償銀行に依頼する信用状を発行する場合には，発行銀行は補償授権書の中に，手形の満期，振出人，引受手数料等の負担者等も表示する必要がある（第9条c項）。

⑧ TT Reimbursement（買取銀行のスイフトによる補償請求）は，信用状で禁止していない限り認められる。したがって，禁止する場合には信用状に禁止（prohibited）の文言を明示する必要がある（第10条aのｉ）。

⑨補償銀行には，補償請求を取扱うために，補償請求受取日の翌日から起算して最長3銀行営業日が与えられている（第11条）。

⑩補償銀行の手数料は発行銀行が負担すべきである。もし，受益者負担とする場合には，その旨を補償授権書に記載するべきで，その場合，補償実行時に補償銀行は請求金額から手数料を差し引くものとする（第16条a・c項）。

【補償に関するその他の留意事項】

UCP600 第 13 条 c 項には,「補償が最初の請求時に補償銀行により行われない場合は, 発行銀行は, 補償を提供すべき自行の債務からいっさい解放されない」と規定されており, 補償の遅延利息が発生した場合には, 発行銀行が負担しなければならず, 発行銀行は最終的な補償リスクを負う。

2. 国際標準銀行実務 (ISBP821)

過去問題
・2024年3月
問10, 問13
問14, 問24
問26
・2023年10月
問10, 問14
問23, 問24
・2023年3月
問10, 問23
・2022年10月
問10, 問14

ISBP821 は全 292 項で構成されているが, その一部を下記に列挙する。輸入信用状の発行や書類点検等を行う際の手引書として, UCP600 とあわせて読まれるべきである。

①信用状および条件変更の諸条件は, たとえその信用状や条件変更が原因取引(契約)に明示的に言及している場合であっても原因取引(契約)から独立している(事前事項iii項)。

②信用状発行依頼人は, 信用状の発行または条件変更の自らの指図における曖昧さから生じる危険を負担する(事前事項 v 項)。

③信用状は, 発行依頼人によって発行, 署名またはカウンターサイン(副署名)されなければならない書類の呈示を要求すべきではない(事前事項vii項)。

④一般的に容認されている省略語を, 書類の中に使うことができる(A1 項)。例:Limited を Ltd　Company を Co.　International を Int'l　Industry や Industries を Ind.

⑤受益者によって発行される書類中のデータの訂正は, 為替手形を除き認証される必要はないが, 書類が法的に是認, 査証, 証明等されているときは, 是認, 査証, 証明等をした法主体の少なくとも 1 つによって認証されるべきである(A7 項)。

⑥受益者以外によって発行される書類中のデータの訂正は, 発行

者によってまたは発行者の代理人として行為する法主体によって，認証されたと見えなければならない（A7項）。

⑦ B/Lの訂正は，運送人，船長またはそれらの代理人により認証されなければならない（E24項）。

⑧ UCP600に定義されていない表現は信用状に使用されるべきではない。それにもかかわらず使用されていれば，つぎの意味をもつものとする（A19項）。

(イ)「stale documents acceptable（期限切れの書類は受理される）」…船積後21日よりも遅れて呈示された書類は，信用状の有効期限内に呈示される限り受理される。

(ロ)「third party documents acceptable（第三者の書類は受理される）」…信用状で発行者を指定していないすべての書類は，為替手形を除き，受益者以外によって発行してもよい。

⑨銀行は，書類に記載された金額や数量・重量等の合計が，信用状やその他の書類と合致していることを確認するのみであり，細かな数理計算による点検の義務はない（A22項）。

⑩書類中にスペルミスやミスタイプがあっても，語句または文章の意味に影響を及ぼさないものは，ディスクレとはしない（A23項）。例えば，machineをmashine, fountain penをfountan pen，modelをmodle等。

⑪署名は手書きである必要はない。複製署名（例えば，事前印刷された署名），せん孔（穴あけ）署名，スタンプ，チョップ印または機械的・電子的な認証方法による署名でもよい（A35項）。

⑫信用状が一覧払（at sight）以外または一覧後定期払（XXX days after sight）以外の手形期間で為替手形を要求する場合は，為替手形上の記載から満期日を確定することが可能でなければならない（B2項）。

⑬手形期間が，船荷証券の日付後××日としているときは，積込日を船荷証券の日付とみなして満期日を計算する（B2 項）。

⑭信用状が「invoice」という表現のみで送り状を要求し，それ以上の記載がない場合には，どのような種類の送り状の呈示でも充足される。例えば，commercial invoice, customs invoice, consular invoice 等でもよい。しかしながら provisional（仮の）や pro-forma（見積の）またはこれと同様の表示は受理されない（C1 項）。

⑮送り状の物品の記述は，信用状の記述と一言一句全く同じ順序である必要はなく，分散して記載されても，それらが一緒に読まれたときに信用状の記述に一致していればよい（C3 項）。

⑯信用状が米ドルで発行され，それ以上の条件もない場合，送り状の通貨が＄マークであってもディスクレとはならない（C7 項）。

⑰送り状には，信用状に記載されていない前払や割引などを対象とする控除を示してもよい（C8 項）。

⑱送り状には，超過船積や信用状で要求されていない物品，サービスまたは履行は表示すべきではない。それはたとえ見本や宣伝用品かつ無償扱いであっても表示すべきではない（C13 項）。

⑲送り状に値引き後や前払い後の金額表示があっても，付保額の算定は送り状または信用状に記載の総価額で行う（K15 項）。

⑳協会貨物約款（A）（= Institute Cargo Clauses（A））を担保していることを示している保険証券は，「all risks」約款を要求する信用状条件を充足する（K18 項）。

㉑原産地証明書は，信用状に記載された法主体によって発行されるべきであるが，信用状が発行人の名前を示していないときは，いかなる法主体が原産地証明書を発行してもよい（L3 項）。

㉒原産地証明書に記載の荷受人は，運送書類中の荷受人と食い

違ってはならない。ただし，信用状が運送書類の荷受人欄を指図式（to order）で発行するよう要求していれば，信用状で指定された受益者以外のいかなる法主体を荷受人としてもよい（L5項）。

3. 取立統一規則（URC522）

信用状なし荷為替手形（D/P・D/A手形）の取立，および小切手・クリーンビル（船積書類を伴わない金融書類）の取立に関する国際ルールである。

過去問題
- 2024年3月 問16, 問30
- 2023年10月 問17
- 2023年3月 問25
- 2022年10月 問27

(1) 取立統一規則（URC522）の概要

URC522のポイントは下記のとおりである。なお，ここでは呈示銀行（支払人に対して呈示を行う銀行）も取立銀行と記述した。

①取立指図にこの規則が取り入れられている（準拠している）場合に，すべての取立に適用され，かつ，異なる明示のない限り，または国・州もしくは地方の法律や規則の条項に違反しない限り，すべての関係当事者を拘束する（第1条）。

②銀行は，取立指図を受け取っても自動的にそれらの指図を取扱う義務はない。また，なんらかの理由で取立指図を取り扱わない（従わない）ことを選択した場合には，書類送付銀行宛てスイフトにより遅滞なくその旨を通知すること（第1条）。

③クリーン取立とは，船積書類（商業書類）を伴わない手形や小切手（金融書類）の取立を意味する（第2条）。

④ドキュメンタリー（書類付）取立とは，手形や小切手（金融書類）が伴うか否かにかかわらず，船積書類（商業書類）を伴う取立を意味する（第2条）。

⑤取立のために送付されるすべての書類は，URC522に準拠する

旨を示し，かつ，完全で正確な取立指図を伴わなければならない。書類引渡条件の明確な表示をすることは取立指図をする者の責任であり，これに反している場合には，銀行はそのことにより生じる結果に責任を負わない（第4条）。

⑥取立銀行は，支払渡し（D/P）条件の場合には手形代り金の支払と引換えに，引受渡し（D/A）条件の場合には，手形の引受と引換えに，船積書類を支払人（輸入者）に引き渡す。D/PまたはD/Aの条件の明示がないときはD/P条件として取り扱う（第2条，4条，7条）。

⑦銀行は，取立指図に明示された指図と取立統一規則に従ってのみ行動することが許されており（第4条），また，善意に行動し，かつ相応の注意を払う（第9条）。

⑧取立指図には，適宜に下記の情報を含むべきである。取立依頼人や支払人の明細（名称，住所，電話番号等），同封されている書類名と通数，書類引渡条件，呈示銀行が明らかな場合はその明細，取り立てられるべき手数料や利息に関する事項，支払拒絶や引受拒絶の場合の指図，ほか（第4条）。

⑨取立指図に，支払人による行為がなされるべき期間について，"first"，"prompt"，"immediate"またはこれらと同等の用語は用いてはならず，使用されていても銀行は無視する（第5条）。

⑩期限付手形の場合は，取立指図にD/PとD/Aのいずれかを明示すること。明示がない場合はD/Pとみなして取り扱う（第7条）。

⑪貨物は銀行の事前同意なしに銀行を荷受人として仕向けてはならない。また貨物について仕向銀行の明確な指図があっても，取立銀行には貨物の保管・付保を含むいっさいの措置を講じる義務はない（第10条）。

⑫取立依頼人の指図を実行するために，他行のサービスを利用する場合は，取立依頼人の計算と危険においてこれを行う（第11条）。これは，取立銀行の指定がない場合に，銀行が取立銀行を選定するケース等が考えられる。

⑬取立銀行は，仕向銀行から受け取った書類が取立指図に掲げられたとおりであることを確認する必要があり，不足書類や余分な書類があれば，スイフト等の迅速な方法で仕向銀行宛てに通知しなければならない。取立銀行は書類の点検を行うことはなく，受け取ったとおりの書類を呈示する（第12条）。

⑭取立指図に利息や取立手数料が取り立てられるべき旨が明示されているが，その取立を放棄してはならない旨の明示がない場合に，支払人がそのような利息や手数料の支払を拒絶した場合には，取立銀行は，当該利息や手数料を取り立てることなく，書類の引渡条件に従って書類を引き渡すことができる（第20条，21条）。

そのような利息が取り立てられるべき場合には，取立指図に利率，利息期間および計算基準を明示する必要がある（第20条）。

⑮取立指図に，利息や取立手数料の取立を放棄してはならない旨が明示されていて，支払人がそのような利息の支払を拒絶した場合には，取立銀行は書類の引渡を行わず，書類引渡の遅延により生じる結果について責任を負わない。また，その場合，仕向銀行にスイフト等の迅速な方法で遅滞なく通知すること（第20条，21条）。

なお，たとえ手形が引き受けられていても，書類の引渡はできないことに留意する。

⑯取立銀行は，為替手形の引受の署名の真正さや署名者の権限については責任を負わない（第22条）。

⑰取立指図には，支払や引受の拒絶証書（Protest）に関する明

確な指図がなされるべきであるが，指図がない場合は取立銀行には拒絶証書の作成手続を行う義務はない（第24条）。

⑱引受拒絶や支払拒絶の場合における case-of-need として行動する代理人を指名する場合には，取立指図には，そのような case-of-need の権限が明確かつ十分に記述されるべきである。権限に関する記述が明確でない場合には，取立銀行は case-of-need の指図に従わない（第25条）。これは代理人の氏名や住所の記述だけでは不完全ということである。

⑲取立銀行は，支払や引受の拒絶があった場合に，その旨およびその事由を仕向銀行に遅滞なく通知すべきであり，その通知を受けた銀行は，書類の取扱いについての適切な指図を与えなければならない（第26条）。

⑳取立銀行は，支払拒絶または引受拒絶の通知日後60日以内に仕向銀行から書類の取扱いについての指図を受け取らなかった場合には，取立銀行の責任なしに書類を仕向銀行に返却することができる（第26条）。

(2) 取立に関するその他の事項

① D/P・D/A 手形の取立依頼人と銀行の法律関係は，委任契約にあたり，銀行は，善管注意義務を負う（民法643，644条）。

②取立統一規則（URC522）は，銀行等が D/P・D/A 手形を買い取るか買い取らずに取立扱いとするかにかかわらず，取立指図に URC522 の準拠文言を明記していれば適用される。

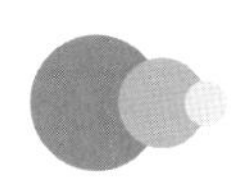

4. インコタームズⓇ2020

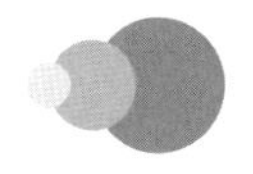

(1) インコタームズⓇ2020の規則の概要

① インコタームズⓇ2020に規定されている項目

この規則は，主につぎの3分野について規定している。

(イ)**売主と買主の義務**…運送や保険の手配，輸出入の通関手続き等につき，売主・買主のいずれが負担すべきか

(ロ)**危険**…売主から買主に危険負担が移転する時と場所

(ハ)**費用**…売主と買主のいずれが費用を負担すべきか

具体的には，売買契約の当事者の義務として，つぎの10項目が売主の義務と買主の義務に分けて掲げられている。

過去問題
・2024年3月 問7
・2022年10月 問6

①一般的義務　②引渡し / 引渡しの受取り　③危険の移転　④運送　⑤保険契約　⑥引渡書類 / 運送書類　⑦輸出通関 / 輸入通関　⑧照合 / 包装 / 荷印　⑨費用の分担　⑩通知

② インコタームズⓇ2020規則を適用するには

インコタームズは，3文字からなるコードの定型取引条件で，FOBやCIFなど11の規則で構成されている。

インコタームズ2020版の規則を適用する場合には，例えば「CIF Shanghai incoterms Ⓡ 2020」と売買契約書等に明記する必要がある。これは「適用する規則の3文字＋物品の引渡地や仕向地＋インコタームズの制定版年」を意味する。

③ 銀行は，インコタームズの規則には拘束されない

インコタームズ規則は，売買される物品の財産権/権原/所有権の移転は扱っていない。また銀行の義務や責任についても一切の規定

●図表 1-5　インコタームズⓇ 2020 の 11 の取引規則

いかなる単一または複数の運送手段（複合運送）にも適した規則		
1. EXW（指定引渡地）	Ex Works	工場渡し
2. FCA（指定引渡地）	Free Carrier	運送人渡し
3. CPT（指定仕向地）	Carriage Paid to	輸送費込み
4. CIP（指定仕向地）	Carriage and Insurance Paid to	輸送費保険料込み
5. DAP（指定仕向地）	Delivered at Place	仕向地持込渡し
6. DPU（指定仕向地）	Delivered at Place Unloaded	荷卸込持込渡し
7. DDP（指定仕向地）	Delivered Duty Paid	関税込持込渡し
海上および内陸水路運送のための規則		
8. FAS（指定船積港）	Free Alongside Ship	船側渡し
9. FOB（指定船積港）	Free on Board	本船渡し
10. CFR（指定仕向港）	Cost and Freight	運賃込み
11. CIF（指定仕向港）	Cost Insurance and Freight	運賃保険料込み

（注）コード３文字の後のカッコ内は，明記すべき引渡地や仕向地を示す

はなく，銀行はこの規則に拘束されない。

⑵　利用運送手段によって２分類された 11 の取引規則

過去問題
・2024年3月 問7
・2023年3月 問7
・2022年10月 問6

インコタームズⓇ 2020 の 11 の規則は，利用される運送手段によって**図表 1-5** のとおり 2 つのグループに分類されている。インコタームズは利用される運送手段に即して，売買契約に適した規則を使用することが重要である。

FAS・FOB・CFR・CIF の 4 つは，海上や内陸水路での運送に適しており，陸上や航空での運送に使用すると意味をなさず，問題が生じる。

また，この 4 規則は，物品が船側あるいは船上に置かれたときに危険が移転する規則にて，海上コンテナ輸送には適さない。そして，それら 4 つ以外の EXW 等 7 規則は，コンテナ輸送をはじめ，いかなる単一または複数の輸送手段にも適している。

●図表 1-6 インコタームズⓇ 2020 の各規則における危険の移転時期と費用の負担者

	物品の滅失または損傷の一切の危険負担が，売主から買主に移転する時と場所	輸出通関とその費用	運送契約と運賃	海上保険契約	海上保険料	輸入通関とその費用
いかなる単一または複数の運送手段（複合運送）にも適した規則						
1. EXW	売主の施設またはその他の場所（指定引渡地）で買主の処分に委ねられた時	○	○	○	○	○
2. FCA	指定地で買主によって手配された運送手段に積み込まれた時，または買主指名の運送人の処分に委ねられた時		○	○	○	○
3. CPT	売主が自ら契約した運送人へ引き渡した時			○	○	○
4. CIP	同上					○
5. DAP	指定仕向地で荷おろしの準備ができている輸送手段の上で，物品が買主の処分に委ねられた時			○		○
6. DPU	売主は，指定仕向地まで運び，かつ，荷卸しをして，物品が買主の処分に委ねられた時			○		○
7. DDP	売主が指定仕向地において輸入通関を行い，輸送手段の上で物品が買主の処分に委ねられた時			○		
海上および内陸水路運送のための規則						
8. FAS	指定船積港で買主が指定した本船の船側に物品が置かれた時		○	○	○	○
9. FOB	指定船積港で買主が指定した本船の船上に物品が置かれた時		○	○	○	○
10. CFR	売主が運送契約した本船の船上に物品が置かれた時			○	○	○
11. CIF	同上					○

（注）・上図中，売主負担（義務）は無印，買主負担（義務）は○印
・海上保険は，CIP と CIF は売主に契約義務があるが，CIP と CIF 以外については保険契約（付保）は買主または売主の任意である。

⑶ 危険の移転時期と費用の負担者

過去問題
・2024年3月 問7
・2023年10月 問7
・2023年3月 問7
・2022年10月 問24

図表1-6は11の規則について，危険の移転時期（場所）および費用を売主・買主のいずれが負担すべきかを表したものである。

図表1-6のとおり，EXWは11の規則がある中で売主に最小の義務を課した規則である。ゆえに買主にとっては注意して用いられるべき規則である。一方，DDPは引渡しが仕向地で起こり，かつ，売主に輸入通関手続ならびに関税の支払まで負わせており，インコタームズの規則中，売主に最大の義務を課す規則となっている。

⑷ よく使われているインコタームズの規則

よく使われるインコタームズの取引規則（条件）は，FOB，CFR，CIFの3規則である。この3規則の共通点は，「①海上輸送および内陸水路輸送のみに適している，②売主が船積地で契約を履行するという積地条件である，③船積港において物品が本船の船上に置かれたとき，物品の滅失・損傷の危険が売主から買主に移転する」の3点である。この3規則の価格構成と相違点は図表1-7および1-8のとおりである。

⑸ インコタームズⓇ 2010からⓇ 2020への改訂点

過去問題
・2024年3月 問7
・2023年3月 問7
・2022年10月 問6，問24

① FCA規則に，売主と買主の合意のもと，買主が「積込済みの付記（on board notation）」のある船荷証券を要求できる選択肢が規定された。信用状取引の場合，銀行は船積船荷証券もしくは積込済みの付記のある船荷証券を買取の条件としており，これに対応するものである。
② DATをDPUに改称，同時に指定仕向地は「ターミナル」に限定せず，いかなる場所でも可能とされた。
③ CIPにおける取得すべき貨物保険が変更された。

●図表 1-7　主要3規則であるFOB，CFR，CIFの価格構成

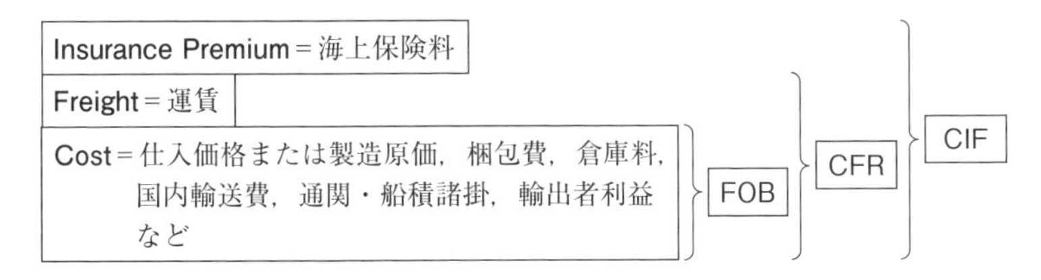

●図表 1-8　FOB，CFR，CIFの相違点

	運送手配および運賃負担者	運送書類への運賃欄表示	保険手配および保険料負担者	船積書類に保険証券添付	取引条件（Trade Terms）の表示
FOB	買主	Freight Collect	買主	不要	FOB 輸出港名
CFR	売主	Freight Prepaid	買主	不要	CFR 輸入港名
CIF	売主	Freight Prepaid	売主	要	CIF 輸入港名

（注）Freight Collectとは運賃着払，Freight Prepaidとは運賃前払のこと。

●図表 1-9　インコタームズ®2020における危険負担の移転場所の概略図

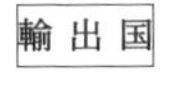

輸入国（仕向地）

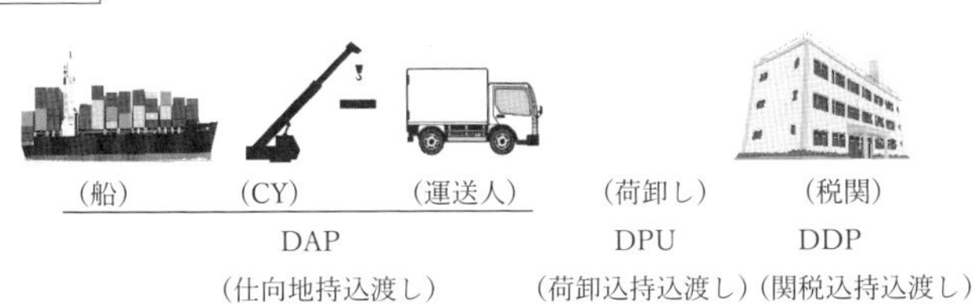

インコタームズⓇ 2010では，CIFとCIPともに，協会貨物約款(C)または同種の約款により提供される補償を取得すべきとされていたが，インコタームズⓇ 2020では，CIPの場合は，売主は協会貨物約款（A）を満たす保険補償を取得すべきと改訂された。ただ，CIFでは売主の取得すべき保険が(C)約款のまま改訂されておらず，CIFとCIPでは取得すべき貨物保険の補償水準が異なる。

3 外為業務におけるマネー・ローンダリング防止対策

〈学習上のポイント〉

外為業務におけるマネー・ローンダリング対策として，犯罪収益移転防止法と外為法がある。犯罪収益移転防止法には外為法に規定されている本人確認義務以外に，マネー・ローンダリング防止上，より広範囲の義務が規定されている。コンプライアンスの観点からも，確認を要する取引やその金額基準等，この２つの法律をしっかりと身につけておこう。

1．犯罪収益移転防止法と外為法

日本国内において犯罪で得た資金を海外に不正送金し，犯罪収益移転防止法違反で逮捕されたという不穏なニュースが後を絶たない。マネー・ローンダリング（資金洗浄）の多くは詐欺やヤミ金融などで得た不法収益を隠匿するなどした事件であるが，グローバル化の進展とともに国境を越えた資金洗浄が増加している。

このため，警察庁は同庁に資金情報機関（FIU）を置き，国境を越えた資金洗浄対策として多数の国とも情報交換している。

外為業務の遂行にあたっては，このような状況を念頭にマネー・ローンダリング防止対策のための関係法令の遵守に努めていく必要がある。

銀行等，金融機関の業務のマネー・ローンダリング防止のための制度として，「外為法」の本人確認義務と，「犯罪収益移転防止法」の取引時確認義務や疑わしい取引の届出義務等がある。

《銀行等のマネー・ローンダリング防止のための法令》

犯罪収益移転防止法	外為法
[・取引時確認義務 ・疑わしい取引の届出義務ほか] 《取引時確認義務の対象取引》 (1)口座開設，貸金庫，保護預りなどの取引開始のとき (2)融資取引（金銭貸付，手形割引等） (3) 200 万円超の現金，持参人払式小切手・自己宛小切手（線引なし）の受払いをする取引 (4) 200 万円超の外貨両替 (5) 10 万円超の現金の受払いをする為替取引，自己宛小切手の発行を伴う取引 (6)信託に係る契約の締結 (7)有価証券の募集・売出・私募等により顧客等に有価証券を取得させる行為を行うことを内容とする契約の締結 (8)疑わしい取引と認められる取引，同種の取引の態様と著しく異なる態様で行われる取引，規制の適用を逃れるために２つ以上に分割していると思われる現金受払や外貨両替等の取引	[本人確認義務] 《本人確認義務の対象取引》 (1) 10 万円相当額超の特定為替取引（顧客と本邦から外国へ向けた支払，または非居住者との間で行う支払等）で，つぎの取引が該当する。 ①外国送金（仕向・被仕向） ②居住者・非居住者間の国内送金 ③外国払小切手の取立（仕向・被仕向） (2) 200 万円相当額超の外貨両替取引 (3)資本取引に係る契約の締結等行為 ①預金契約，信託契約，金銭貸借契約，対外支払手段または債権その他の売買契約，証券の取得・譲渡に係る契約，金銭指標等先物契約等で，これらは金額に定めなし ② 200 万円相当額超の現金，持参人払式小切手，自己宛小切手等の受払いをする行為 ③本人特定事項を偽っていた疑いやなりすましの疑いがある場合

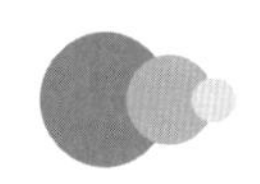

2．犯罪収益移転防止法

(1) 犯罪収益移転防止法における銀行等の義務

犯罪収益移転防止法は，マネー・ローンダリングやテロ資金供与防止を目的として，金融機関等の特定事業者(注)が取引を行う際の取引時確認等について定めている法律である。

金融機関に対しては，下記の取引を対象として図表1-10のような義務が課されている。なお，同法10条の通知義務は銀行等と資金移動業者のみが対象である。

(注)特定事業者とは，金融機関等，リース事業者，クレジットカード事業者，貸金業者，資金移動業者，電子決済手段等取引業者，暗号資産交換業者，両替業者，宅地建物取引業者，宝石・貴金属等取扱事業者，郵便物受取サービス業者，司法書士・行政書士・公認会計士・税理士・弁護士等の法人をいう。

取引時確認の対象となる取引

① 特定取引（犯収法施行令7条，同施行規則5条）

イ）預金契約の締結，200万円超の大口現金の受払いなど（図表1-10の注1参照）

ロ）顧客管理を行ううえで特別の注意を要する取引

・疑わしい取引

・同種の取引の態様と著しく異なる態様で行われる取引

② ハイリスク取引（犯収法施行令12条）

・なりすましの疑いや虚偽の疑い，マネー・ローンダリング対策の不十分な国に居住している顧客，外国PEPsとの取引（下記(2)参照）。

(2) ハイリスク取引に対する取引時確認

過去問題
・2022年3月 問38

下記の取引はマネー・ローンダリングに利用されるおそれが特に高い取引（＝ハイリスク取引）として規定されている。これらの取引を行う際には本人特定事項と**実質的支配者**については，**より厳格な方法で確認**(注)を行う必要がある。

さらに200万円超の財産の移転を伴うハイリスク取引について

●図表 1-10　犯収法における対象事業者の義務

項　目	義　務　の　内　容
取引時確認 (4 条)	顧客との間で特定取引(注1)を行うに際しては，以下の確認を行わなければならない。なお，下記の②〜④を顧客管理事項という。 ①本人特定事項 個人：氏名，住居，生年月日 法人：名称，本店または主たる事務所の所在地 ②取引を行う目的 ③職業（個人の場合）または事業内容（法人の場合） ④法人の実質的支配者(注2)がいればその者の本人特定事項 ⑤ 200 万円超のハイリスク取引を行う場合は資産および収入の状況
確認記録の作成・保存 (6 条)	取引時確認を行った場合には，直ちに確認記録を作成し，当該取引等に係る契約の終了日から 7 年間保存しなければならない（たとえば，外貨預金の場合は口座解約日から 7 年間保存となる)。
取引記録等の作成・保存（7 条）	特定業務(注3)に係る取引を行った場合には取引時確認の有無とは関係なく取引記録等を作成し取引日から 7 年間保存しなければならない。
疑わしい取引の届出 (8 条)	特定業務において収受した財産が犯罪による収益である疑いがあり，または，マネー・ローンダリングを行っている疑いがあると認められる場合には，すみやかに行政庁（金融庁等）に届け出なければならない。
外国為替取引に係る通知 (10 条)	外国電信送金を取り扱う銀行等に対して，支払指図などの電文に送金依頼人の本人特定事項等の情報を正確に記載して相手銀行に通知することを義務づけている制度である。 テロ資金等の犯罪収益が国境を越えて移動した場合に捜査当局が資金トレースできるよう，FATF(注4)の「テロ資金供与に関する特別勧告Ⅶ（電信送金)」を踏まえて法制化され，2008 年 3 月から実施されている。 この通知義務に関わる留意点等は，第 6 章 1 節 9．「通知義務の履行」を参照願いたい。

(注 1) 特定取引は特定事業者ごとに定められており，金融機関では，預金口座の開設など新規取引の開始（契約の締結)，200 万円超の大口現金の受払い，10 万円超の現金送金（振込)，200 万円超の外貨両替（外国通貨・旅行小切手の売買)，および 2016 年 10 月施行の法改正で新たに取引時確認の対象となった取引（顧客管理を行ううえで「特別の注意を要する取引」として，施行令 7 条 1 項に規定する疑わしい取引，および同種の取引の態様と著しく異なる態様で行われる取引。規制金額未満の取引であっても規制を免れるために取引を 2 件以上に分割しているとみられる取引)。

(注 2) 実質的支配者とは，資本多数決法人の議決権の 25％超を直接または間接に有していると認められる者や，法人の事業活動に支配的な影響力を有していると認められる者，法人の収益・財産総額の 25％超の分配を受ける権利を有していると認められる者，あるいは当該法人を代表し，その業務を執行する者等をいう。

(注 3) 金融機関の特定業務とは，銀行法等で定められた業務をいう。

(注 4) FATF（Financial Action Task Force on Money Laundering：マネー・ローンダリングに関する金融活動作業部会）とは，マネー・ローンダリング対策を国際的に推進することを目的に設立された国際機関で，「資金洗浄対策に非協力的な国・地域」を公表している。

は，顧客が取引金額に見合った資産や収入があるかどうかという観点から，「**顧客の資産および収入の状況**」の確認を行う必要がある。

①取引時確認に係る顧客またはその代表者等に**なりすましている**疑いがある取引

②確認書類などの取引時確認事項に虚偽の疑いがある取引

③マネー・ローンダリング対策が不十分であると認められる特定国（北朝鮮，イラン）等に居住している顧客との取引等

④厳格な顧客管理を行う必要性が特に高い取引…外国 PEPs（外国の元首・大臣等，外国政府等において重要な公的地位にある者およびその家族との取引，および，それらの者が実質的支配者である法人）との取引

（注）「より厳格な方法で確認」とは，通常の取引時確認で用いた本人確認書類に加え，それとは別の本人確認書類または補完書類（納税証明書や公共料金領収書等）の提示を受けて確認を行う方法のこと。

(3)　取引時確認に関する留意事項

①　本人特定事項の確認書類

過去問題
・2024年3月 問37
・2023年3月 問37，問40

(イ)個人は，顔写真付の本人確認書類（運転免許証，個人番号カード，旅券，在留カード等）の原本の提示を受けて行うが，顔写真のない本人確認書類（各種の健康保険証や年金手帳等）の提示を受けた場合は，他の本人確認書類または住所の記載のある補完書類（納税証明書や公共料金領収書等で6か月以内のもの）の原本の提示を受けるか，当該取引に係る書類を顧客宛て転送不要郵便物として送付する，あるいは他の本人確認書類の原本か写しの送付を受ける。

(ロ)有効期限のない公的証明書は，提示から6か月以内に作成されたものに限られる。

(ハ)在留期間90日以内の短期在留外国人については，特例で「住居の記載欄のない旅券または乗員手帳」を本人確認書類

として使用できる。その際，本人確認記録には「旅券の発行年月日と旅券の番号，国籍等」を記録しておく。

(ニ)本人確認書類に記載されている住居等が現住所と異なるときや住居等の記載がないときは，納税証明書や公共料金領収書等の補完書類の提示を受けて現在の住居を確認する。

② 取引目的，職業・事業内容の確認方法

顧客から申告を受ける方法で確認するが，法人の事業内容については登記事項証明書や定款等の書類で確認することとなっている。

③ 法人取引や代理人取引（取引の相手方が窓口来店者と異なる場合等）の場合

法人や個人顧客の代理人が取引手続を行う場合には，顧客の本人特定事項の確認に加え，取引の任にあたっている自然人（代理人等）の本人特定事項の確認も行う必要がある。また，その際に取引の任にあたっている者が委任状を有しているか，電話等により顧客のために取引の任にあたっていることも確認する必要がある。

④ すでに取引時確認をしたことのある顧客との取引

すでに取引時確認を行っており，その確認記録を保存している場合には，あらたに同一人であることを示す書類等の提示を受けるなどの方法で顧客が当該記録と同一であることが確認できれば，改めて取引時確認をする必要はない（犯収法4条3項）。

ただし，すでに取引時確認を行っている顧客について，取引時確認事項を偽っていた疑いがある場合や，当該顧客または代表者等になりすましている疑いがある場合，あるいは，疑わしい取引その他の顧客管理を行ううえで特別の注意を要するものとして主務省令で定めるものは，以前と異なる本人確認書類で再度の確認を行う必要がある。

⑤ 取引を分割していることが明らかな場合

取引金額が200万円超でなくとも，取引を分割することにより，

1回当たりの取引金額を200万円以下に引き下げていることが明らかな場合，もしくは特別の注意を要する取引（疑わしい取引又は同種の取引の態様と著しく異なる態様で行われる取引）に該当した場合は，犯収法に基づき取引時確認を行う必要がある。

⑥　その他，本人確認にあたっての留意事項

主な留意点については下記のとおりであるが，実務的な対応方法については財務省公表の「外国為替取引等取扱業者のための外為法令等の遵守に関するガイドライン」にも記載されている。

(イ)本人確認済みの預金口座からの振替を通じて特定為替取引を行う場合には，改めて本人確認を行う必要はない（外為省令8条の2第1号）

(ロ)居住者と非居住者の間で，特定為替取引が国内において行われる場合も本人確認を行う必要がある。

(ハ)海外から被仕向送金があった場合で，居住者の口座に入金する際にも，もれなく本人確認を行う必要がある。

(ニ)取引時確認の対象とならない10万円相当額超の両替取引を行う際にも，顧客の氏名または名称とともに，当該顧客の特定に資する情報（住所または所在地，電話番号，国籍，旅券番号，運転免許証の記番号等）を収集することが重要である。

(ホ)本人確認の際，本人確認書類の提示を受けた日時を本人確認記録に記載する。

⑦　200万円超か否か（本人確認要否）の判定相場（第7章1節10「外為法に係る通貨の換算方法」参照）

(イ)本邦通貨と外国通貨の売買が伴う取引は，対顧客取引相場（実勢外国為替相場）

(ロ)本邦通貨と外国通貨の売買が伴わない取引は，取引日における「基準外国為替相場または裁定外国為替相場」

⑧ 顧客が取引時確認に応じないとき

銀行等は，顧客が取引時確認に応じないときは，取引時確認に応じるまでの間，当該取引に係る義務の履行を拒むことができる（犯罪収益移転防止法5条：特定事業者の免責）。

⑷ 疑わしい取引の届出制度

① 疑わしい取引の届出制度の目的

疑わしい取引の届出制度は，犯収法8条で規定されており，同法の取引時確認制度とともに同法の骨格を成している制度である。また，取引時確認制度やこの疑わしい取引の届出制度は，FATFの勧告にもとづき各国に対して導入が求められている制度であり，わが国だけのルールではない。

疑わしい取引の届出は組織犯罪対策を推進するうえで重要な情報源となっており，銀行等から届け出られた情報は，金融庁を経て警察庁にある「犯罪収益移転防止対策室（JAFIC）」で情報を集約し，捜査機関と連携してマネー・ローンダリング犯罪や各種犯罪の捜査に活用されている。

② 届出を要するケース

銀行等は業務を行ううえで，つぎのことが認められる場合には金融庁長官に疑わしい取引の届出を行うこととされている。

⑴特定業務において収受した財産が犯罪による収益の疑いがある。

⑵顧客等が特定業務に関し，組織的犯罪処罰法10条の罪もしくは麻薬特例法6条の罪にあたる行為を行っている疑いがある。

③ 疑わしい取引かどうかの判断

前項の疑わしい取引かどうかの判断は，当該取引に係る取引時確認の結果，当該取引の態様その他の事情及び犯罪収益移転危険度調査書の内容を勘案し，かつ，主務省令で定める方法等により行う。

金融庁は「**疑わしい取引の参考事例**」を公表し，また，財務省も「外国通貨又は旅行小切手の売買に係る疑わしい取引の参考事例」を公表している。しかし，この参考事例はあくまでも目安とし，疑わしい取引かどうかの判断は，金融機関職員等の一般的な業務知識と経験をもとに，顧客属性や取引状況等を総合的に勘案して行うこととされている。したがって，特定の犯罪の存在まで認識している必要はない。

④ 疑わしい取引の届出の対象取引

届出の対象取引は取引時確認が必要な取引だけでなく，銀行等のすべての業務を対象としている。また，金額の基準はなく，たとえ少額でも届出の対象となる。そして，実際に取引が成立しなかった場合にも，疑わしいと判断すれば届出を行う必要がある。

⑤ 疑わしい取引の参考事例

下記は金融庁が公表している「疑わしい取引の参考事例」の「**第6 外国との取引に着目した事例**」を抜粋したものである。

(1)他国（本邦内非居住者を含む。以下同じ。）への送金にあたり，虚偽の疑いがある情報又は不明瞭な情報を提供する顧客に係る取引。特に，送金先，送金目的，送金原資等について合理的な理由があると認められない情報を提供する顧客に係る取引。
(2)短期間のうちに頻繁に行われる他国への送金で，送金総額が多額にわたる取引。
(3)経済合理性のない目的のために他国へ多額の送金を行う取引。
(4)経済合理性のない多額の送金を他国から受ける取引。
(5)多額の旅行小切手又は送金小切手（外貨建てを含む。）を頻繁に作成又は使用する取引。
(6)多額の信用状の発行に係る取引。特に，輸出（生産）国，輸入数量，輸入価格等について合理的な理由があると認められない情報を提供する顧客に係る取引。
(7)資金洗浄・テロ資金供与対策に非協力的な国・地域又は不正薬物の仕出

国・地域に拠点を置く顧客等との取引。
⑻輸出先国の技術水準に適合しない製品の輸出が疑われる取引。
⑼貿易書類や取引電文上の氏名，法人名，住所，最終目的地等情報が矛盾した取引。
⑽小規模な会社が，事業内容等に照らし不自然な技術的専門性の高い製品等を輸出する取引。
⑾貿易書類上の商品名等の記載内容が具体的でない取引。
⑿人身取引リスクの高い国・地域に対し，親族と思われる者へ繰り返し少額の送金を行っている取引。

⑥　顧客に対する秘匿義務

銀行等は，疑わしい取引の届出を行おうとすること，または行ったことを顧客やその関係者に漏らしてはならないと規定している（犯罪収益移転防止法8条3項）。

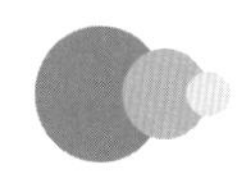

3．外為法の本人確認義務

外為法では，マネー・ローンダリングおよびテロ資金供与等を防止することに加え，外為法にもとづく経済制裁措置の実効性を確保することを目的として，銀行等に本人確認義務を課している（外為法18条ほか：銀行等の本人確認義務）。

⑴　外為法における本人確認の対象取引

過去問題
・2023年3月 問37
・2022年10月 問37

外為法における本人確認の対象取引は以下のとおりである。

①　特定為替取引

特定為替取引とは，顧客と本邦から外国へ向けた支払，または非居住者との間で行う支払等に係る為替取引で，金額が10万円相当額超のものをいう。ただし，当該顧客が非居住者である場合を除く（外為法18条，外国為替令7条の2）。

この特定為替取引に該当する取引は，10万円相当額超（現金の受払をする取引に限定せず）のつぎの取引が該当する。

(イ)居住者や非居住者による本邦から外国に向けた支払（仕向外国送金，送金依頼人が非居住者であっても本人確認が必要）

(ロ)居住者による外国の非居住者から本邦へ向けた支払の受領（被仕向外国送金）

(ハ)居住者による非居住者に対する支払，および居住者による非居住者からの支払の受領〔上記(イ)または(ロ)以外の方法による支払等で，国内送金や外国払小切手がある〕

② 200万円相当額超の外貨両替取引（外為法22条の3，外国為替令11条の6）

③ 資本取引に係る契約の締結等の行為で次のもの（外為法22条の2，外国為替令11条の5）

(イ)預金契約，信託契約，金銭貸借契約，対外支払手段または債権その他の売買契約，証券の取得または譲渡に係る契約，金銭指標等先物契約等のすべて

(ロ)200万円相当額超の現金，持参人払式小切手，自己宛小切手等の受払いをする行為

(ハ)本人確認の際，本人特定事項を偽っていたり，行為の名義人・代表者等になりすましている疑いがある場合

(2) 本人確認の方法，確認書類等（外為法18条の3ほか）

過去問題
・2023年3月 問37

外為法の本人確認方法や本人確認書類は，犯収法の取引時確認における「顧客の本人特定事項」の確認方法と同じである。また，本人確認記録の作成・保存等も両法律の間で異ならず，このため犯収法の取引時確認を行えば，外為法の本人確認を履行したことになる。ただ，本人確認方法と本人確認書類は，国外送金等調書提出制度とは異なる点に留意する必要がある（第1章1節4.「国外送金等調書提出制度」参照）。

4. 国際テロリスト財産凍結法

2015年10月に国連安保理決議を踏まえて施行された国際テロリスト財産凍結法は，国際テロリストが行う国内取引を規制する法律である。外為法では国際テロリストが行う対外取引は規制されているが国内取引の規制はなく，この法律の施行により法の不備が補完されている。

この法令では，国連安保理制裁委員会が制裁リストに記載したタリバーン関係者や，国際テロリストとして国家公安委員会が指定した者が，財産の凍結等の措置をとるべき国際テロリストとして公告することとされている。

また，この法令では，公告された国際テロリストに対する行為の制限の規定はあるが，金融機関等に対して顧客との取引に際しての確認義務を課す規定はない。

最新の公告国際テロリストは，警察庁Webサイトで閲覧できる。

4 外為法による規制と適法性の確認・報告義務

〈学習上のポイント〉

銀行等が適法性の確認を要する取引は，外為法 17 条に規定されている取引であり，外為法 16 条や 21 条等において経済制裁等のための有事規制が発動されたときである。報告義務は外為法 55 条で規定されている。この節で述べる内容も，前節のマネー・ローンダリング防止のための諸確認義務と同様に，コンプライアンス上，よく理解して確実な実務対応ができるようにしよう。

1. 外為法による有事規制

(1) 外為法による有事規制

【支払等に対する有事規制】

外為法のもとでは，対外取引は「原則自由」となっているが，主務大臣（財務大臣・経済産業大臣）は，資産凍結等の経済制裁の観点から有事の際には，本邦から外国へ向けた特定の支払等について許可を受ける義務（有事規制）を課すことができるとされている（外為法 16 条）。有事規制が発動される場合は，つぎのいずれかの場合である。

①わが国が締結した条約その他の国際約束を誠実に履行するため必要があると認めるとき，または国際平和のための国際的な努力にわが国として寄与するため特に必要があると認めるとき。

②わが国の平和および安全の維持のため特に必要があるとして，対応措置の閣議決定が行われたとき。

過去問題

・2024年3月 問2
・2023年10月 問37, 問41
・2023年3月 問41
・2022年10月 問8, 問41

なお，経済制裁対象の支払等をしようとする者に対して許可を受ける義務を課しているが，実際には許可申請があっても許可されることはない。

【財務大臣所管の資本取引に対する有事規制】

資本取引（図表 1-11 参照）について，つぎのような場合には財務大臣は許可を受ける義務を課すことができるものとされている(外為法 21 条)。

①居住者または非居住者による資本取引がなんらの制限なしに行われた場合には，条約その他の国際約束を誠実に履行することを妨げ，国際平和のための国際的な努力にわが国として寄与することを妨げることとなる事態を生じ，外為法の目的を達成することが困難になると認めるとき。

②わが国の平和および安全の維持のため特に必要があるとき。

③資本取引がなんらの制限なしに行われた場合には，つぎに掲げるいずれかの事態を生じ，この法律の目的を達成することが困難になると認めるとき。

(イ)わが国の国際収支の均衡を維持することが困難になること。

(ロ)本邦通貨の外国為替相場に急激な変動をもたらすことになること。

(ハ)本邦と外国との間の大量の資金の移動によりわが国の金融市場または資本市場に悪影響を及ぼすことになること。

【経済産業大臣所管の資本取引に対する有事規制】

特定資本取引とは，経済産業大臣が所管する資本取引のことであり，下記のとおり貨物の輸出入やサービス（鉱業権の移転等）に付随する資本取引をいう。平時は自由で事後報告も不要であるが，有事規制が発動されたときは経済産業大臣の許可が必要である（外為法 24 条)。

①金銭の貸借契約のある輸出入相手先との間で，期間 1 年超の貸

●図表1-11　資本取引の定義（外為法20条，および20条の2）

(1)居住者と非居住者との間の預金契約または信託契約
(2)居住者と非居住者との間の金銭の貸借または債務の保証契約
(3)居住者と非居住者との間の対外支払手段または債権の売買契約
(4)居住者間での，外国通貨をもって支払を受けることができる預金契約，信託契約，金銭貸借契約，債務保証契約，または，対外支払手段，債権，その他の売買契約
(5)居住者による非居住者からの証券の取得，または非居住者への証券の譲渡
(6)居住者による外国での証券の発行・募集，または，本邦での外貨証券の発行・募集および非居住者による日本国内での証券の発行・募集
(7)非居住者による外国における円建証券の発行・募集（ユーロ円債の発行）
(8)居住者・非居住者間の金融指標等先物契約
(9)居住者間における外国通貨をもって支払を受けることができる金融指標等先物契約，または，本邦通貨をもって支払を受けることができる外貨建の金融指標等先物契約
(10)居住者による外国にある不動産やこれに関する権利の取得，または，非居住者による日本にある不動産やこれに関する権利の取得
(11)法人の日本にある事務所と外国にある事務所の間での資金の授受。ただし，当該事務所の経常的な経費や経常的な取引に関連するものは除く。
(12)その他，政令で定めるものとして，居住者と非居住者との間の金の地金の売買契約に基づく債権の発生等に係る取引（外国為替令10条）。
《資本取引とみなす取引》
・電子決済手段等の移転を求める権利の発生や保証契約等，電子決済手段に係る取引

付債権または借入債務を輸出入代金の全部または一部と相殺する取引

②鉱業権・工業所有権等の移転の対価と，その契約の相手方との間で行う金銭貸借による債権・債務を相殺するもの

③貨物を輸出入する居住者が非居住者との間で行う債務の保証契約（輸出入に係る入札保証・契約履行保証・前受金返還保証等）

⑵　外為法に基づく経済制裁措置の概要

過去問題
・2022年3月
問43

①　経済制裁措置の規定

外為法による経済制裁措置（有事規制）の規定には，前項で説明した支払等や資本取引の規定も含め，つぎのような規定がある。

支払等の禁止（16条1〜2項）	許可制
資本取引（注）の禁止（21条1〜2項）	許可制
特定資本取引の禁止（24条1〜2項）	許可制
役務取引・仲介貿易取引の禁止（25条6項）	許可制
対内直接投資の禁止（27条1項，3項2）	審査付事前届出制
貨物の輸出の禁止（48条3項）	承認制
貨物の輸入の禁止（52条）	承認制

（注）資本取引は，預金・信託取引，金銭貸付取引，金銭借入・債務保証取引等，外為法20条において，「資本取引の定義」として規定されている。

②　経済制裁措置の告示

経済制裁措置のための資産凍結等対象者等の個別の情報は外務省により告示される。「**資産凍結等の措置**」の外務省の告示には，通常「措置の内容」と「対象者の氏名・住所・生年月日等の情報」等が示される。措置の内容には対象者に対する支払の規制や資本取引の規制など，規制の内容が示される。

経済制裁措置の発動状況を，発動要件別に分類すると以下のとおりである（2024年4月現在）。

⑴条約その他の国際約束を誠実に履行するため（主として国連安保理決議による制裁）…タリバーン関係者，テロリスト等，イラクの前政権の高官等に対する経済制裁措置がある。

⑵国際平和のための国際的な努力に寄与するため（主として米国など主要

国との協調による制裁）…シリアのアル・アサド大統領およびその関係者等に対する経済制裁措置がある。

(ハ)わが国の平和と安全の維持のための対応措置が閣議決定されたとき（わが国独自の制裁）…北朝鮮との間の輸出入および仲介貿易の全面禁止等の措置がある。

なお，制裁対象者の最新情報は財務省ホームページ「**経済制裁措置及び対象者リスト**」で確認できる。**図表 1-12** は財務省ホームページから抜粋したものである。対象者はすべて非居住者である。

【経済制裁措置の規制の区分】

経済制裁措置はつぎのように区分できる。

①制裁対象者を指定したうえで，その対象者に対して取引や支払等を規制…上記のリストを参照。

②規制対象者を特定せず，取引や支払等の目的および貿易等に関して規制…現状では北朝鮮とイランに対する制裁措置がある。

(3)　北朝鮮とイランに対する経済制裁措置

北朝鮮に対しては，核開発阻止のため，下記のとおり国連安保理決議による経済制裁とわが国独自の経済制裁が実施されている。

また，イランに対しては国連安保理決議による「イランの核活動に寄与する目的の支払」の規制が実施されている。

このほか，ウクライナ侵攻により，ロシア向け新規対外直接投資の禁止やロシア国内で行う事業活動資金の支払禁止，ロシア・ベラルーシに対する規制対象の役務取引の禁止等，ロシア・ベラルーシ関連規制が随時発動されている。

【2024 年 3 月末現在の北朝鮮に対する経済制裁措置】

①制裁（資産凍結措置）対象者に対する支払・資本取引の禁止

②北朝鮮との間の輸出・輸入・仲介貿易の全面禁止

●図表 1-12　現在実施中の外為法に基づく資産凍結等の措置（令和6年3月22日現在）

送金規制等の対象	実施時期	実施根拠	対象者
ミロシェビィッチ前ユーゴスラビア大統領および関係者	平成13年2月～	国際平和のための国際的努力への寄与（米，EU等との協調）	10個人
タリバーン関係者等	平成13年9月～	国連安保理決議1267号，1333号，1390号	544個人・団体
テロリスト等	平成13年12月～	国連安保理決議1373号	

③北朝鮮との間の，核・ミサイル，大量破壊兵器関連の資本取引・役務取引，特定資本取引について全面禁止
④北朝鮮向けの支払は10万円以下の人道目的以外は原則禁止
⑤ 10万円相当額超の日本円や外貨等の支払手段の持出し（携帯輸出）は，税関宛て届出が必要

2．貿易に関する規制

(1)　輸出の規制

過去問題
・2024年3月問20
・2023年10月問20
・2023年3月問20
・2022年10月問20

外為法47条において，「貨物の輸出は，外為法の目的に合致する限り，最少限度の制限の下に許容される」とし，また，同法48条1項において，「国際的な平和及び安全の維持を妨げることとなるとして指定された貨物を輸出する場合は，経済産業大臣の許可を受けなければならない」と規定されている。

輸出の許可・承認については，国際的な平和および安全の維持の観点から，「許可を要するもの」と，国際収支の均衡維持や外国貿易および国民経済の健全な発展または条約等の国際約束の誠実な履

行の観点から,「承認を要するもの」とに大別されている（外為法48条）。

わが国の輸出規制は，国際的な輸出管理の枠組み（レジーム）や関係条約に基づき,「**安全保障貿易管理制度**」において**リスト規制**と**キャッチオール規制**が敷かれている（外為法25条，48条）。

①　リスト規制

輸出貿易管理令別表第1の項目1～15に掲げられた品目（**リスト規制品目**）で，武器や大量破壊兵器関連の貨物，またはワッセナー・アレンジメント品目を含む通常兵器関連の貨物等，軍事転用の可能性が特に高い機微な貨物を輸出する場合，および，外国為替令別表1～15に掲げられている技術を提供する場合には，全地域を対象として経済産業大臣の許可を必要とする制度である。

②　キャッチオール規制

キャッチオール規制とは，リスト規制品以外のものであっても，輸出しようとする貨物や提供しようとする技術が，大量破壊兵器や通常兵器の開発，製造または使用に用いられるおそれがあることを輸出者が知った場合（これを**客観要件**といい，輸出者自身が需要者と用途を確認する必要がある），または経済産業大臣から許可申請すべき旨の通知（インフォーム通知）を受けた場合（**インフォーム要件**）のいずれかに該当した場合には，経済産業大臣の許可が必要となる制度である。

このキャッチオール規制は,「大量破壊兵器キャッチオール規制」と「通常兵器キャッチオール規制」の2種類がある。

キャッチオール規制の対象品目は，リスト規制品目以外で食料や木材等を除くすべての貨物，技術が対象。一方，輸出管理上の優遇対象国であるグループA（2019年7月まではホワイト国と呼称，大量破壊兵器の不拡散政策をとるなど，厳格な輸出管理を行っている国）向けの国への輸出や技術の提供は規制の対象外である。

③　積替規制

仮陸揚げした貨物（外国から到着した貨物を我が国の港や空港の保税地域で一時的に積卸し，再び外国向け船舶や航空機に積み込む貨物）を再輸出する場合にも，キャッチオール規制とほぼ同様の規制がなされている。

④　みなし輸出管理規制

大量破壊兵器などの技術の提供をする取引については，海外との（国境を越えて行う）取引には許可が必要であるが，日本国内で行う（国境を越えない）技術提供も許可を受ける必要な場合がある。

具体的には，日本国内における居住者への技術提供であっても，当該居住者が，非居住者へ技術提供するのと同一視されるほどに外国政府や外国法人（非居住者）から強い影響を受けている状態に該当する場合には，「みなし輸出管理」の対象として経済産業省の許可が必要である。

⑤　輸出者等遵守基準（外為法 55 条の 10～12）

国際的な平和および安全の維持のために，全ての輸出者が守るべき輸出管理上の基準として，経済産業省が「輸出者等遵守基準」を省令で定めている。輸出者はつぎのことを遵守し，関係法令に違反したとき，または違反したおそれがあるときは，すみやかに経済産業大臣に報告する必要がある。

・輸出等をしようとする技術や貨物が，リスト規制の対象技術および貨物（特定重要貨物等）に該当するかどうかを確認する「該非確認責任者」を選任すること。ただし個人輸出者は不要。
・輸出等の業務に従事する者に対して，最新の法や命令その他関係法令の規定を遵守するために必要な指導を行うこと。

⑥　輸出手続

許可・承認を必要とする貨物を輸出する場合は，あらかじめ経済産業大臣宛てに輸出許可・承認申請する。そして，輸出許可証・承認証（有効期限は6か月）を取得して，税関への輸出申告の際（通関時）に提出する。税関では審査・検査が行われ，税関の輸出許可証が交付される。その後，船積が可能となる。

⑦　国際協定による輸出規制物資

ワシントン条約の規制動植物等の輸出は，経済産業大臣の輸出承認証と，ワシントン条約管理当局が発行した輸出許可証が必要となる。また，有害廃棄物の輸出入等を規制するバーゼル法規制物資の輸出については，経済産業大臣や環境大臣の承認を必要とする。

(2)　輸入の規制

過去問題
・2023年10月問2

外為法において，「外国貿易及び国民経済の健全な発展を図る」等の理由で，輸入割当品目や規制品目等を輸入する者は，経済産業省令で定める手続に従い，経済産業大臣の承認を受けなければならない（外為法52条，輸入貿易管理令4条・9条等）。

そして，輸入貿易管理令3条1項の規定に基づき，**輸入割当品目**，**輸入承認品目**等，貨物の輸入について必要な事項が「**輸入公表**(注)」として経済産業省から公表されている。また，輸入の確認制度として，「**事前確認品目**」と「**通関時確認品目**」がある。なお，輸入割当申請手続等は，「輸入発表」として公示される。

輸入公表に記載されているつぎのように分類された輸入管理品目は，輸入する前に経済産業大臣の承認や事前確認を受ける必要がある。輸入承認証の有効期間は承認日から6か月である。

①　輸入割当を受けるべき貨物（IQ品目）

日本国内の産業保護と需給調整のため，特定の貨物について輸入できる数量・金額に制限を設けている。輸入割当品目の貨物を輸入しようとする者は，経済産業大臣に輸入割当申請をして，輸入割当を受けた後でなければ輸入承認を受けることができない。

②　特定の原産地または船積地域に係る輸入について承認を必要

●図表 1-13　輸入公表の概要

輸入公表	品　目	制度の内容（対象貨物）
第１号	輸入割当品目 (IQ 品目)	日本国内の需給調整や一部の国内産業保護のため，輸入者に輸入数量または輸入金額の割当を行う制度（数量規制） ・非自由化品目，モントリオール議定書附属書に定める規制物質
第２号	輸入承認品目 (２号承認品目)	特定の原産地または船積地域に係る輸入について承認を必要とする制度（特定地域規制） ・中国，北朝鮮，台湾を原産地・船積地とするさけ・ます，およびこれらの調製品ほか ・ワシントン条約附属書Ⅱ・Ⅲ掲載動植物，およびモントリオール議定書化学兵器禁止法規制物質等
第２の２号	輸入承認品目 (２の２号承認品目)	原産地または船積地域にかかわらず，特定の貨物について承認を必要とする制度（全地域規制） ・原子力関連貨物，武器，火薬類，麻薬，ワシントン条約附属書Ⅰ動植物(注)ほか
第３号	事前確認品目	特定の貨物を輸入する場合に，事前に経済産業大臣等の確認を受けることにより承認が不要となる制度 ・治験用のワクチン，鯨およびその調整品ほか
	通関時確認品目	特定の貨物を輸入する場合に，輸入品の関係証明書等，輸入通関時に定められた書類を税関に提出することにより承認が不要となる制度 ・けしや大麻の実，ワシントン条約の特定動植物ほか

(注)絶滅のおそれのある野生動植物を保護する目的のワシントン条約では，規制対象の動植物として，規制が厳しい順に「附属書Ⅰ」「附属書Ⅱ」「附属書Ⅲ」に分類されており，そのうち附属書Ⅰの動植物は商業目的の国際取引が禁止されている。その附属書Ⅰ動植物は，上記輸入公表の２の２号承認品目に掲載されている。

とする貨物（2号承認品目）

輸入の割当を受ける必要はないが，国際条約や二国間協定等の取り決めの履行のために，経済産業大臣の承認を受けなければ輸入できない貨物である。

③　原産地または船積地域にかかわらず，特定の貨物について承認を必要とする制度（2の2号承認品目）

化学物質審査規制法やバーゼル法等で規制されている品目で，麻薬，火薬など厳しい規制を必要とする貨物が対象である。このため輸入先の地域を特定せず全地域を対象としている。

④　事前確認品目・通関時確認品目

輸入する前に，経済産業大臣や農林水産大臣等，所管大臣宛て，確認申請書を提出して，事前確認を受けなければならない事前確認品目と，通関時に税関に各種証明書等を提出して確認を受けなければならない通関時確認品目がある。これらの確認手続きをすれば，輸入の承認は不要となる。

（注）輸入公表とは，輸入貿易管理令3条1項に基づき，経済産業大臣が輸入に必要な事項を公表する告示のことで，輸入貿易管理上，最も重要な告示である。この告示（輸入公表）には，輸入割当を受けるべき貨物の品目，輸入の承認を受けるべき貨物の原産地または船積地域，およびその他貨物について必要な事項が定められている（図表1-13参照）。

【輸入に係る支払規制】

輸入の承認義務が課されている輸入代金の支払は，輸入承認を受ける前であっても平時は自由に行うことができるが，有事規制による支払規制がある場合は承認後でなければ支払はできない。

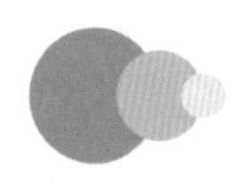

3．適法性の確認義務

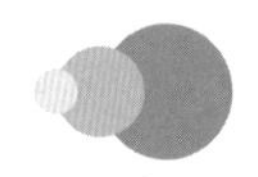

(1) 外為法における適法性の確認義務の規定

過去問題
・2023年10月 問3, 問37
・2023年3月 問2

外為法17条では，「銀行等は，その顧客の支払等が許可若しくは承認を受ける必要のないこと，又は，許可若しくは承認が必要な場合には，許可若しくは承認を受けていることを確認した後でなければ，当該支払等に係る為替取引を行ってはならない」と規定している。

これを外為法の本人確認義務と区別するために，一般には「**適法性の確認義務**」と呼ばれており，経済制裁措置が確実に実行されるための重要な規定となっている。

なお，外為法5条により，邦銀の海外支店も外為法の適用を受けることから，適法性の確認義務があるとされている。

【外為法17条に基づき銀行等が確認義務を負う個別規定】

支払等の禁止（16条）	対内直接投資の事前届出（27条）
資本取引の禁止（21条）	貿易取引の禁止： 輸入の要承認（52条） 輸出の許可・承認（48条） 仲介貿易取引の禁止（25条）
特定資本取引の禁止（24条）	
役務取引の禁止（25条）	

(2) 確認が必要な取引

1998年の外為法改正以降は，銀行等の適法性の確認を要するものは，**図表1-14**のとおり経済制裁措置の発動等に係るものに限定されている。

経済制裁の発動要件については，国連安保理決議によるもの，米国やＥＵなどの有志連合との協調によるもの，わが国独自のものが

●図表 1-14　銀行等の確認義務の対象取引

1．北朝鮮に対する経済制裁による関連取引
①北朝鮮を原産地，船積地域または仕向地とする貨物の輸入および仲介貿易に係る支払 ②北朝鮮に住所等を有する者への支払（ただし，10 万円以下の人道目的等，一部例外がある），および北朝鮮に主たる事務所を有する法人・団体及びその実質支配下にあるものへの支払 ③北朝鮮の核関連計画等の活動に寄与する目的の取引等に係る支払
2．イランに対する経済制裁による関連取引
イランの核活動に寄与する目的で行う取引に係る支払，およびイラン関係者による核技術等に関連する会社の株式または持分の取得に係る支払
3．ロシア・ベラルーシ等に対する経済制裁による関連取引
ロシア国内で行う事業活動，ロシア向け新規対外直接投資，ロシアからの一部物品の輸入，その他ロシア関連規制取引に係るこれらの支払
4．外務省告示により指定された資産凍結等経済制裁対象者に対する支払
対象者は財務省ホームページの「経済制裁措置及び対象者リスト」を参照

過去問題
・2024年3月 問4
・2023年10月 問2
・2023年3月 問2
・2022年10月 問2, 問20

第1章　外為関係法令

ある。輸出については「支払の受領」であり，経済制裁等の法の目的のためには特段の支障がないことから，現状，銀行等による確認義務の対象となっているものはない。

(3)　適法性の確認義務の方法

①適法性の確認にあたっては，財務省公表の「外国為替取引等取扱業者のための外為法令等の遵守に関するガイドライン」（図表 1-15），および外国為替検査ガイドラインを踏まえたリスクベース・アプローチ（リスクに見合った低減措置を講じること）による実質的な対応が求められ，それらのガイドラインが確認作業の指針となっている。

②外為省令 6 条には，「許可等が必要な支払等の為替取引と認められる場合には，当該顧客から許可証等の提示を求めて，要件

過去問題
・2024年3月 問4
・2023年10月 問2
・2023年3月 問2
・2022年10月 問2

●図表 1-15　外為法令等の遵守に関するガイドラインの要点

項　目	確　認　要　領　等
外国向送金	・顧客の支払等が規制対象のものではないことを確認するための情報（必要情報）として，送金人と受取人の本人特定事項および実質的支配者の情報，仕向国，被仕向銀行，送金目的（輸入または仲介貿易代金の場合は貨物の商品名，原産地・船積地域を含む）を把握すること（顧客の口頭による申告を含む）。 ・前項の必要情報の真偽に疑いがある場合や規制に抵触すると考えられる場合には，売買契約書，輸入許可書又は船荷証券等の送金の理由に必要となる資料の提示を求めて慎重に確認を行うこと。これは，インターネット等で送金を受け付ける場合にも同様である。 ・規制対象国に隣接した国に対する輸入代金の送金を行う際には，船積地（港）の属する都市名まで把握することが望ましい。 ・顧客に事前に受取人と送金目的を登録させたうえで，継続的に同様の内容で送金を行う場合にも，送金の都度，顧客に対して資産凍結等経済制裁対象の送金ではないことの確認を行う必要がある。
輸出または輸入の荷為替手形取引	・荷為替手形による取引の場合にも，上記の外国向送金と同様に必要情報を把握して規制対象ではないことの確認を行うこと。 ・信用状開設時に規制対象かどうかの確認を行った場合にも，船積書類到着時等，決済実行前に再度確認を行うこと。
仲介貿易	・第三国への仕向送金または第三国からの被仕向送金の際には，貨物の仕向地や原産地および船積地域が規制対象国ではないことを確認すること。
預金口座の管理	・非居住者，外国人，外国人と判断できる氏名または名称を有する顧客については，本人確認書類を基にカタカナ名に加えてアルファベット名についても情報システムに登録し，フィルタリングの対象とすること。 ・フィルタリングは，顧客の正式な氏名・名称の一部を省略したり略称を用いたりせず，フルネームで行うこと。
その他全般	・自動照合システムを導入している場合は，規制に関連する単語を適切に登録し，当該単語が検出された場合，もしくは一定比率以上の類似性があり事務処理が中断された場合においても，経済制裁の対象ではないことを照合基準に従い慎重に確認すること。 ・自動照合システムに登録すべき単語には，規制に関連する国（地域）や近隣地域の地名（北朝鮮に隣接する中国の省名，都市名等）およびこれらの国に所在する銀行名，SWIFT コード等がある。 ・システムによらずフィルタリングを行う場合にも，制裁対象者の情報と完全一致するもののみならず，名義を単語ごとに検索する等，類似する情報を適切に抽出して行うこと。 ・確認義務の履行に係る業務を外部に委託する場合には，委託先が当該業務を適正に遂行しているかを検証し，必要に応じ改善させる等，適切な監督を行うこと。 ・海外支店においても，経済制裁措置に関する外為法の規制の適用を受けることから，適切に確認する態勢を整備し，実施すること。

を備えていることを確認のうえ，当該取引を行うものとする」と規定している。

③ 2024年4月施行の改正外為法では，同法55条の9の2の規定に基づき，財務省・経済産業省の省令により「外国為替取引等取扱業者遵守基準」が定められている。外国為替取引等取扱業者（対象は銀行等，資金移動業者，電子決済手段等取引業者等，および両替業者）は，「外国為替取引等取扱業者作成書面等」を作成する必要がある。

4. 外為法に基づく報告義務

1998年の外為法改正で，それまで資本取引を中心に課されていた「事前許可・事前届出制」は廃止され，改正以降一部の取引を除き原則「事後報告制」がとられている。報告に関する規定は，取引種類ごと「外為法55条の1～8」に，報告手続等の細部は「外為報告省令」で規定されている。

⑴　支払等の報告（外為法55条1項）

①　報告が必要な支払等

過去問題
・2024年3月 問36
・2023年10月 問36
・2023年3月 問36
・2022年10月 問36，問39

対外取引の実態把握と国際収支統計の基礎資料に使用するため，居住者が非居住者または外国にいる居住者との間で，3,000万円相当額を超える下記の**貿易外取引**（仲介貿易を含む）を行ったときには，居住者に「**支払又は支払の受領に関する報告書**」を提出する義務を課している。支払等の当事者が非居住者の場合は，報告不要（報告免除）である。

なお，当該支払又は支払の受領には，暗号資産（仮想通貨）を用いて行った場合も含まれる。

⑴本邦から外国へ向けた支払……外国向け送金等

支払の相手方が外国に滞在中の居住者や居住者海外預金口座への送金の場合にも報告を要し，その場合，外国に滞在している居住者には報告義務はない。

(ロ)外国から本邦へ向けた支払の受領……被仕向外国送金等

(ハ)本邦または外国における，居住者と非居住者との間の支払等

② 報告要否の判定について

(イ)複数の取引代金を１回にまとめて送金する（または送金される）場合や，逆に１回の取引代金を複数回に分割して送金する場合，あるいは契約代金の一部だけ送金する場合には，その１回当たりの送金金額が3,000万円相当額以下であれば報告不要。つまり報告要否の判定は，１取引単位（取引契約全体の金額）で行わず，１回当たりの送金金額で行う

(ロ)送金金額に輸出入の貨物代金が含まれている場合には，貨物代金を除いた金額で要否判定する

（例）貨物代金6,000万円とロイヤリティ2,000万円の合計8,000万円を１回で受領した場合は，貿易外取引が3,000万円以下のため報告不要

●図表 1-16　支払等の報告書が必要な取引

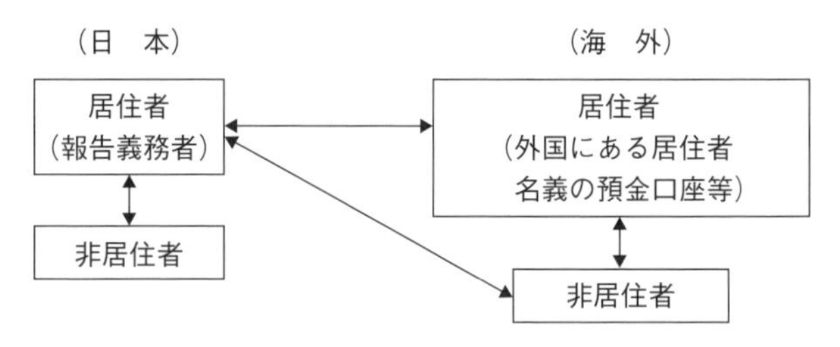

③　特殊な支払等において，報告が必要となるケース

(イ)非居住者に支払うべき取引代金を他の居住者に支払って決済

(ロ)自社の海外預金口座から，外国にあるA社に口座振込

(ハ)国内間の振込は，振込先が非居住者の場合に限り報告が必要

(ニ)資金移動が発生しない非居住者との間の債権債務の相殺は，同額の支払と受領があったと捉え，双方の報告が必要

④　報告が不要な支払等（ただし下線部分は報告が必要）

(イ)非居住者間の支払等……非居住者には報告義務はない

(ロ)本邦で通関手続を行う輸出入代金の支払等（個人輸入を含む）。ただし，仲介貿易は本邦内で通関が伴わないので報告が必要

(ハ)本邦から外国にある銀行の預金口座に送金し，その資金により10日以内に非居住者に支払った場合

(ニ)非居住者からの支払を外国にある預金口座で受領し，その資金を10日以内に本邦の銀行経由で回収した場合

(ホ)海外建設工事に係る受払いを，居住者海外預金口座を通じて非居住者と行った取引で月間1億円相当額以下の場合

⑤　誤送金や誤記入等の場合の報告書の取扱い

(イ)誤送金により返金があれば，当初送金時の国際収支項目番号で受領として報告する。また，輸出入代金の誤送金や前払金の返金が発生した場合には，貨物代金であってもその旨を記載して報告が必要である。

(ロ)提出済みの支払等報告書の誤記が判明した場合は，提出済みの報告書記入事項を全部朱書きで作成するとともに，新たに正しい報告書も作成して2枚セットで提出する。

⑥　「支払又は支払の受領に関する報告書」の提出期限

この報告書には，「銀行等又は資金移動業者を経由する支払等」と，同じくそれらを経由しない支払等の2種類があり，報告様式・提出期限等も異なる。

(イ)銀行等を経由した支払等……支払等をした日から10日以内に銀行等に提出。銀行等は報告書を受け取った日から10営業日以内に日本銀行に提出する

(ロ)銀行等を経由しない支払等（居住者が外国にある銀行に保有する口座に振り込んでもらって受領する場合や，逆にその口座から非居住者に支払った場合，債権債務の相殺，貸借記，現金・小切手による直接決済など，支払等が銀行等を経由して行われない場合をいう）

……当該支払等をした日の属する月の翌月20日まで

⑦　支払等の一括報告（取りまとめ報告）制度

報告者の事務負担軽減を図るため，銀行等を経由する支払等の報告については，事前に財務大臣への通知を行うことにより，支払等を取扱った銀行等ごとに1か月間の支払等の全部または一部を一通の報告書に取りまとめて報告可能な「一括報告制度」を利用できる。なお，銀行等を経由しない支払等の報告についても同様に「一括報告制度」が認められている。

また，事前に日本銀行宛てに手続きを行えば，インターネットによるオンライン報告が可能である。

⑧　報告基準額の3,000万円相当額を超えるか否かの判定方法

外貨と円貨の売買を伴う場合は，取引日の実勢外国為替相場で判定し，外貨と円貨の売買が伴わない場合は，基準外国為替相場・裁定外国為替相場で判定する。

⑨　支払等報告書の点検

銀行等には支払等報告書の誤記や記載漏れについて法令上の確認義務はないが，報告年月日の記入漏れなど明らかに記入漏れやミスと判断できれば，顧客に訂正・記入を求める必要がある。

⑵　資本取引の報告（外為法55条の3，外為報告省令4条）

資本取引は，つぎの4つに分類される。

①　許可の対象となる資本取引

資本取引がなんらの制限なしに行われた場合，外為法の目的を達成することが困難になると認められたとき，有事規制が発動される。

この有事規制によって許可の対象となる資本取引は，資産凍結対象者との取引等である（第1章4節1.「外為法による有事規制」参照）。資本取引の許可申請書は，日本銀行経由財務大臣宛て提出する。なお，資本取引の許可申請には，一定金額以下のものは申請不要とする規定はない。

②　事前届出の対象となる資本取引

資本取引の一形態である対外直接投資のうち，その投資先の業種が**指定5業種**（漁業〔水産動植物の採補事業〕，皮革・皮革製品製造業，武器製造業，武器製造関連設備製造業，麻薬等製造業）に該当する投資を行おうとする場合に限られる。

③　事後報告が不要な資本取引

1億円相当額以下（証券の発行・募集は10億円相当額未満）の少額な資本取引，等。

④　事後報告が必要な資本取引

上記の①～③を除くもので，**図表1-17**に記載のとおりである。

事後報告は原則として日本銀行経由財務大臣宛て，取引を行った日から一定期間内（図表1-17参照）に所定の報告書で行う。取引が銀行を介して行われる場合には，当該居住者からの報告は免除されている。

なお，事前届出制には不作為期間があり，届出を当局が受理後20日間は審査期間となっていて，その後当局から実行日を指定されるまで取引ができないこととなっている。

過去問題
・2024年3月 問2
・2023年10月 問41，問42
・2022年10月 問41

●図表1-17　資本取引の事後報告

事後報告が必要な取引	報告が必要な金額	提出期限
居住者による非居住者からの証券の取得，および居住者による非居住者に対する証券の譲渡（資産運用目的で行われる取引が本報告の対象である。なお，経営参加を目的とする10%以上の出資比率となる場合は対外直接投資となり，10億円相当額以上が事後報告を要する）	1億円相当額超	取得・譲渡をした日またはそれに伴う資金決済をした日のいずれか遅い日から20日以内
居住者による外国における証券の発行・募集，および居住者による本邦における外貨建証券の発行・募集	10億円相当額以上	発行・募集の払込日から20日以内
非居住者による本邦における証券の発行・募集，および非居住者による外国における円建証券（ユーロ円債等）の発行・募集	10億円相当額以上	同上
非居住者による本邦にある不動産の取得（相続・遺贈等による取得も含む）(注)	金額基準なし	取得日から20日以内

(注)非居住者による自己の居住用（別荘やセカンドハウスは除く）や自己の事務所用，非営利業務用で取得したもの，および非居住者が他の非居住者から取得したものは事後報告が不要である。

居住者海外預金については，資本取引として1口座当たりの月末残高が1億円相当額を超えた場合には，預金者は財務大臣に事後報告が必要である（第8章1節1.「外貨預金」参照)。

(3)　対外直接投資（外為法23条2項，外国為替令12条4項)

過去問題
・2024年3月 問2, 問42
・2023年3月 問41, 問43

対外直接投資とは，資本取引の一形態であり，外国法人との間で永続的な経済関係を樹立するために行われるつぎの行為をいう。

①居住者が，外国における事業活動に参加するために，つぎのいずれかに該当する外国法人の発行する証券を取得すること（証券の取得)，または当該外国法人に対して期間1年超の金銭の

貸付を行うこと（金銭の貸付）。

イ）居住者の出資比率が10%以上となる外国法人

ロ）居住者と当該居住者の100%子会社または共同出資者との合計出資比率が10%以上となる外国法人

ハ）居住者が当該外国法人に，役員の派遣，長期にわたる原材料の供給，重要な製造技術の提供，当該外国法人と製品の売買，のいずれかの永続的関係がある外国法人

②本邦法人が，単なる海外駐在員事務所を除いた外国における支店，工場その他の事業所の設置・拡張に係る資金を支払うこと。

【事前届出が必要な対外直接投資】

前項⑵「資本取引の報告」で述べた指定5業種に係る対外直接投資は，金額の大小にかかわらず，行おうとする日前2か月以内に日本銀行経由財務大臣宛て事前届出が必要である。また，財務大臣の審査のため，届出が受理された日から20日を経過する日までは，禁止期間として当該届出に係る対外直接投資を行うことができない。

なお，有事規制が発動されている資産凍結対象者向けの対外直接投資は，当然ながら事前届出ではなく許可申請の対象である。

⑷　対内直接投資（外為法26条2項）

過去問題
・2023年3月 問42
・2022年10月 問8，問42

対内直接投資とは，外国の法人等が日本法人との永続的な関係をもつことを目的に対内投資を行うことであるが，具体的には，**外国投資家**（注1）が日本国内の法人等に対して行う，主としてつぎの取引や行為をいう。

（注1）外国投資家とは，対内直接投資や特定取得（下記②参照）を行うもので，非居住者である個人や外国法人，または，それらのものが議決権の50%以上を保有する会社等をいう。

①店頭公開会社を含む上場会社の株式または議決権の取得で，出資比率または議決権比率が1%以上となるもの。この比率には当該取得者と密接関係者（注2）である外国投資家所有分を含む。また，この比率が1%未満のときは資本取引となる。

（注2）密接関係者とは，対内直接投資等を行う者と永続的な経済関係・親族関係等にある者で，議決権の50%以上を保有している法人等（外国投資家に該当する者に限る）。

②非上場会社の株式または持分の取得。ただし，他の外国投資家から非上場会社の株式や持分を譲り受けにより取得する行為は「特定取得」となり，対内直接投資には該当しない。

③個人が居住者であるときに取得した非上場会社の株式または持分を，非居住者となった後に外国投資家に譲渡すること。

④会社の事業目的の実質的な変更（総議決権数の3分の1以上を保有している場合）の同意や，取締役・監査役の選任，事業譲渡の議案についての同意。

⑤国内に支店，工場その他の事業所（駐在員事務所は除く）を設置，またはその種類や事業目的を実質的に変更すること。

⑥国内法人に対する1年超の金銭の貸付で，貸付後残高が1億円相当額超のもの。

⑦居住者法人からの事業の譲受け，吸収分割および合併による事業承継。

⑧上場会社等の株式への一任運用で，実質株式ベースの出資比率または議決権ベースの議決権比率が1%以上となるもの。

⑨他の株主が保有する議決権の代理行使を受任する行為で，上場会社の総議決権の10%以上となる受任，または，非上場会社の議決権の代理行使の受任で，他の投資家以外からの受任。

⑩議決権行使等権限の取得で，議決権比率が1%以上となるもの。

⑪上場会社の議決権を共同で行使することについて，当該上場会

社等の議決権を保有する他の非居住者の同意の取得で，同意後の合計議決権が10%以上となる場合。

【対内直接投資の事前届出・事後報告】

対内直接投資を行う場合は，手続不要のものを除いて日本銀行経由財務大臣および事業所管大臣に事前届出か事後報告をする必要がある。

事前届出の対象は，外国投資家の国籍または所在国が「日本および対内直投命令別表第1に掲載の国」以外の国，または，投資先の事業目的が**事前届出業種**(注)に該当する場合や，イラン関係者が行う法令で定める本邦企業に対する投資である。

事前届出は取引等を行う日の前6か月以内に，日本銀行経由財務大臣および事業所管大臣宛て行う必要がある。また，届出られた対内直接投資がわが国の安全等に支障がないかどうかの審査のため，日本銀行の届出受理日から30日を経過するまでは「禁止期間」として，届出の対内直接投資を行うことはできない。

（注）事前届出業種：①国の安全に関連：武器，航空機，原子力，宇宙，②公の秩序維持に関連，③公衆の安全に関連：生物学的製剤や感染症に対する医薬品の製造，高度管理医療機器製造，④経済の円滑運営に関連：農林水産，石油，⑤情報処理関連（半導体，光ディスク，パソコン等）の機器・部品およびソフトウエア製造，⑥情報通信サービス関連

【対内直接投資の事前届出免除制度】

外国投資家のうち外国金融機関等を除いた一般投資家は，事前届出業種のうち安全保障上，特に重要な業種（武器・航空機，原子力，宇宙関連などのコア業種）以外への投資は，一定の基準を満たせば原則として事前届出は免除される。事前届出免除制度を利用した場合は，45日以内に事後報告をする必要がある。

(5) 役務取引（外為法25条，外国為替令17条1項）

役務取引とは，「居住者が非居住者との間で行う労務または便益

第1章 外為関係法令

過去問題
・2024年3月 問2

（サービス）の提供を目的とする取引」と定義されている。具体的には，保険，運送，工事請負，技術援助その他，いわゆるサービスの提供が該当する。また，一般的な技術・情報の提供，特許権の移転や著作権の移転も含まれる。

役務取引については，安全保障貿易管理制度の一部として経済産業大臣の許可が必要となっている取引に，国際的な平和・安全の維持を妨げることとなる特定の種類の貨物の設計・製造・使用に係る技術の提供や，特定技術を記録した文書等の輸出・情報の送信等がある。また，核燃料物質の加工・貯蔵等に係る役務取引は財務大臣または経済産業大臣の許可が必要である。

(6) 仲介貿易取引（外為法25条4項，6項）

過去問題
・2024年3月問20

仲介貿易とは，居住者が非居住者との間で行う**外国相互間の貨物の移動を伴う貨物の売買，貸借または贈与**に関する取引のことをいう。具体的には，居住者が非居住者との間で行う貨物の「売りと買い」，「貸しと借り」または「贈与と受贈」の双方の契約当事者となる場合に限らず，「売りと受贈」，「貸しと買いまたは受贈」，「贈与と買い」の双方の契約当事者となる場合もいう。したがって，外国の輸出者と輸入者の相互間に契約関係は存在しない。

外国相互間で貨物の移動の途中，配船等の都合で通関手続を経ずに本邦で積み替えのみを行う場合は，外国相互間の貨物の移動として仲介貿易に該当する。一方，いったん貨物を日本で輸入通関し，加工のうえ改めて第三国へ輸出する場合は仲介貿易とはならない。また，同一国内で貨物の移動を伴う取引は仲介貿易にあたらない。

仲介貿易は「貿易関係貿易外取引」に区分され，経済産業大臣の所管となる。

【仲介貿易取引の規制】

つぎのような仲介貿易は経済産業大臣の許可が必要である。

①安全保障貿易管理制度において規制されている国際的な平和および安全の維持を妨げることとなる貨物……輸出貿易管理令別表第1の1項に掲げる貨物（武器関連貨物や大量破壊兵器の開発等に用いられるおそれのある貨物等）
②国際約束の誠実な履行等の観点から規制される貨物
③わが国の平和と安全維持のために，外為法10条1項により閣議決定されたとき…北朝鮮との間の仲介貿易取引

(7)　技術導入契約の締結等（外為法30条1項）

過去問題
・2024年3月
問2, 問41

技術導入契約の締結等とは，居住者が非居住者（非居住者の在日支店等を含む）との間で当該非居住者の行う工業所有権（特許権，実用新案権，意匠権，および商標権の総称）その他の技術に関する権利の譲渡，これらに関する使用権の設定，および事業の経営に関する技術の指導などに係る契約の締結・更新・変更を行うことをいう。

【技術導入契約に係る届出等について】

居住者が非居住者から技術を導入する契約を締結・変更する場合は，下記の①は事前届出が，②は事後報告が，それぞれ日本銀行経由，財務大臣および事業所管大臣宛て必要である。

①　事前届出が必要な技術導入

指定技術（注）の新規の導入契約の締結で契約の対価が1億円相当額超または不確定なもの，クロスライセンス契約，親子間ライセンス契約。

②　事後報告が必要な技術導入

指定技術の新規の導入契約の締結で契約の対価が1億円相当額以下のもの，および地位の承継で契約条項の変更を伴わないもの。

③　事前届出・事後報告ともに不要の技術導入

非居住者の本邦にある支店・工場等が独自に開発した技術，事業

の経営に関する技術の指導に係るもの，および指定技術以外の技術。

（注）指定技術とは，国の安全を損ない公の秩序の維持を妨げるおそれがある技術で，「航空機，武器，火薬類の製造，原子力，および宇宙開発に関する５技術」をいい，対内直接投資命令に定められている。

なお，技術導入契約は役務取引と同質であるが，外為法では役務取引とは区分して規定されている。また，居住者（日本の会社）が海外の会社等に技術供与する場合の規制は輸出管理規制（リスト規制・キャッチオール規制）で規制されている。

第2章

外為関係の約定書と外国為替の基本

1. 外為関係の約定書
2. 外国為替の基本

1 外為関係の約定書

〈学習上のポイント〉

与信を伴う外為取引を開始するときに，取引に先立って銀行取引の基本約定書である「銀行取引約定書」に加えて，外為取引に必要な約定書を徴求し，的確な約定を締結することは，なによりも銀行等の債権保全を確実にする狙いがある。

輸出与信では「外国向為替手形取引約定書」を，輸入信用状関連の与信取引では「信用状取引約定書」を，為替予約の与信では「先物外国為替取引約定書」を各々徴求するが，いずれも顧客からの徴求もれが発生しないよう，通常，これらの約定を1つにまとめた「外国為替取引約定書」を徴求するのが一般的である。

1. 外国向為替手形取引約定書

過去問題
- 2024年3月 問11
- 2023年10月 問4, 問11
- 2023年3月 問11
- 2022年10月 問11

小切手およびクリーンビルの買取を含む輸出為替の買取の際には，銀行取引約定書に加え，**外国向為替手形取引約定書**を徴求する。

この約定書には，担保条項，付帯荷物に対する保険金請求権の譲渡，書類の正確性の保証，銀行等の免責条項，買戻債務条項等，債権保全上，重要な規定が織り込まれている。

【規定のポイント】

①この約定の適用範囲は，信用状付および信用状なしの外国向荷為替手形の買取，クリーンビルの買取，その他これらに準ずる取引とする（2条：適用範囲）。……当初は取立として取り扱

い，決済前に買取に変更した場合にも本約定書が適用される。

②買取依頼人は，外国向荷為替手形の買取によって負担する手形上，手形外の債務および，付随する利息・手数料等の支払の担保として，付帯荷物と付属書類を買取銀行に譲渡する。
また，自行で買取済みの外国向荷為替手形を，買取が他行にリストリクトされているため，他行に再買取（再割引）を依頼する場合，付帯荷物および付属書類は他行の担保として提供することができる（3条：担保）。

③銀行が付帯荷物と付属書類の担保権を実行し，買取に伴う債権・利息等に充当した後，なお剰余金があるときは，銀行は法定の順序にかかわらず，他の債権の回収に充当できる（3条：担保）。

④銀行等が付帯荷物に対する保険金を受領する場合には，買取依頼人はそれに必要な書類を，直ちに提出する（4条：保険金）。

⑤買取依頼人は，外国向為替手形および付属書類が正確，真正かつ有効であり，信用状条件にも一致していることを保証し，万一損害が生じた場合には，買取依頼人が負担する（5条：外国向為替手形および付属書類の真正性等）。…ディスクレにより補償が受けられない場合等には買取銀行は免責される。

⑥銀行が外国為替手形の代り金の支払いを円貨で行う場合は，為替予約が締結されている場合を除き，買取依頼の日時に関係なく買取実行時の銀行所定の為替相場が適用されるものとする。

⑦輸出前貸の債務がある場合には，当該買取代り金は買取依頼人への事前の通知を省略し，その債務の期限のいかんにかかわらず，買取銀行は当該債権の回収に充当できる（7条：前貸債務の弁済）。

⑧為替手形・付属書類の仕向先銀行および輸送方法の選定は，買取銀行の任意とし，それによって損害が生じた場合は買取依頼

人の負担とする（9条：為替取引先および輸送方法の選定）。

⑨信用状なし手形取引において，債権保全を必要とする相当の事由が生じた場合には，銀行等は書類の引渡条件を変更することができる（10条：付属書類の引渡）。

⑩手形の支払人が支払・引受の拒絶をした場合は，銀行等は荷物の保全に必要な臨機の処置をとることができる（11条；付帯荷物の保全等）。

⑪外国向為替手形の買取後，つぎの事由が1つでも生じた場合は，買取依頼人は**当然に**手形金額の買戻債務を負担し，直ちに弁済するものとする（15条：当然の買戻債務）。

㈠買取依頼人または手形支払人の破産，手形交換所の取引停止処分など銀行取引約定書5条1項の事由が生じたとき。

㈡外国向為替手形の支払義務者による支払，引受または債務の確認が拒絶されたとき。

⑫外国向為替手形の買取後，つぎの事由が1つでも生じた場合は，買取依頼人は**買取銀行の請求によって**手形金額の買戻債務を負担し，直ちに弁済するものとする（15条：請求による買戻債務）。

㈠取立および再買取が拒絶されたとき，または買取銀行がコルレス先から償還請求を受けたとき。

㈡支払義務者による支払が行われたにもかかわらず手形代り金の回収が遅延し，もしくは不能となった場合，ほか。

⑬前項の買戻債務の負担については，手形面に無担保（without recourse）の旨の記載がある場合にも適用される。

⑭買取依頼人の買戻債務または求償債務を，銀行が円貨で回収する適用相場は，回収時の直物電信売相場とする。

⑮買取銀行に対する債務の弁済（買戻し等）や相殺等を行う場合，外国向為替手形，付属書類，および付帯荷物については

(それらは海外の遠隔地にあるという理由で) 買取銀行は同時に買取依頼人にそれらの返還を要しない (17条：外国為替手形等の返還)。…買取依頼人の同時履行の抗弁権は排除されている (認められない)。

⑯外国向為替手形および付属書類が，災害・輸送途中の事故等，やむを得ない事情で紛失や滅失，延着等した場合には，買取依頼人は除権判決等の法律上の手続を待たず，銀行への債務を弁済するものとする。なお，銀行から請求があれば買取依頼人は直ちに代わりの外国向為替手形および付属書類を差し入れる (18条：外国向為替手形等の事故)。

⑰この約定に定めのない事項については，信用状統一規則および取立統一規則に従うものとする (21条：信用状統一規則等)。

⑱第三者名義の外国向為替手形の買取も，この約定が適用されるものとする (22条：第三者名義の外国向為替手形の買取)。

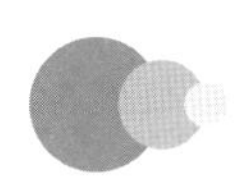

2. 信用状取引約定書

信用状取引約定書は，輸入信用状の発行とそれに伴って発生する与信取引を開始する前に徴求する。

この約定書には，取引先の費用負担条項，担保条項，銀行の免責条項，付帯荷物の保全，輸入者の償還債務，等が規定されており，銀行の免責条項や担保条項はおおむね外国向為替手形取引約定書と同様の内容となっているが，その他の事項では輸入サイドでのみ発生する危険をカバーし得る規定が織り込まれている。

【規定のポイント】

①この約定の適用範囲は，信用状の発行，これに伴う償還債務の履行およびこれらに関連または準ずる取引である (2条：適用範囲)。…保証状の発行等は適用対象外である。

過去問題
- 2024年3月 問21
- 2023年10月 問21
- 2023年3月 問24
- 2022年10月 問21

②付帯荷物および付属書類は，信用状取引によって発行依頼人が負担する債務ならびに付随する利息・手数料・保証料および諸費用の支払の担保として，発行銀行に譲渡する（3条1項：担保）。

③信用状発行銀行が付帯荷物および付属書類について担保権を実行し，当該輸入債務とその利息等に充当した後になお剰余金がある場合には，法定の順序にかかわらず，発行依頼人が負担する他の債務の弁済に充当することができる（3条2項：担保）。

④利息，割引料，手数料，その他の費用は発行依頼人の負担とし，直ちに支払う（7条：利息，割引料，費用等の負担）。

⑤信用状の通知銀行の選定は，発行銀行の任意とする（8条：通知銀行の選定）。

⑥発行銀行が相当の注意をもって輸入為替手形および付属書類を点検し，信用状条件を充足していると認めて，支払・引受等を行ったときは，発行依頼人はそれを承認する（9条：輸入為替手形の取扱い）。

⑦発行銀行が相当の注意をもって輸入為替手形および付属書類を点検し，これらが信用状条件と相違していると判断した場合には，発行依頼人への事前の通知を省略して，買取銀行等に対して支払，引受等を拒絶することができる（10条1項：信用状条件との相違等）。…一定期間内に発行依頼人と連絡が取れない場合等を除き，実務上は発行依頼人に書面で諾否の照会をしている。

また，前述のケースで，事前に発行依頼人へ諾否の照会をしたが，諾否の回答がなかったときは，発行銀行の判断で支払等もできることとし，それにより生じた損害は発行依頼人の負担とする。また，債権保全を必要とする相当の事由が生じたときは，銀行はディスクレの諾否の有無にかかわらず支払拒絶の通告ができる（10条4項）。

⑧信用状が，B/L の一部直送等，付属書類の一部または全部を発行依頼人または発行依頼人の指定する者宛てに送付するよう定めている場合に，発行銀行がディスクレによる支払拒絶をしたときは，発行依頼人は，その付属書類を回収し，送付人へ返却する（10 条 5 項）。

⑨信用状発行銀行が信用状条件に従って補償債務を負担しまたはその履行をした場合には，発行依頼人は発行銀行に対し輸入為替手形に記載の通貨およびその金額による償還債務を負担する（11 条 1 項：償還債務）。

⑩発行依頼人または輸入信用状に定める付帯荷物の荷受人が，荷物引取保証による引渡，その他引渡方法のいかんを問わず，付帯荷物の引渡を受けている場合には，書類に信用状条件の不一致（ディスクレ）があっても，前項と同様に償還債務を負担する（11 条 2 項）。

⑪上記⑧⑨により，発行依頼人が負担した償還債務について，発行銀行または為替取引先等からユーザンスの供与を受け期限を定めた場合を除き，発行依頼人は発行銀行から通知催告等があり次第，直ちに弁済する（11 条 3 項）。

⑫銀行は，付帯荷物について陸揚げ，通関，倉入れ，付保，転売等荷物の保全に必要な臨機の処置ができるものとする（13 条）。

⑬信用状の取消または条件変更については，発行銀行は信用状関係当事者全員の同意を得たときに限り，その効力が生じるものとする（14 条 1 項：信用状の取消，条件変更等）。

⑭債権保全を必要とする相当の事由が生じた場合には，発行銀行は発行依頼人の事前の通知を省略して，信用状の発行の取止め，信用状の取消・条件変更ができるものとする（14 条 2 項）。

⑮発行依頼人について銀行取引約定書 5 条 1 項（破産や銀行取引停止処分等，**当然期限の利益の喪失**）の事由が 1 つでも生じた

場合には，発行銀行から通知催告等がなくても，当然に発行依頼人はあらかじめ償還債務を負担し，直ちに弁済する（15条1項：事前の償還請求等）。

⑯発行依頼人について銀行取引約定書5条2項（支払遅延，担保の差押え，競売開始等，**期限の利益の喪失**）の事由が1つでも生じた場合には，発行銀行の請求によって前項と同様に発行依頼人はあらかじめ償還債務を負担し，直ちに弁済する（15条2項）。

⑰発行依頼人が貴行に依頼した信用状の発行を，貴行が選定する任意の他の銀行（被取次銀行）に取り次ぐことができるものとし，取次の方式を問わず，貴行の発行した信用状とみなして，すべてこの約定が適用される（18条1項：取次）。

⑱第三者名義の信用状の発行を依頼した場合にも，すべてこの約定が適用されるものとする（18条2項：第三者名義の信用状）。

⑲信用状の発行，条件変更，取消に関する指図，および輸入為替手形・船積書類について，事変，災害，輸送途中の事故および通信機器，通信手段等の障害等，発行銀行の責によらない不着，延着または紛失等の事故があっても，これによる損害は発行依頼人の負担とする（20条：事故等の責任）。

3. 先物外国為替取引約定書

過去問題
・2024年3月 問32，問34
・2023年10月 問31
・2023年3月 問32，問34
・2022年10月 問32，問34

「先物外国為替取引約定書」は，先物為替予約を行う取引先から徴求する約定書である。

【規定のポイント】

①為替予約取引とは，外国通貨をもって表示される支払手段または外貨債権の売買を当該売買契約日後の一定時期に一定の外国為替相場により履行すべき取引をいう（1条：定義）。…先物

為替取引の法的性格は売買契約説に立って規定されている。

②自己の責任と計算で為替予約を申し込む（2条：自己責任の原則）。

③為替予約取引が成立した場合は，予約取引の内容の確認を求めるために，銀行等所定の手続に従い，**為替予約確認書（コントラクト・スリップ**：Contract Slip）を作成して銀行に提出する。万一，銀行の帳簿等に記載された内容と取引先が提出した為替予約確認書の内容とが相違する場合には，銀行等の帳簿などに記載された内容に従う（3条：取引内容の確認）。

④為替予約取引にかかる外国向為替手形の買取，外貨建貸付等がある場合に，この為替予約取引の成立によって，銀行等がそれらの取引などを応諾したことを意味するものではない（4条：取引の独立性）。…例えば予約残高が残っていることを理由に，無条件で輸出手形の買取を応諾するものではなく，買取時点においてディスクレの有無にかかわらず与信上問題があれば買取を拒絶できる。

⑤為替予約取引は期日に履行するものとする（5条：履行）。

⑥前条の定めにかかわらず，取引先がやむを得ない事情により予約取引の解約，延長，期日前履行などを依頼するときは，当該予約のスリップを銀行等に持参のうえ依頼するか，別途書面により行い銀行の書面による承諾を要するものとし，これによって手数料，費用，損害が生じた場合には取引先が負担する（6条：解約・期日の変更）。

⑦取引先の破産等，銀行取引約定書5条1項または2項の事由が1つでも生じた場合には，銀行等はいつでも予約取引を解除できるものとし，それによって生じた手数料，費用，損害は取引先が負担する（7条：債務不履行による損害等の負担）。

⑧為替予約取引の権利は，銀行等の承諾なしに他に譲渡・質入れ

はしない（10条：譲渡・質入れの禁止）。

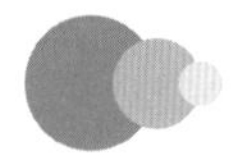

4. 約定書の受入

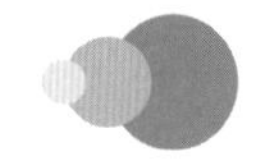

各取引において徴求する書類はつぎのとおりである。

①銀行取引約定書…すべての与信取引の基本となる約定書。

②外国為替取引約定書または外国向為替手形取引約定書等の各取引に対応した約定書。

③関連約定書…輸入荷物担保差入および担保荷物保管についての約定書，保証書等，発生する取引に応じて受け入れる。

④印鑑証明書（本人・保証人）…約定書の印影との一致を確認する。

⑤商業登記簿謄本・資格証明書…代表者の資格・代表権を確認する。

⑥印鑑届・署名鑑…サイン取引がある場合は署名鑑を徴求する。

⑦担保・保証人…与信認可条件に従って受け入れる。

外国為替の基本

〈学習上のポイント〉

海外の銀行と取引をするうえで不可欠なコルレス契約，国際銀行間の通信手段であるスイフト，外国為替の仕組みや為替手形・船積書類の種類等，外国為替実務の基礎的な事項について十分理解しよう。また，米国法規制遵守の観点から OFAC 規制についてもしっかりと学んでおこう。

1. コルレス契約

(1) コルレス契約とは

コルレス契約とは，銀行が海外の銀行との間で行う「外国為替取引契約」のことをいう。

コルレス契約では，①スイフトアドレスやテストキー，サイン鑑（署名）など，スイフトや書類が真正なものかどうかを確認するための情報，②どこの銀行にどのような通貨で決済口座を保有しているかの情報，③信用状の発行とそれに伴う補償方法，信用状の通知，送金の決済方法，小切手・手形の取立に関する事項等，これらの情報の交換および業務上の取決めを行うが，必要に応じ，信用状の確認や手形の引受，リファイナンスやオーバー・ドラフト等にかかる信用供与枠（クレジット・ライン）を設定することもある。

過去問題
・2024年3月 問8
・2023年10月 問5

コルレス契約の締結は自由にできるようになっており，当局への届出も不要である。ただし，犯罪収益移転防止法において，銀行等

●図表 2-1　銀行間の外為決済の流れ

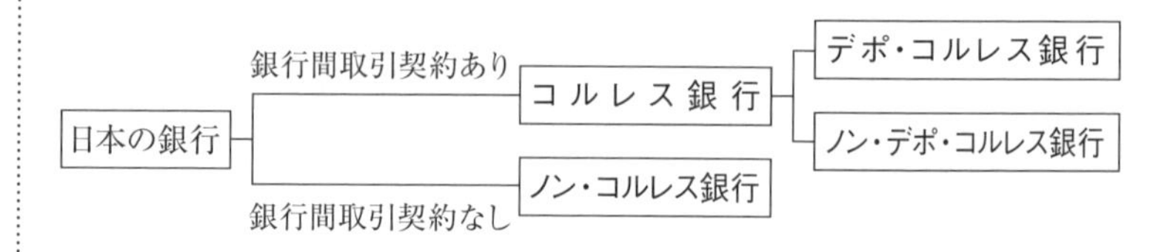

は，コルレス契約を締結する際には，相手の銀行が取引時確認等を的確に行うために主務省令で定める規準に適合する体制を整備していることや，シェルバンク（営業実体のない架空の銀行）でないことなど，マネロン対策を適切に行っているか否かを確認する義務がある。

コルレス契約を締結した相手の銀行を**コルレス銀行**といい，相手銀行の信用状態や自行の海外取引関係による必要性等を考慮のうえ締結先を選定する。コルレスを締結していない銀行を**ノン・コルレス銀行**といい，外国向け送金や輸入信用状の発行など，顧客からノン・コルレス銀行に向けた取引の依頼がある場合は，コルレス銀行を経由して行うこととなる。

また，コルレス銀行の中から通貨種類ごとに信用のある銀行を選定して自行名義の決済口座を開設しているコルレス銀行を**デポ・コルレス銀行**といい，決済口座を開設していないコルレス銀行を**ノン・デポ・コルレス銀行**という。

外国為替の銀行間決済は，米ドル建てはニューヨークで，円建ては東京で，ユーロ建ては主にドイツで，それぞれ行うのが一般的であり，その際，デポ・コルレス銀行にある決済口座を通じて取引ごと個別に行われる。

デポ・コルレス銀行に開設した決済口座残高が一時的にマイナス（借越）となった場合は，コルレス契約にもとづいて借越残高に対して借越利息を支払う。

(2)　コルレスにかかわる実務上の対応例

過去問題
・2024年3月
問8

①スイフト（本節 2.「スイフト」参照）によるコルレス実務では，RMA（Relationship Management Application）契約を基に行われ，取り決めた各種取引フォーマットにより送受信しており，受信銀行はその内容を確認して取り扱う。

このRMA契約はコルレス契約を締結していることと同等の取扱いとなるが，国際商業会議所で認められた契約ではない。

②ノン・コルレス銀行からスイフトによる被仕向送金を受けた場合は，真正性が確認できないので，ノン・コルレス銀行とコルレスのある在日外銀等に真正性や資金カバーを照会，確認のうえ受取人に支払う方法もある。

2. スイフト

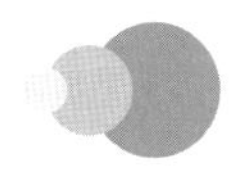

過去問題
・2024年3月
問9
・2022年10月
問38

スイフト（SWIFT：Society for Worldwide Interbank Financial Telecommunication）とは国際銀行間通信協会のことで，国際銀行間データ通信システムとも呼ばれている。システムに加盟する銀行は，安全・確実かつ低廉なコストで国際金融取引に関するメッセージを送受信できる。

スイフトはそれ自体に決済機能はなく，また，取引種類ごとにメッセージが標準化(フォーマット化)されているのが特徴である。

スイフトは世界中のほとんどの銀行が加盟しており，外国送金のコルレス銀行宛ての支払指図のほか，輸入信用状や保証状の発行など大量の情報伝達も可能なため，銀行等の送受信業務のほとんどはこのスイフトにより行われている。

なお，現在利用されているスイフト外国送金フォーマットは早期にISO20022書式への切替が必要となっている。ISO20022とは，金融サービスで利用される電文フォーマットの共通化・標準化を規定した国際規格であり，現行のスイフトフォーマットに比べてより豊富な情報を送受信でき，世界各国で新しいスイフトフォーマットとして採用が広がっている。

3. 米国の決済システム

米国には，FEDWIRE と CHIPS という２つの大口決済システムがある。

① FEDWIRE

FEDWIRE（フェドワイヤー）は，米国の連邦準備銀行が運営している即時グロス決済資金移動システムである。全米 12 地区の連邦準備銀行と加盟金融機関が専用のオンラインで結ばれており，主に米国内の銀行間資金取引や国債取引などの決済が行われている。

加盟銀行は連銀に口座を保有し，銀行コードとして９桁の ABA 番号（ルーティングナンバーともいう）が付与されている。米国向けの送金の際に ABA 番号を付記することで送金がスムーズに行われる。

② CHIPS（Clearing House Interbank Payment System）

CHIPS（チップス）は，米国所在の銀行が加盟している民営の大口資金決済システムである。加盟銀行は CHIPS コードをもち，さらに加盟銀行に口座を保有する銀行や企業は CHIPS UID 番号をもっている。CHIPS の決済方法は，CHIPS FINALITY 方式という日中連続的に支払完了性をもたせる即時決済システムである。

4. OFAC 規制

OFAC 規制とは，米国財務省の外国資産管理室（OFAC：Office

of Foreign Assets Control）が，米国の外交政策と安全保障上の目的から，米国が指定した国・地域や特定の個人・団体に対して，資産凍結や取引禁止等の措置を講じている米国独自の経済制裁である。したがって，この規制はFATFとは連携しておらず，国連安保理決議やわが国の経済制裁措置とは無関係にて，制裁対象者も異なる。

OFAC規制は，米国人や米国法人のほか，日本の在米支店を含む在米外銀，米銀の海外支店にも遵守を義務付けている。

OFAC規制により，外国送金（米国以外の第三国向け送金やカバー送金を含む）や輸入為替の対外決済などの米国内で決済される取引について，取引当事者（送金人，受取人，輸出者，輸入者，荷受人，船会社，関係銀行等）や貨物の原産地・船積地域等がOFACの規制対象に該当した場合には，送金資金が没収されるおそれがある。そして，没収されると資金はOFACの許可がない限り返還されない。

このため，外国送金等を受け付けた際には，送金依頼書等に規制対象者・国名等の記載がないことを確認し，もし記載があれば送金等，取引を謝絶する必要がある。

なお，銀行等は，一般にこの規制対応として，制裁対象者等を自動照合システムに事前登録のうえ，スイフト電文と照合し，制裁対象取引の有無を確認している。

【OFAC規制対象国等（2024年4月1日現在）】

全面取引禁止となっている北朝鮮，イラン，キューバ，シリア，クリミア地域，ドネツク・ルハンスク人民共和国のほか，テロリストや麻薬取引者，大量破壊兵器取引者，多国籍犯罪組織等の特定の個人・団体等。

対象取引によっては米ドル以外の通貨も規制対象となっている。SDN（制裁対象者）リストはOFACホームページで閲覧できる。

過去問題

- 2024年3月 問6，問39
- 2023年10月 問6，問37
- 2023年3月 問6，問38
- 2022年10月 問5

5. 国際機関と国際協定

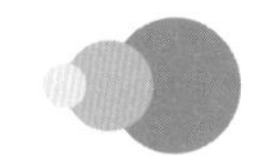

(1) 国際機関

過去問題
・2024年3月 問5
・2023年3月 問8, 問50
・2022年10月 問3

国際機関には，主につぎのものがある。

① IMF（国際通貨基金）…IMF は，通貨の安定，貿易の促進，国際金融秩序の維持などを目的とし，国際収支が著しく悪化した加盟各国に対して融資を実施している。

② IBRD（国際復興開発銀行）…開発途上国への開発融資を目的とする世界銀行グループの一機関である。

③ BIS（国際決済銀行）…各国の中央銀行がメンバーとなり，金融政策や国際金融市場の重要な議題を協議する場となっている。

④ WTO（世界貿易機関）…多角的貿易体制の基礎を築いてきた GATT（関税及び貿易に関する一般協定）に代わって，より強固な国際機関として設立されたのが WTO である。GATT はモノ（貨物）のみを対象としていたが，WTO はモノのほかサービスや知的財産権も対象とし，紛争解決手続きのシステムも設けられている。

(2) 国際協定

WTO における多国間貿易交渉が難しい場合に，特定の国や地域間で貿易や投資の自由化・円滑化を進める協定として，**FTA（自由貿易協定）**や **EPA（経済連携協定）**が結ばれる。これらの協定では，関税の撤廃・削減に加え，サービス業の規制緩和や投資・ビジネス環境の整備ルール等が定められる。

TPP（環太平洋パートナーシップ）協定は，環太平洋地域の国々による経済の自由化を目的とした多角的な経済連携協定である。また，**RCEP（地域的な包括的経済連携）協定**は，ASEAN諸国のほか，日本，中国，インド，オーストラリアなども参加している東アジア地域の経済連携協定である。

6. 外国為替の仕組み

①　外国為替取引の範囲

外国為替取引は国際間の為替取引だけでなく，日本国内における外貨建取引や，居住者・非居住者間もしくは非居住者間の円建取引も外国為替取引となる。

過去問題
・2023年10月 問3
・2023年3月 問3, 問4

②　売為替と買為替

売為替とは銀行が顧客に外国為替（外貨）を売る取引をいい，買為替とは銀行が顧客から外国為替（外貨）を買う取引のことをいう。

③　並為替と逆為替

並為替は仕向送金（送金為替）のように，債務者から債権者に銀行を通じて送金により決済する方法をいう。一方，逆為替は債権者から債務者に対して取立手形などにより銀行を通じて資金を取り立てることをいう。

④　ドキュメンタリービルとクリーンビル

船積書類が添付されている為替手形をドキュメンタリービルといい，そうした書類の添付がない為替手形をクリーンビルという。

⑤　外国為替取引における決済方法

内国為替における銀行間資金決済は，全銀データ通信システムによって集中決済される。ところが外国為替の場合には，種々の決済方法があり，コルレス契約に基づき，スイフトによって個別に決済方法を明示して決済される。なお，近年は時差から生じる決済リスクを抑制するために，世界の主要銀行が加盟する他通貨同時決済（CLS：Continuous Linked Settlement）システムを活用しようとする動きが見られる。

⑥　為替手形・小切手に適用される法律

わが国の手形・小切手法は，ジュネーブ統一法を採択しているため，手形・小切手に偽造・変造があった場合には，その事実を知らない所持人の善意取得は認められ，支払人の免責も認められる。このため支払が取り消されることはない。

一方，米国やカナダなど英米法のもとでは，いったん支払われた後に偽造・変造等の事実が発見された場合は，当該手形・小切手は無効とされ，善意取得も支払人の免責も認められない。このため支払が取り消されて，後日支払資金の返還を求められることとなる（第6章3節4.「偽造裏書等の介在する米国払のクリーンビル」参照）。

外国為替手形は**行為地法の原則**といって，わが国で振り出されてもわが国の手形法が適用されるわけではなく，その手形行為が行われる国の法律が適用される。例えば，日本で振り出された為替手形について，振出行為は日本の法律が適用され，支払が米国の場合の支払行為については米国の法律が適用される。

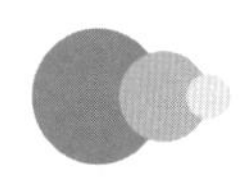

7. 為替手形と船積書類

(1)　為替手形（Bill of Exchange, Draft）

過去問題
・2023年3月
問3

輸出で用いられる為替手形は，輸出者（信用状の受益者）が振出人となり，名宛人に対して自己または自己の取引銀行を受取人として，一定の期日に一定の金額を支払うことを委託した譲渡可能な有価証券である。名宛人は為替手形の引受や支払をする者であり，信用状なしでは輸入者が支払人となり，信用状付では信用状発行銀行または発行銀行が指定する銀行（指定銀行）が支払人となる。

外国為替手形の場合は，確定日払いが少なく，一覧払と一覧後定期払がほとんどである。なお，荷為替手形とは，船積書類を添付した為替手形をいう。

英文為替手形は，通常，2通1組の組手形で発行され，そのうちのいずれかにより支払われた場合には，他方は無効となる（**図表2-2** 中⑫「SECOND of ～ being unpaid」の文言）。

⑵ 船積書類

船積書類には，商業送り状，運送書類，保険書類，およびその他の書類がある。ここでは，その他の書類について取り上げる。

① **領事送り状（Consular Invoice）**

輸出国駐在の輸入国領事が内容を査証する送り状で，輸入国で輸入関税の脱税やダンピング防止のために必要とする。

② **通関用送り状（Customs Invoice）**

輸入地の税関が適正な課税価格を決定する資料として必要とする国がある。商業送り状と記載内容がほぼ同一にて，商業送り状を通関用送り状に代用する場合が多い。

③ **包装明細書（Packing list）**

輸出者作成の包装の明細書である。

④ **検査証明書（Inspection Certificate）**

貨物の検査済みを証明し，検査結果が記載されている。発行者は政府機関や私的な検査会社，輸出国に駐在する輸入者またはその代理人，あるいは輸出者自身の場合もある。信用状付の輸出手形買取では信用状条件どおりの発行者であることに注意する必要がある。

⑤ **原産地証明書（Certificate of Origin）**

製品の原産国を証明するもので，輸入者が一般の関税より低率の

過去問題
・2023年3月 問3

●図表 2-2　荷為替信用状に基づいて振り出される場合の為替手形

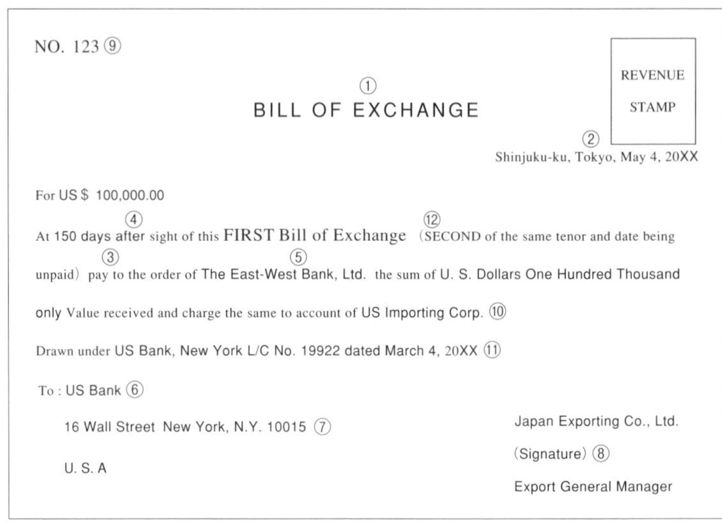
NO. 123 ⑨

REVENUE STAMP

① BILL OF EXCHANGE

② Shinjuku-ku, Tokyo, May 4, 20XX

For US $ 100,000.00

At 150 days after ④ sight of this FIRST Bill of Exchange ⑫（SECOND of the same tenor and date being unpaid）③ pay to the order of ⑤ The East-West Bank, Ltd. the sum of U. S. Dollars One Hundred Thousand only Value received and charge the same to account of US Importing Corp. ⑩

Drawn under US Bank, New York L/C No. 19922 dated March 4, 20XX ⑪

To : US Bank ⑥

16 Wall Street New York, N.Y. 10015 ⑦

U. S. A

Japan Exporting Co., Ltd.

（Signature）⑧

Export General Manager

＜解説＞

1．法的記載事項（必要的記載事項）

①為替手形であることを示す文字

②手形振出日と振出地

③一定の金額を支払うべき旨の委託文句

④満期の表示…わが国の手形法で定める一覧払，一覧後定期払，日付後定期払，確定日払の４種類で表示される。

⑤受取人（Payee）の名称…受取人の記載方法には，記名式（Pay to X）と指図式（Pay to X or order または Pay to order of X）がある。通常は X に買取銀行または取立依頼銀行が表示される。

⑥支払人（Drawee）の名称

⑦支払地

⑧振出人（Drawer）である輸出者の署名

2．無益的記載事項（法律上の効力はないが，手形を無効にすることなく当事者間の特約としての効力をもつ記載）…⑨手形番号，⑩対価受領文句および信用状発行依頼人，⑪信用状発行銀行と信用状番号および発行日，⑫破棄文言，D/P や D/A などの船積書類引渡条件

3．有益的記載事項（任意的記載事項ともいい，手形に記載することで手形上の効力が生じるもの）…裏書禁止や譲渡禁止，指図禁止等の文句，利息文句，無担保文句，拒絶証書不要文句，など。なお，英米法のもとでは，手形面に利息文句の記載（利付手形）や無担保文句の記載を認めている。

4．有害的記載事項（手形そのものを無効にする記載）…分割払いや条件付き支払を示す文句，手形の法定満期以外の満期の表示

関税の適用を受ける場合に要求される。輸出国駐在の輸入国領事，輸出国の税関や商工会議所等が証明する。なお，特恵関税を受けるためには国際的に合意された「一般特恵制度原産地証明書様式A」，略してGSP（Generalized System of Preferences）：Form Aを使用する。

⑥　容積重量証明書または明細書（Certificate and List of Weight and Measurement）

商業送り状の付属書類で，海事検定協会等の検査機関が発行する。

(3)　海上保険条件

保険書類および担保範囲についてはUCP600第28条で規定されている。ここでは保険条件について取り上げる。

①　海上保険とは

海上保険（外航貨物海上保険）は，国際間を輸送される貨物を対象とし，貿易取引に伴う海上・航空・陸上輸送中のさまざまな危険から生じる損害を補償する保険である。海上保険は，イギリスのロンドン保険業者協会が定めた協会貨物約款（ICC：Institute Cargo Clauses）が世界的な標準約款となっている。

海上保険を輸出者（売主）と輸入者（買主）のどちらが手配する義務があるかは，インコタームズを用いて売買契約で決められる。CIFやCIP条件では輸出者が海上保険を手配し，船積書類として保険証券を添付する必要がある。

②　ICC（協会貨物約款）の基本条件

ICCの基本条件には，新約款であるICC（A），ICC（B），ICC（C）と，旧約款であるAll Risks（全危険担保），WA（分損担保），FPA（分損不担保）の各々3種類がある。

ICC(A）は包括責任主義に基づく全危険担保，すなわちAll Risks条件であり，旧約款のAll Risks約款に対応している。また，

ICC(B) とICC(C) は，具体的に列挙された危険による損害をてん補する列挙責任主義を採用しており，旧約款のWAとFPAにある程度対応した約款となっている。

新約款は1982年に制定された後に逐次改訂されており，現在は2009年制定のICCが広く普及している。

③ 新ICCの基本条件で補償される危険・損害

(イ) ICC（A）：免責規定に抵触しない全ての危険による滅失・損傷。

(ロ) ICC（B）：火災・爆発，船舶または艀（はしけ）の沈没・座礁，輸送用具の事故，積込・荷卸中の落下による梱包1個ごとの全損，海水の浸入ほか。

(ハ) ICC（C）：火災・爆発，船舶または艀の沈没・座礁，輸送用具の事故，共同海損・投荷。

④ 保険金が支払われない（免責）事由

被保険者の故意の違法行為，荷造り・梱包の不完全，貨物固有の瑕疵または性質（自然の消耗・変質等），航海・運送の遅延，間接費用（慰謝料・違約金等），戦争危険，テロ危険等がある。

なお，戦争危険とストライキ危険は，新旧約款ともICCの基本条件ではてん補されない（免責である）ので，付保する場合には別途特約で協会戦争約款（Institute War Clauses），協会ストライキ約款（Institute Strikes Clauses）を付ける必要がある。

第３章

UCP600 の規定内容

UCP600 の規定内容

本規定において第４条で，銀行は売買契約等とは無関係である，とされ，また第５条では，銀行は書類を取り扱うのであり，物品等を扱うのではない，として，信用状取引の基本的性質を規定している。銀行は信用状取引において船積書類と付帯荷物を担保として顧客の信用力等も勘案のうえ，書類だけで輸出手形の買取や輸入手形の支払の最終判断を行う。その際に必要となるのがこの UCP600 の知識である。

信用状を正確・明瞭に発行するために，また，書類が本規定を充足しているか否かの正しい判断を行うために，さらには，顧客への適宜適切なアドバイスができるよう，この UCP600 の規定をしっかりと理解しておこう。

過去問題
- 2024年3月 問10, 問13, 問14, 問23, 問24, 問25 問26, 問29
- 2023年10月 問5, 問9, 問10, 問13, 問14, 問23 問24, 問25 問26, 問28
- 2023年3月 問9, 問10, 問16, 問18, 問21, 問23 問30

《　》内は各条項の解釈等について記述したものであり，記述中の「…受理される」とは，ディスクレとはならないという意味である。

第１条（UCP の適用）

① UCP600 は，信用状がこの規則に従うことを明示している場合には，荷為替信用状（この規則の適用可能な範囲においてスタンドバイ信用状を含む）に適用される。

② UCP600 は，信用状に明示的に修正または除外されている場合を除き，信用状のすべての当事者を拘束する。

《UCP600 の特定の条文の適用を修正または除外したいときは，信用状にその旨を明示すれば除外・修正ができる。準拠文言については

●図表3-1　信用状見本

ORIGINAL

BANK OF ABC

TAIWAN, REPUBLIC OF CHINA

IRREVOCABLE DOCUMENTARY CREDIT	CREDIT NUMBER 12345	DATE OF ISSUE AUG. 30, 20××
ADVISING BANK BANK OF XYZ, TOKYO, JAPAN	ADVISED VIA ☒ AIR MAIL ☐ FULL CABLE ☐ BRIEF CABLE	
BENEFICIARY YAMADA SANGYO LTD. TOKYO	APPLICANT TAIWAN INDUSTRY CO. LTD., TAIPEI	
AMOUNT US$100,000.00 (SAY. U.S. DOLLARS ONE HUNDRED THOUSAND ONLY)		
EXPIRY DATE FOR NEGOTIATION OCT. 20, 20××	THIS CREDIT IS AVAILABLE BY NEGOTIATION WITH ANY BANK	

DEAR SIR(S),

WE HEREBY ISSUE IN YOUR FAVOUR THIS DOCUMENTARY CREDIT WHICH IS AVAILABLE BY YOUR DRAFT(S) AT SIGHT DRAWN ON US FOR FULL INVOICE VALUE ACCOMPANIED BY THE FOLLOWING DOCUMENTS:

☒ SIGNED COMMERCIAL INVOICE IN SIX COPIES

☒ FULL SET OF CLEAN ON BOARD OCEAN BILLS OF LADING MADE OUT TO ORDER AND BLANK ENDORSED, NOTIFY APPLICANT, MARKED "FREIGHT PREPAID"

☒ INSURANCE POLICY IN DUPLICATE, ENDORSED IN BLANK FOR 110% OF INVOICE VALUE COVERING ALL RISKS, PAYABLE IN TAIWAN IN U.S. CURRENCY.

☒ PACKING LIST IN 4 COPIES

EVIDENCING SHIPMENT OF:

ALUMINIUM FOIL 2,000KGS AT US$50.00/KG CIF KAOHSIUNG

ALL BANKING CHARGES OUTSIDE TAIWAN ARE FOR BENEFICIARY'S A/C.

FOR REIMBURSEMENT: THE NEGOTIATING BANK IS AUTHORIZED TO CLAIM REIMBURSEMENT FROM BANK OF XYZ, NEW YORK

NEGOTIATING BANK MUST FORWARD TO US THE DOCUMENTS IN TWO SEPARATE AIRMAIL.

SHIPMENT FROM JAPANESE PORT	TO KAOHSIUNG PORT, TAIWAN	LATEST DATE FOR SHIPMENT OCT. 10, 20××
PARTIAL SHIPMENTS PROHIBITED	TRANSHIPMENT PROHIBITED	TIME FOR PRESENTATION WITHIN 10 DAYS AFTER SHIP'T

THE AMOUNT OF EACH DRAFT MUST BE ENDORSED ON THE REVERSE OF THIS CREDIT BY THE NEGOTIATING BANK.

VERY TRULY YOURS,
BANK OF ABC
(サイン)
AUTHORIZED SIGNATURE

THIS CREDIT IS SUBJECT TO UCP 2007 REVISION ICC PUBLICATION No.600

・2022年10月 問9, 問10, 問12, 問13, 問14, 問15 問23, 問26 問29, 問30

スイフト様式の場合，Applicable Rules 欄に UCP Latest version の語が，また，Form 欄には取消不能信用状を表す Irrevocable の語がそれぞれ記載される》

第２条（定義）

①充足した呈示（Complying presentation）とは，信用状条件，UCP600 の適用条文，および国際標準銀行実務（isbp）に合致した呈示をいう。

《国際標準銀行実務（isbp）とは ISBP821 のほか，銀行の標準実務慣行も含むとされている》

②信用状とは，いかなる名称であっても，また，取消不能の表示がなくても取消不能であって，充足した呈示をオナーすることの発行銀行の確約となる取決めをいう。

《UCP600 は，取消不能信用状だけに適用される》

③オナー（Honour）とは，信用状に定められたそれぞれの利用可能な方法（一覧払，後日払，引受）において，「一覧後に支払うこと」，または「後日払約束のうえ支払期日に支払うこと」，あるいは「為替手形を引き受けて支払期日に支払うこと」の３つを意味する。

④買取（Negotiation）とは，指定銀行による充足した呈示に基づく為替手形や書類の買い入れであって，その指定銀行に対して補償される前に，受益者に資金を前払または前払の合意をすることをいう。

第３条（解釈）

①信用状は，取消不能の表示がなくても取消不能信用状とされる。

②書類には，手書き，複製署名，穴あけ署名，スタンプ，シ

ンボルまたはその他の機械的・電子的認証手段により署名することができる。

③ from と after という語の用い方は下記のとおりである。

	from	after
船積期間の決定には	その日を含む	その日を含まない
支払期日の決定には	その日を含まない	その日を含まない

第４条（信用状と契約）

信用状は，その基礎となることのできる売買契約等とは別個の取引であり，たとえそれらの契約に関する言及が信用状に含まれていても，銀行はそのような契約とは無関係である。

《これは信用状取引における「独立抽象性の原則」といわれている。例えば，当事者間で売買契約が取り消されても，それによって当該信用状は自動的には取り消されない。また，例えば船積期限が信用状には６月20日で，売買契約書では６月10日となっている場合，実際に６月20日までに船積されていれば発行銀行は補償義務がある》

第５条（書類と物品・サービスまたは履行）

銀行は書類を取扱うものであり，その書類が関係する物品，サービスまたは履行を扱うのではない。

《これは信用状取引における「書類取引の原則」といわれており，４条の独立抽象性の原則とともに信用状取引の根幹を成す性質である。例えば，実際に輸入者宛て届いた商品がインボイスに記載されたものと違っていても，信用状に記載されたとおりのインボイスが呈示されれば，発行銀行は支払義務がある。その場合，発行銀行は輸入者に償還請求し，一方，輸入者は契約違反等で輸出者と交渉することとなる。すなわち，信用状取引では，銀行は書類に記載された内容の事実を確認することなく，書類だ

けで取引を行う》

第６条（利用可能性）

①信用状には買取の持込等のために，利用可能な特定の銀行名を記載するか，または任意の銀行（any bank）で利用可能であるかを記載しなければならない。

《特定の銀行で利用可能な信用状をリストリクテッド信用状という》

②信用状は発行銀行においても利用可能である。

《買取に指定された（利用可能な）銀行以外の銀行が，上記①の銀行を通さずに信用状の有効期限内に直接，発行銀行に持込むこともできる》

③信用状には，一覧払，後日払，引受または買取のいずれにより利用可能かを記載しなければならない。

《それによって発行された信用状を，それぞれ一覧払信用状，後日払信用状，引受信用状および買取信用状という。また，信用状の種類によってつぎのように為替手形を要求するものとしないものがある》

- **一覧払信用状**…一覧払で利用可能な信用状であり，為替手形なしの書類だけの買取も含まれる。
- **買取信用状**…指定銀行において買取によって利用可能な信用状であり，為替手形なしの書類だけの買取も含まれる。
- **後日払信用状**（Deferred Payment Credit）…船積書類のみを要求し，支払は一定期日後に行うことを定めた信用状である（高額な印紙税が要求される欧州向け輸出信用状によくみられる）。
- **引受信用状**…信用状に指定された支払人が期限付為替手形を引き受け，期日の支払を確約することを定めている信用状である。

④発行依頼人を支払人とする為替手形の振出しを信用状条件

にはできない。

《信用状の主たる債務者は発行銀行であるため》

⑤信用状におけるオナーまたは買取のために記載されている有効期限は，呈示のための有効期限とみなされる。

《書類が有効期限内に呈示されれば，実際の買取が呈示日の翌日にずれてもディスクレとはならない》

第７条（発行銀行の約束）

①定められた書類が指定銀行または発行銀行に呈示され，かつその書類が充足した呈示（Complying Presentation）となることを条件として，指定銀行が信用状の利用条件に応じて，支払，後日払，引受または手形期日の支払，もしくは買取をしないときは，発行銀行がオナーしなければならない。

《受益者が書類を指定銀行（リストリクト銀行等）を通さずに発行銀行を支払人として直接発行銀行に送付しても，書類にディスクレがなければ発行銀行はオナーしなければならない。

また信用状で，たとえ買取銀行または引受銀行に指定されていても，それらの銀行に買取ないし引受の義務はなく，かつ発行銀行は，以下の理由により最終的には発行銀行がオナーしなければならない》

②発行銀行は，自行が信用状を発行した時点で，オナーすべき取消不能（撤回不能）の義務を負う。

③発行銀行は，充足した書類を発行銀行に送付してきた買取銀行に補償することを約束する。

④指定銀行に補償することの発行銀行の約束は，受益者に対する発行銀行の約束からは独立している。

《信用状発行銀行の補償は，買取等を行った指定銀行に対して約束するものであるが，受益者に対しても，それとは独立した補償の約束が

あることを意味する》

第８条（確認銀行の約束）

①信用状の確認とは，発行銀行の授権または依頼に基づき，充足した呈示を条件として，発行銀行の支払確約に加えて，他の銀行（確認銀行）が，オナー（支払）すること，または遡求権を放棄して買い取ることを確約する（確認を付加する）ことをいう（第２条：定義）。

②信用状が確認銀行において利用可能である場合は，確認銀行は，書類が充足した呈示（Complying Presentation）となることを条件として，他の指定銀行が支払わないとき，後日払を約束しないとき，引受をしないとき，買取をしないとき，このようなときはオナーしなければならない。

③信用状が確認銀行において買取により利用可能であると記載している場合には，確認銀行は遡求権を放棄して（買戻請求権なしで）買い取らなければならない。

《いったん確認を加えてしまうと，ディスクレがあるときは買取義務はないが，ディスクレがないときは遡求権を放棄して買い取らなければならない》

④確認銀行は，充足した呈示をオナーし，または買い取り，書類をその確認銀行へ送付した他の指定銀行に対して補償することを約束する。

⑤発行銀行から信用状に確認を加えることを授権または依頼されたが，銀行（通知銀行等）が確認を加える用意のない場合は，発行銀行に遅滞なく通報し，確認を加えることなく信用状を通知することができる。

・受益者が信用状の確認を求めるのは，発行銀行の信用状態に不安がある場合や発行銀行所在国のカントリー・リスクがある場合である。

・確認を加えた銀行を確認銀行，確認を加えられた信用状を確認信用状という。

・信用状に確認を付加するということは，発行銀行に対する与信行為であり，確認を付加するにあたっては，信用状が取消不能信用状であり，信用状内容に不備がなく，確認銀行にとって不利な条件が含まれていないことなど，信用状自体のチェックも必要である。

・輸出手形の買取後，発行銀行からディスクレを理由にアンペイド（支払拒絶）を受け，発行銀行から補償を受けられない場合は，外国向為替手形取引約定書5条により，買取依頼人に買戻請求することは可能である（理由：同約定書の信用状条件一致の保証と買戻債務の負担条項による）。しかしながら，確認銀行として，ディスクレがないものとして買い取った場合には，確認銀行としての責任もあり，買戻請求にはトラブルとなる懸念があるので書類点検は確実に行う必要がある。

第9条（信用状および条件変更の通知）

①確認銀行ではない通知銀行は，オナーと買取の約束をすることなく信用状および条件変更を通知する。

②信用状の通知に際しては，外見上の真正性に自行が満足していること，およびその通知が接受した信用状または条件変更の条件を正確に反映していることを受益者宛ての通知書に明記する必要がある。

③通知銀行（第1通知銀行）が，受益者の取引銀行など他の銀行を経由して信用状の通知を行う場合，この経由する銀行を第2通知銀行と呼び，この第2通知銀行も前項②と同様に，信用状の真正性と正確な反映について通知書への明記義務を負う。

④発行銀行は，受益者に信用状の条件変更を通知するために通知銀行または第2通知銀行のサービスを利用する場合は，信用状の発行時点と同じ銀行を使用しなければならない。

《発行銀行は，当初使用した通知銀行と同じ銀行を使う》

⑤信用状の通知の依頼を受けたが，通知しないことを選択した場合は，通知を依頼してきた銀行にその旨を遅滞なく通報しなければならない。

《受益者には通知しない旨の通報は不要である》

⑥外見上の真正性に満足できない場合は，送信してきた銀行に遅滞なく通報する必要があるが，真正性に満足できないにもかかわらず通知する場合は，その旨を受益者または第2通知銀行にも通報する必要がある。

第10条（条件変更）

①信用状は，発行銀行，もしあれば確認銀行および受益者の合意なしには条件変更することも取り消すこともできない。

《実務上の対応として，信用状の減額や取消，有効期限の短縮など受益者に不利な条件変更を行う場合には，通常，通知銀行を通じて受益者の承諾（beneficiary's consent：ベネコン）を得ることとしている》

②原信用状の条件は，条件変更を通知した通知銀行に受益者がその条件変更の承諾を伝達するまでは，受益者にとって引き続き有効である。

③受益者は，条件変更の諾否の通報をすべきである。

④受益者がまだ承諾していない条件変更を充足した書類が呈示された場合，その呈示は受益者によるその条件変更の承諾の通報とみなされる。

⑤受益者から条件変更の諾否の通報を受けた場合には，通知銀行はその旨を発行銀行へ通報しなければならない。

⑥条件変更の一部の承諾は容認されず，その条件変更は拒絶の通報とみなされる。

⑦一定期間内に受益者により条件変更が拒絶されない限り，その条件変更が効力を生じるものとする趣旨の条件変更の定めは無視される。

第11条（テレトランスミッションによる信用状・条件変更，および予告）

①信用状または条件変更の認証されたテレトランスミッションは，効力をもった信用状または条件変更とみなされ，後続のメール・コンファメーションは無視される。

②テレトランスミッションにfull details to followまたは類似の趣旨の文言が記載されている場合，そのテレトランスミッションは効力のある信用状または条件変更とはみなされない。

③プレ・アドバイスを送付する発行銀行は，プレ・アドバイスと不整合でない条件により，効力を持った信用状または条件変更を遅滞なく発行すべき取消不能の義務を負う。

第12条（指定）

①指定銀行は確認銀行でない限り，オナーや買取の義務はない。

②発行銀行が引受および後日払約束をするよう指定することは，その指定銀行に対して引受および後日払約束を前払すること，または買い入れることを発行銀行が授権したことになる。

第13条（銀行間補償の取決め）

①信用状に，補償は補償銀行に請求する請求銀行により取得される（リンバース方式による）と記載している場合は，当該信用状に「銀行間補償に関する統一規則（URR725)」に従うのか否かを記載しなければならない。

《リンバース方式の場合，信用状に補償がURR725に従う旨を記載する。そして，同規則第6条a項の規定により，発行銀行は補償授権書（R/A）を補償銀行に発行する必要がある。(第1章2節参照)》

②補償が最初の請求時に補償銀行により行われない場合は，発行銀行は補償を提供すべき自行の債務からいっさい解放されない。

《発行銀行は補償銀行に信用状の補償事務を委託しただけにすぎず，発行銀行が最終的な補償責任義務を負う》

第14条（書類点検の基準）

①銀行は，書類が外見上充足した呈示となっているか否かを書類のみに基づいて決定する。

②銀行は，呈示が充足しているか否かを決定するために（書類点検期間は），呈示日の翌営業日から起算して最長5営業日が与えられる。

③運送書類の原本を含む呈示は，信用状に書類の呈示期間の記載がない場合，船積後21暦日以内かつ信用状の有効期限内に，受益者により行われなければならない。

《信用状に「期限切れの書類は受理される」と記載があれば，信用状の有効期限前に呈示される限り，信用状の呈示期間を過ぎた書類であっても受理される》

④書類に記載されているデータは，信用状と国際標準銀行実

務の文脈において読まれた場合には，その他の書類や信用状の記載と全く同じ必要はないが，食い違ってはならない。

⑤インボイス以外の書類における物品等の記述は，信用状の記述と食い違わない一般的な用語で記載できる。

⑥銀行は，信用状で要求されていない書類が呈示された場合は，その書類を点検する必要はなく，無視して呈示人（受益者等）に返却することができる。

⑦信用状がある条件を含んでいるが，その条件を充足することを示す書類を要求していない場合は，銀行はそのような条件は記載されていないものとみなして無視する。

《ある条件とは，例えば「受益者は船積から3日以内にB/Lを信用状発行依頼人宛て，ファクス送信しなければならない」など》

⑧書類には信用状の発行日よりも前の日付は記載できるが，書類の呈示日よりも遅い日付は記載できない。

⑨書類に記載された受益者および発行依頼人の住所は，信用状またはその他の書類に記載された住所と同じである必要はないが，信用状に記載されたそれぞれの住所と同一国内に存在しなければならない。

⑩書類上に示された物品の荷送人（shipper）または送り主（consignor）は，信用状の受益者である必要がない。

《例えば，受益者から委託を受けたメーカーが書類上の荷送人となるケースや，香港からロサンゼルスに貨物が移動する場合の仲介貿易においては香港の企業が荷送人，日本の企業が受益者となる。このような受益者以外の荷送人が表示された書類を一般にサードパーティ発行の書類（Third party documents）と呼んでいる》

第16条（ディスクレパンシーのある書類，権利放棄および通告）

①発行銀行は，呈示が充足していないと決定した場合には，支払拒絶（Unpaid）をするかどうかについて発行依頼人に照会することができるが，それによって支払拒絶のできる期間が延長されるものではない。

《たとえ発行依頼人がディスクレを応諾したときでも，発行銀行は発行依頼人の指示に従わず，自行の債権保全のためディスクレを理由に支払拒絶ができる。ディスクレ諾否は発行銀行の独自判断による》

②発行銀行等がオナーすることまたは買い取ることを拒絶すると決定した場合には，その銀行は呈示人に対してその旨の一度限りの通告（single notice）をしなければならない。

③拒絶の通告にはつぎの3つの事項を記載する必要がある。㈠オナーまたは買取を拒絶していること，㈺拒絶の理由とする各ディスクレの内容，および，㈩書類を呈示人（買取銀行等）から指図があるまで所持しているのか，または買取銀行等に返却しているのか等，書類の処置について。

④拒絶の通告は，テレコミュニケーションまたは他の迅速な手段によって，呈示日（買取銀行から書類を受領した日，すなわち書類の到着日）の翌日から起算して第5銀行営業日以内に行わなければならない。

⑤発行銀行等は，拒絶に必要な事項の通告をした後は，書類をいつでも呈示人に返却することができる。

第17条（書類の原本およびコピー）

①信用状で呈示を要求された各書類は，少なくとも1通は原本でなければならない。

②書類自体が原本ではないと記載している場合を除き，銀行

は，書類の発行人の原本とみられる署名，符合，スタンプまたはラベルを付した書類を原本として取り扱う。

③信用状が，in duplicate, in two fold または in two copies のような用語により書類の複数通数の呈示を要求している場合は，少なくとも原本1通および残余数のコピーの呈示によって充足される。

第18条（商業送り状：Commercial Invoice）

①商業送り状（インボイス）は，以下のとおりでなければならない。

(イ)受益者が発行したとみられ，かつ信用状発行依頼人宛てに作成されていること（ただし，譲渡可能信用状に基づき発行された場合を除く）。

(ロ)信用状の通貨と同一通貨で作成されていること。

(ハ)信用状で署名を要求していない限り，署名されている必要はない。

《商業送り状は，貨物明細書兼代金請求書でもある》

②指定銀行等は，輸出手形の買取金額が信用状金額を超えていなければ，インボイス金額が信用状金額を超えていてもディスクレとはならない。

《ISBP821 C8項：インボイスには，信用状に記載されていない前払や値引きなどの控除を記載できる》

（例） L/C金額：US$8,000　　手形金額：US$8,000
インボイス金額：9,000（前払分 US$1,000　L/C Base US$8,000）

上記のような記載のあるインボイスを受理するか拒絶するかは買取銀行が選択でき，買取ることを決定した場合は，他の関係当事者（発行銀行や発行依頼人）は，その銀行（買取銀行）の決定に従わなければならない。

③インボイスに記載されている物品，サービスまたは履行の

●図表 3-2　送り状見本

YAMADA SANGYO LTD.
C.P.O.BOX NO209, TOKYO 001,JAPAN
INVOICE （送り状）
INVOICE NO. ED15/MO60 TOKYO 5TH. OCT. 20××

(CONSIGNED TO)(荷受人) TAIWAN INDUSTRY CO.,LTD., KAOHSIUNG,TAIWAN	(L/C NO)12345(信用状番号) (ISSUING BANK(発行銀行)) BANK OF ABC,TAIPEI (PAYMENT) L/C AT SIGHT

(SHIPPED PER)(船名) "NIPPON MARU"
(FROM)(積出港) YOKOHAMA
(TO)(荷揚港) KAOHSIUNG

(MARKS & NOS) (荷印・個数)	(DESCRIPTION & QUANTITY) (商品名・数量)		(UNIT PRICE) (単価)	(AMOUNT) (金額)
YS-11 ED15/MO60 KAOHSIUNG	DETAILS AS PER COTRACT NO K30 ALUMINIUM FOIL		CIF KAOHSIUNG	
TAIWAN				
C/NO.1	KGS		PER	TOTAL
MADE IN	2,000		USD50.00	USD100,000.00
JAPAN	TOTAL 2,000 1 C/T 10 PCS			USD100,000.00

YAMADA SANGYO LTD.
（サイン）

記述は，信用状の記述と一致していなければならないが，一言一句全く同じ順序である必要はない。また，たとえ何箇所かに分散して記載されていても，それらが一緒に読まれたときに，信用状の物品の記述に一致するのであれば，差し支えない（ISBP821 C3 項）。

第19条（少なくとも2つの異なった運送形態を対象とする運送書類＝複合運送書類）

①複合運送書類（Multimodal Transport Documents）とは，船舶や航空機，鉄道，トラック等，2つ以上の異なる運送形態で，発送地から受取地（最終到達地）まで単一の運送会社の責任のもとに，複数の運送人によって輸送される運送書類のことをいう。

《複合運送書類は，主にコンテナを利用した陸海空の複合一貫輸送で使われる。複合運送書類はReceived B/L形式で発行されることが多く，積込済の付記があれば，Shipped B/Lと同様に扱うことができる（Shipped B/Lについてはつぎの第20条参照）》

②複合運送書類の受理用件は，第20条で述べるB/Lとほぼ同じである。

③運送書類の発行日は，発送日，受取日（船会社が受け取った日），または船積日のいずれかとみなされ，かつ，それが船積日とみなされる。しかしながら，運送書類がスタンプまたは付記により発送日，受取日または船積日を示している場合は，その日が船積日とみなされる。

《第19条以降に述べる運送書類はすべて運送書類の発行日が船積日とみなされる。ただし，運送書類に船積日や発送日，積込日，フライト日等を示す付記がある場合は，その付記に記載されている日が船積日とみなされる》

④複合運送書類においては，運送の全部が同一の運送書類の対象範囲を条件として，物品の積替を示すことができる。また，たとえ信用状が積替を禁止している場合であっても，積替を示している複合運送書類は受理される。

第20条（船荷証券：Bill of Lading）

①B/Lは，どのような名称が付されていても受理できる。また，運送人の名称を示しており，かつ運送人または運送人の指定代理人，あるいは船長もしくは船長の指定代理人によって署名されていること。

《誰が署名したのか運送人の資格を示す（船長が署名する場合は「AS MASTER」等。ただし船長の名前は不要》

②代理人による署名は，その代理人が運送人を代理して署名したのか，それとも船長を代理して署名したのかを示さなくてはならない。

【例：運送人が署名する場合】	【例：運送人YYの代理人XXが署名する場合】
JP SHIPPING CO.,LTD（運送人の名前） （署　名） AS CARRIER（運送人の資格） （船長が署名している場合はAS MASTER）	XX SHIPPING AGENCY LTD（代理人の名前） （署　名） AS AGENT FOR THE CARRIER、YY SHIPPING CO.,LTD（運送人YYのための代理人としての意味）

③船会社が船積完了後に発行するB/Lを船積船荷証券（Shipped B/L）といい，その発行日が船積日である。

④船会社が荷送人（輸出者）から運送品を受け取った時点で，船積前に発行される受取船荷証券（Received B/L）には，貨物を積み込んだという積込済の付記（on board notation）があり，その積込済の付記に記載された日が船積日とみなされ，積込済の付記があればShipped B/Lと同様に扱われる。

《積込済の付記がないReceived B/Lは，ディスクレとなる》

⑤B/Lが複数通を原本として発行された場合は，全通（full set）そろっていること。

●図表 3-3　船荷証券見本

ORIGINAL（第 1 券）

<table>
<tr><td colspan="3">（船会社）
Y LINE INC.</td><td colspan="2">（船荷証券）
BILL OF LADING</td></tr>
<tr><td colspan="3">shipper （荷送人）
YAMADA SANGYO LTD.</td><td colspan="2">B/L NO. YX-3</td></tr>
<tr><td colspan="3">Consignee （荷受人）
TO ORDER</td><td colspan="2">shipped on board in apparent good order and conditioned……
（本船積込証明）</td></tr>
<tr><td colspan="5">Notify Party（貨物到着通知先）
TAIWAN INDUSTRY CO.LTD.
TAIPEI,TAIWAN</td></tr>
<tr><td colspan="3">Vessel（船名）
“NIPPON MARU”</td><td colspan="2">Port of Loading（積出港）
YOKOHAMA</td></tr>
<tr><td colspan="5">Port of Discharge （荷揚港）
KAOHSIUNG,TAIWAN</td></tr>
<tr><td rowspan="3">Marks & Numbers
YS-11
ED15/MO60
KAOHSIUNG
TAIWAN
C/NO. 1
MADE IN JAPAN</td><td rowspan="3" colspan="2">NO. of P'kgs
（個数）
1 CASE</td><td colspan="2">Description of Goods（商品名）
“SHIPPER'S LOAD & COUNT” （不知約款）
ALUMINIUM FOIL
（NET WEIGHT 2,000KGS）</td></tr>
<tr><td colspan="2">Gross Weight（総重量）
2,300KGS</td></tr>
<tr><td colspan="2">Measurement （容積）
13,903M3</td></tr>
<tr><td colspan="5">FREIGHT PREPAID （運賃前払）</td></tr>
<tr><td colspan="5">FREIGHT AND CHARGES （運送費の明細）
Freight as Arranged
運賃は協定どおり</td></tr>
<tr><td colspan="2">NO. of original B/L
（B/L 原本枚数）</td><td>THREE(3)</td><td colspan="2" rowspan="2">Dated at Yokohama Oct 5,20××
For the Master, John Doe.
Y LINE INC.
（サイン）</td></tr>
<tr><td colspan="3"></td></tr>
</table>

《図表 3-3 の見本には，B/L 右上部に「shipped on board in apparent good order…」と記載されており，船積完了後に発行される船積船荷証券を表す。一方，受取船荷証券の場合には，B/L 上に「Received by the carrier from…」の印刷文言があり，船積前に発行される》

《複数通発行された場合，そのうちの１通でも船会社に呈示すれば運送品の引取が可能である。そのため銀行が荷物の所有権（担保権）を確保するにはB/L全通の呈示を求めることとなる》

⑥ B/Lに運送約款の記載があること。または，“short form or blank back B/L”の場合には，運送約款を含む別の出所に言及していること。銀行は運送約款の内容を点検する必要はない。

⑦ 傭(よう)船契約（Charter Party）に基づいて発行されたB/L（Charter Party B/L：第22条参照）ではないこと。

・船荷証券（B/L）の性質は，運送を委託された船会社の「貨物の受取証」であり，「運送契約の証拠書類」でもある。また輸送貨物と同等の価値のある「有価証券」であり，B/Lに裏書することによって貨物の引渡請求権を譲渡することができる。そして，船荷証券は，船荷証券の呈示がないと運送人は運送品を引き渡す義務がない受戻証券であり，権利の内容が証券に記載の文言によって定まる文言証券でもある。

・B/Lの荷受人を誰にするかによって，指図式船荷証券と記名式船荷証券に分類できる。

「指図式船荷証券（Order B/L）」…B/L所持人の裏書によって権利譲渡できるB/Lであり，B/Lの荷受人欄にはto orderまたはto order of shipperと記載されている。銀行の買取時にはシッパーの裏書があることを確認する必要がある。

「記名式船荷証券（Straight B/L）」…B/Lの荷受人欄にConsigned to ○○と特定の荷受人名を記載されたB/Lで，記載された荷受人が裏書すれば譲渡可能。ただし，米国では裏書はできないことになっている。

第 21 条（流通性のない海上運送状：Non-Negotiable Sea Waybill）

《Non-Negotiable Sea Waybill は，航空運送状（Air Waybill）のような性格をもった海上運送状で，貨物の受取証と運送契約書の性質はあるが，B/L のような有価証券ではないので裏書によって権利譲渡はできない。信用状発行銀行が担保とするには荷受人を自行（発行銀行）としておく必要がある。海上運送状を単に Waybill ともいう。

この Sea Waybill は，Air Waybill と同様に荷受人は記名式で発行され，荷受人が荷揚港においてこの運送状を着地側の運送人に呈示することなく，荷受人本人に間違いないことを証明できれば貨物の引渡しを受けることができる。このため B/L（船荷証券）よりも早く貨物が受け取れる。この運送状の受理要件は，20 条の B/L の受理要件と同じである》

第 22 条（傭船契約船荷証券：Charter Party B/L）

《Charter Party B/L とは，貨物の輸送が傭船契約（Charter Party）に基づいて行われる場合に発行される B/L である。傭船契約は荷主に不利な約款が含まれることが多く，かつその契約内容は通常，B/L に盛り込まれないため契約の詳細も不明である。第 20 条でも規定されているとおり，この B/L は信用状で要求していない限り受理できない》

第 23 条（航空運送書類：Air Transport Document）

《航空運送書類（航空運送状）は，航空貨物の受取証であり，有価証券ではないので裏書によって流通するものではない。信用状発行銀行が荷物の担保権を確保したり輸出手形保険に付保したりするには，Sea Waybill と同様に荷受人を自行（発行銀行）にする必要がある。

航空運送書類には，航空会社またはその代理店が発行する Air Waybill と，貨物混載業者が発行する House Waybill がある》

①航空運送書類の発行日が船積日とみなされる。ただし，実際の船積日（フライト日）の別個の付記がある場合は，付記に記載された日を船積日とみなす（ISBP821 H8 項）。

②航空運送書類は，たとえ信用状が原本全通を規定していても，呈示が必要なのは，送り主用または荷送人用の原本1通であること。

《航空運送書類は，通常，原本３通発行され，航空会社用，荷受人用，荷送人用として各１通ずつとなっている》

第25条（クーリエ受領書，郵便受領書または郵送証明書）

①クーリエ業者の名称を示し，クーリエ業者によるスタンプの押印または署名があること（署名は UCP600 第3条規定の穴あけ署名やバーコードの表示等，機械的・電子的認証でもよい）。

②集荷または受領もしくはこの趣旨の文言の日付は，船積日とみなされる。

第26条（On Deck, Shipper's Load and Count, Said by Shipper to Contain および運賃追加費用）

①運送書類は，物品が甲板（On Deck）に積載されていることまたは積載されることを示してはならない。

②shipper's load and count および said by shipper to contain のような条項を表示している運送書類は受理できる。

《これらの文言は，コンテナの中身について船会社は確認していないため免責であるとする運送人の不知文言（Unknown Clause）といわれている。それらの意味はつぎのとおりである》

(イ) shipper's load and count…荷物は荷送人（荷主）自身が数えてコンテナに詰め込み船会社に引き渡したので，

運送人は知らない。

(ロ) said by shipper to contain…荷物の内容は荷送人が申告したもので，運送人は知らない。

第27条（無故障運送書類）

①銀行は無故障運送書類のみを受理する。無故障運送書類とは，物品または物品の包装の瑕疵ある現況を明示的に宣言した条項または付記を表示していない運送書類をいう。

《貨物の過不足，損傷，包装の不完全など，物品または物品の包装について瑕疵の記載（Remarks）のあるB/Lを故障付船荷証券(Foul B/L)といい，そのようなB/Lは銀行は受理しない》

②信用状で無故障での積込（clean on board）を要求していても，運送書類にcleanという語が示される必要はない。

第28条（保険書類および担保範囲）

①保険書類は，原本全通を呈示されなければならない。

《保険金の請求権移転のために，保険証券には被保険者（輸出者）の裏書が必要である》

②カバー・ノートは，受理されない。

③保険証券は，包括予定保険契約に基づく保険承認状または確定通知書の代わりとして，受理できる。

④保険書類に記載された日付（保険証券の発行日）は，船積日以前でなければならない。しかしながら，保険担保が船積日よりも前から効力をもつと保険書類に記載されている場合は，船積日よりも遅い日付が記載されている保険書類は受理される。

⑤保険担保範囲はインボイス価額等の一定割合（○○％）とされている信用状の要件は，要求される保険担保範囲の

最低金額を意味する。

《例えば "insurance for 110% of invoice value" とは，保険金額はインボイス金額の最低110%以上であればディスクレとはならないことを意味する》

⑥信用状に，具体的に保険担保範囲の記載がない場合は，その金額は最低で物品のCIF価額またはCIP価額の110%でなければならない。

⑦CIF価額またはCIP価額が書類から決定できない場合は，オナーまたは買取金額，あるいはインボイス上の物品の総価額のいずれか大きい金額に基づき計算する。

⑧保険書類は，少なくとも信用状に記載された受取地または船積地と陸揚地または最終到達地間の危険が担保されていなければならない。

⑨信用状がall risksの保険を要求している場合，all risksという見出しの有無を問わず，なんらかのall risksの付記または条項を含んでいる保険書類は受理される。

《この場合，例えば，保険書類に「協会貨物約款（A）（＝Institute Cargo Clauses（A））を担保する」と記載されていても受理される。逆に信用状がInstitute Cargo Clauses（A）を要求している場合は，保険書類はInstitute Cargo Clauses（A）の担保が必要で，それ以外はディスクレとなる》

⑩信用状が補償されるべき危険について明記していても，免責条項の言及が保険書類にあってもよい（ISBP821　K17項）。

第29条（有効期限または最終呈示日の延長）

①信用状の有効期限または最終呈示日が銀行休業日にあたる場合には，休業日後の最初の銀行営業日まで延長される。

②呈示（買取等）が休業日後の最初の銀行営業日に行われた場合は，買取銀行は，呈示がUCP600第29条①の規定に従って延長された期限内に行われた旨を，自行の書類送達状（いわゆるカバーレター）に明記しなければならない。

③信用状の船積期限は，上記①にかかわらず（銀行休業日にあたっても）延長されない。

第30条（信用状金額，数量および単価の許容範囲）

①信用状の金額，数量または単価にaboutまたはapproximatelyという語がついている場合には，それらが言及する金額，数量，または単価の10%を超えない過不足の許容範囲が認められている。

《したがって10%の過不足が認められるのは，それらの語が付いている部分（金額，数量，単価のいずれか）に対してのみである》

②信用状が包装単位の数または個々の品目の数を定めることによって数量を記載していないこと，かつ使用金額の合計が信用状金額を超えないことを条件として，物品数量の5%を超えない過不足の許容範囲が容認される。

《5%以下の数量超過があっても，それに見合う金額超過（オーバー・ドローイング）は認められない》

③一部船積（partial shipments）が許容されていない場合であっても，つぎの3点がすべて満たされているときは，信用状金額の5%以下の不足（ショート・ドローイング）が認められる。ただし，信用状が信用状金額の特定の許容範囲や，上記①を条件にしている場合には適用されない。

(イ)物品の数量が信用状に記載されているときは全部船積されていること。

(ロ)単価が信用状に記載されているときには，縮減されていないこと。

(ハ)上記②が適用されないこと。

第31条（一部使用または一部船積）

①信用状で他に規定のない限り，一部使用（partial drawings）または一部船積（partial shipments）は認められる。

②同一の運搬手段により，かつ同一行程に向けて開始される船積を証拠立てている複数の組の運送書類から成る呈示は，その運送書類が同一の到達地を示していることを条件として，たとえその運送書類が異なった船積日や船積港，受取地，発送地を示していても，一部船積とはみなされない。この場合，複数のB/Lの中で最も遅い船積日が船積日とみなされる。

《下記の事例は，7月10日と7月13日の別々にB/Lが発行されて，1つの買取に呈示されたものであるが，partial shipmentsとはならず，信用状がそれを禁止していてもディスクレとはならない。また，この事例による呈示では7月13日が船積日とみなされる》

7月10日日本の汽船が大阪港で船積

→ 7月13日日本の汽船が横浜港に寄港し，船積

→ 同日Los Angeles港に向けて出航

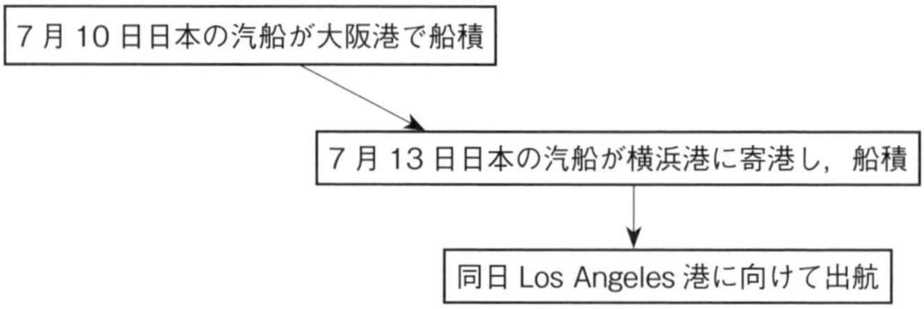

③上記の事例で，7月10日と7月13日の船が異なれば，たとえ同一到達地に向けて出発する場合であっても一部船積（partial shipments）とみなされる。

第32条（所定期間ごとの分割使用または分割船積）

信用状で，一定期間ごとの分割した船積（例えば，6月積み100トン，7月積み80トン，8月積み200トン，というような船積条件）が定められている場合，そのいずれかの船積が決められた期間内に行われなければ，その船積を含む，その後のすべての船積についても，信用状が使用できなくなる。

第34条（書類の有効性に関する銀行の責任排除）

銀行は，書類の様式，正確性，真正性，偽造，法的効力，書類に書かれている条件，物品の存在，送り主や運送人等の不作為等については，なんらの義務も責任も負わない。

第35条（伝送および翻訳に関する銀行の責任排除）

①メッセージの伝達，書状もしくは書類の引渡しにおける遅延，輸送中の紛失，損傷またはその他の過誤から生じる結果については，銀行はなんらの義務も責任も負わない。

②指定銀行がオナーしているかまたは買い取っているか否かを問わず，信用状条件を充足した書類を発行銀行または確認銀行へ送付した後，書類を輸送中に紛失したときであっても，発行銀行または確認銀行は補償しなければならない。

《書類の輸送中の事故によるリスクは，本条により信用状発行銀行が負担することとなるが，発行銀行は信用状取引約定書の「事故等の責任」条項によって最終的には輸入者が負担することとなる。なお，買取銀行等は送付ミスがなければ補償は受けられるが，書類の再送等で協力が必要。書類は紛失リスクがあるため通常2便に分けて送付している》

第 37 条（指図された当事者の行為に関する銀行の責任排除）

①発行依頼人の指図を実行するために別の銀行のサービスを利用する銀行は，発行依頼人の計算と危険においてこれを行う。

②発行銀行または通知銀行は，自行が別の銀行へ伝送した指図が実行されないときは，たとえ自行が率先してその銀行を選任した場合であっても，なんらの義務も責任も負わない。

③別の銀行に信用状の通知等を指図した銀行は，その指図に関連して相手先の銀行で発生した手数料等の負担義務を負う。

④信用状が，「手数料は受益者負担」としている場合で，手数料を受益者から取り立てることができないときは，発行銀行が手数料の支払責任を負う。

第 38 条（譲渡可能信用状）

①譲渡可能信用状とは，信用状に「Transferable（譲渡可能）」であると明確に記載している信用状のことをいう。

《Transferable 以外の用語では譲渡可能信用状とはみなされない》

②譲渡可能信用状は，受益者（第１受益者）の依頼で，その全部または一部を別の受益者（第２受益者）が利用できるようにすることができる。

【譲渡可能信用状が発行されるケース】
輸入者が、輸出地の買付代理店を利用して、現地の複数のサプライヤーから買い付ける場合等に用いられ、買付代理店等に一括して譲渡可能信用状の発行を依頼するといった場合である。

③譲渡銀行は，引受や買取などを授権された銀行（指定銀

行）であり，任意の銀行で利用可能な信用状の場合には，譲渡手続を発行銀行から明確に授権された銀行である。

《譲渡は，自行が発行銀行から明確に譲渡手続を授権されていることが必要であり，受益者が自行と取引がない場合には，受益者は譲渡依頼書の署名について，取引銀行の署名照合を受けたうえで自行（譲渡銀行）に譲渡依頼書を提出することとなる》

④信用状で一部使用または一部船積が許容されている場合のみ，信用状の一部を複数の者（第2受益者）に譲渡することができる。

⑤第2受益者の依頼でさらに別の者（第3の受益者）への再譲渡はできない。ただし，第2受益者から第1受益者への戻し譲渡はできる。

⑥第1受益者が譲渡を依頼する際には，譲渡後に条件変更が譲渡銀行に到着したときに，その条件変更をそのまま第2受益者に通知してよいか，および，どのような条件のもとに第2受益者に条件変更が通知されるべきかを指図しなければならない。

《この規定は，第1受益者が条件変更の諾否等を選択できるものであり，通常，信用状譲渡依頼書に第1受益者の指図が記入できるフォームとなっている》

⑦信用状が複数の第2受益者に譲渡された場合で，そのうちの一部の第2受益者が条件変更を拒絶したときは，その条件変更は成立しないが，条件変更を承諾したその他の第2受益者による条件変更の承諾は成立する。

⑧船積書類の第2受益者による呈示，または第2受益者のための呈示は，譲渡銀行に対して行わなければならない。

【船積書類の差替えを前提とした譲渡に関する規定】

船積書類の差替えを前提とした信用状の譲渡は，手続が煩雑でUNPAIDを受けた場合のリスクも大きいので，国内の銀行では原則取扱禁止にしていると思われる。

⑨信用状の金額，単価，有効期限，呈示期間，船積期間については，減額または縮減して第2受益者に譲渡できる。

⑩第1受益者の名称は，信用状の発行依頼人の名称と差替えられることができる。

⑪第1受益者は，金額や単価が減額されて譲渡された信用状に基づいて作成した第2受益者のインボイスと差替える権利をもち，その差額は信用状に基づいて請求することができる。

(例)・第1受益者作成の手形・インボイス：US$8,000（現信用状の金額以内）
・第2受益者作成の手形・インボイス：US$7,100
差額のUS$900は，第1受益者のマージンとなる。

第4章

輸出為替

1. 輸出為替の基本事項および共通事項
2. 信用状付輸出為替
3. 信用状なし輸出為替
4. 輸出金融

輸出為替の基本事項および共通事項

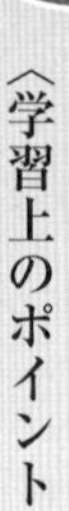

〈学習上のポイント〉

ここでは輸出手続の流れや輸出為替の共通部分を学習する。

輸出代金の決済方法では，取引当事者視点に立ち相反する利害関係について学ぼう。輸出債権回収のリスクヘッジ方法や輸出与信判断については与信取引推進上の重要事項となるので，しっかりと理解しておこう。

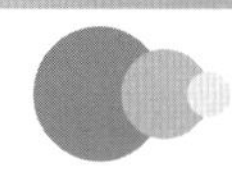

1. 輸出者の輸出手続の一般的な流れ

輸出取引の一般的な流れはつぎのとおりである。

輸出マーケティング調査（売込先の発掘等）→輸出先企業の選定→商品の売込活動→輸出契約の交渉と締結→商品によっては輸出許可・承認申請→輸送手段の確保・海上保険の付保→貨物を保税地域へ搬入→輸出貨物の通関（輸出申告）→輸出許可証受領→船積→輸出代金の回収（送金・取立・信用状）

①輸出に際しては，安全保障輸出管理制度のキャッチオール規制により，輸出者自身が輸出先や貨物・技術の最終用途をチェックして輸出許可の要否を判断する必要があり，それを励行させるために「輸出者等遵守基準」が定められている。

②輸出の通関手続（税関への輸出申告等）や運送契約を含む船積手続は，専門的な知識が必要な場合もあり，輸出者は通関業者やフォワーダーに委託していることが多い。

●図表 4-1　荷為替信用状取引の流れ

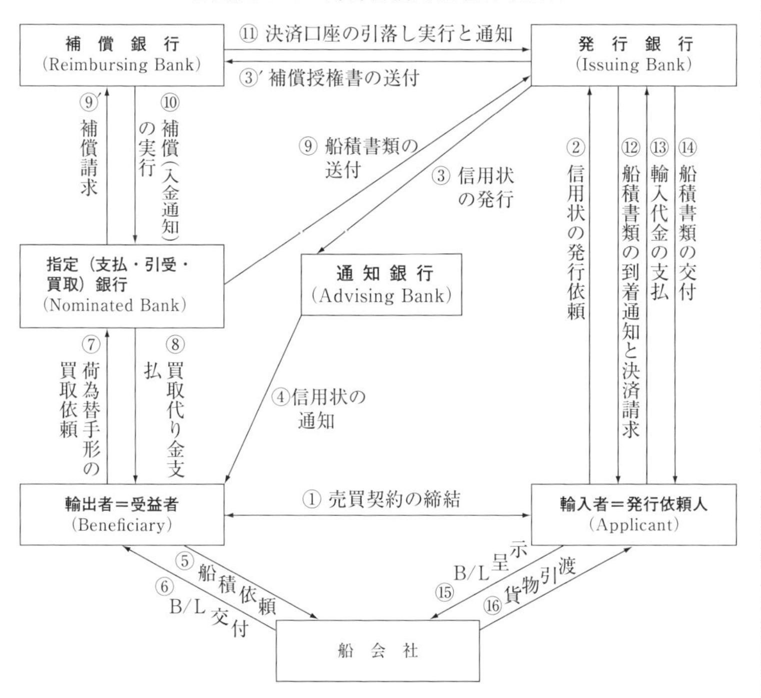

(注)信用状に確認を依頼される場合には，通常，通知銀行が確認銀行となる場合が多い。

③通関業務は，税関その他の関係行政機関および関連民間業界をオンラインで結び，貨物の輸出入許可・承認申請や通関業務を迅速に処理できる NACCS というシステムが利用されている。輸出入の事業者は，NACCS 参加銀行に専用口座を開設して関税・消費税等の納付ができる。

④東南アジア等近隣アジア諸国向けの輸出では，貨物が輸入地に到着しても船積書類が未着で貨物を受け取れないという，いわゆる「**船荷証券の危機**」が発生することが多い。そのため輸入者は，貨物の早期引取りのために L/G（輸入担保荷物引取保証）の利用に代えて，輸出者に対して B/L の１通を輸入者宛

て直送することを要求することがある。その場合，信用状条件として，輸出者のB/L直送証明書（いわゆるbeneficiary's certificate）の呈示を求める必要がある。

また，「船荷証券の危機」対策として，輸出者は輸入者の要望で船荷証券を元地回収（サレンダードB/L：第5章1節2.「輸入与信判断における留意事項」参照）とすることもある。

2. 輸出代金の決済方法

過去問題
・2024年3月 問17，問29
・2023年10月 問15，問30 問46
・2022年10月 問47

輸出者が輸出契約で取り決める輸出代金の決済方法には，主として送金，取立（信用状なし），信用状の3種類がある。このうち送金は輸入者の**前払い**と**後払い**がある。

(1) 前払いと後払い（送金ベースの決済）

下記のように，送金による決済方法（前払いと後払い）は，輸出者と輸入者の利害が相反するので，双方の信頼関係が良好な場合に利用される。

① 前払い（輸出者の前受け）

輸入者は，輸入貨物の受領前に送金するので，契約どおり貨物を入手できるかどうかの不安と前払資金コストの負担がある。一方，輸出者にとっては，船積前に被仕向送金で代金を受け取るので，取立や信用状と比べ最も安全な決済方法である。

② 後払い（輸出者の後受け）

輸入者にとっては契約どおりに貨物が提供されたことを確かめたうえでの送金となり，資金コストもかからない。反対に輸出者にとっては代金回収の不安と代金回収までの資金コストの負担がある。

⑵　D/P 条件と D/A 条件（信用状なしの決済）

過去問題
・2024年3月 問29
・2023年3月 問28

D/P・D/A 手形取引では，信用状のような銀行の支払確約がないので，輸入者に十分な信用力がある場合や，輸出者と輸入者の取引関係が緊密な場合に利用される。輸出者は代金回収リスクを回避するために，輸出手形保険等の貿易保険を付保することがある。一方，輸入者にとっては信用状の開設手数料や信用状発行のための担保金が節約できるメリットがある。

①　D/P（Documents against Payment）条件

D/P 条件は，輸入者（支払人）が手形の支払を行わなければ B/L を伴う船積書類を入手できず貨物を引き取れないので，輸出者にとっては代金回収が比較的確実な条件といえる。ただし，船積後に輸入者が倒産したり契約どおりに購入しないという事態となれば，輸出者は積戻しや転売が必要となり，適正な価格で転売できなければ大きな損失を被るおそれのある条件である。

D/P 条件は原則として一覧払（at sight）であるが，D/P ユーザンス手形（D/P 期限付手形）で発行される場合もある（第5章4節5.「D/P 期限付手形の取扱い」参照）。

②　D/A（Documents against Acceptance）条件

B/L を含む船積書類は輸入者の手形引受と引換えに引き渡され，それにより貨物の引取りが可能となるので，輸入者にとっては手形期間が長いほど商品売却までの資金負担もかからない。さらに，信用状取引ではないために，その発行手数料や担保を差し入れる必要もなく，極めて有利な条件である。半面，輸出者にとっては手形期日前に輸入者が倒産した場合，商品代金のみならず商品も回収不能となる大きなリスクがあるので，D/P 条件よりも，よりいっそう輸入者の信用力がある場合にとられる決済方法である。

(3) 信用状取引のメリット

過去問題
・2024年3月 問12, 問22 問29
・2023年10月 問30
・2023年3月 問13
・2022年10月 問13, 問47

輸出者は，前受けによる決済方法がとれれば最も都合がよいが，新規の輸出相手先や輸入者の信用状態に不安がある場合，または輸出金額が多額の場合には，発行銀行の支払確約のある信用状付の決済条件とするのが一般的である。ただし，発行銀行の信用力や発行銀行所在国のカントリーリスクに問題があれば，輸出代金の回収は不確実なものとなることに留意する必要がある（次項3.「輸出企業の債権回収のリスクヘッジ方法」参照）。なお，発行銀行の信用度によっては，日本貿易保険の輸出手形保険の付保も可能である。

●図表 4-2　信用状取引のメリット

輸出者のメリット	輸入者のメリット
・国際ルールであるUCP600がよりどころとなって，後払い送金やD/P・D/A手形取引よりも安心して船積ができる	・輸出者を安心させ，信用状なしよりも有利に条件交渉ができる ・前払金の送金が不要
・信用状条件どおりの船積書類を呈示すれば，発行銀行の取消不能の支払確約により，輸出代金の回収リスクをほぼ回避できる。	・信用状は売買契約を基礎としているため，信用状付であれば契約どおりの輸入ができる（信用状条件違反があれば支払拒絶できる）
・信用状なし取引に比べ，輸出手形の買取や輸出前貸といった金融面の利用を受けやすい	・信用状なし取引に比べ，L/G，T/R，輸入ユーザンス金融などの金融面の利用を受けやすい

(4) ネッティング

過去問題
・2023年10月 問15

ネッティングとは，貿易取引においては，オープン・アカウント取引（後払い送金ベース決済）の条件で，かつ継続的に企業間取引がある場合，取引の都度，決済するのではなく，一定の期間内に生

●図表 4-3　マルチラテラル・ネッティング

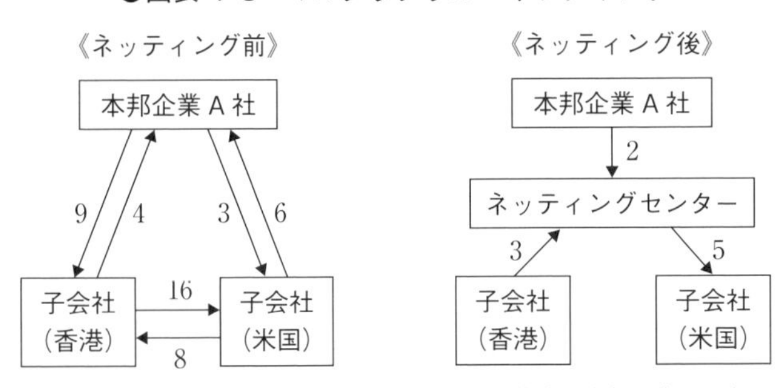

（注）ネッティング前の数字は相手に対する支払債務の金額を表し，ネッティング後は差額の受払い金額を表ししている。

じた債権と債務を一定の期間経過後に相殺し，差額だけを銀行を通じて受け払いする方法である。差額のみの決済となるため，為替リスクの軽減，為替手数料の削減，資金の効率化，事務負担の軽減等のメリットがある。主として同一企業グループ間や本支店間の貿易決済で利用されている。

①　バイラテラル・ネッティング

2 当事者間で相殺決済を行う方法であり，2 当事者間で決済通貨，決済時期，換算相場等についてルールを決めることにより比較的容易にできる。この方法では代金決済リスクは差額相当部分に圧縮できる効果がある。

②　マルチラテラル・ネッティング

3 当事者間以上で相殺決済を行うため，為替リスクや銀行間手数料の削減効果は大きいが，参加する当事者が多くなるほどルールを決めるのが難しくなる。

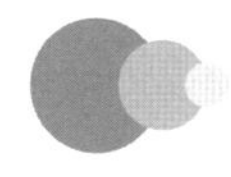

3．輸出企業の債権回収のリスクヘッジ方法

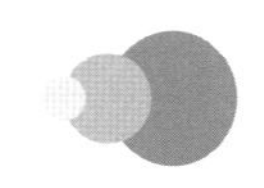

輸出代金の全額を前受送金で受け取る輸出契約にすれば，値引き

第4章
輸出為替

過去問題
・2024年3月 問3，問17
・2023年10月 問15，問46
・2023年3月 問16，問17
・2022年10月 問4，問12，問47

を要求されることがあるものの代金回収リスクは回避できる。そのほかに輸出企業の債権回収のリスクヘッジ方法にはつぎのようなものがある。なお,「輸出債権回収のリスクヘッジ手段別比較」については,後掲図表4-4を参照願いたい。

① 信用状の確認

UCP600第8条(第3章参照)により,確認銀行は輸出手形を充足した呈示を条件に遡求権を放棄して(手形振出人の償還義務を免除して)買い取る義務があるので,確認信用状に基づいて輸出手形の買取を受けることで,輸出者は発行銀行の信用リスクや発行銀行所在国のカントリーリスク(注)を回避できる。

したがって,発行銀行の所在国と確認銀行の所在国が同一であれば,カントリーリスクのヘッジができないので,輸出者の国または欧米の国にある信用度の高い銀行が確認銀行となる。

なお,信用状発行銀行の確認の依頼・授権がなくても(無確認信用状でも)輸出者から確認の依頼があれば,取引銀行が与信審査のうえ,充足した書類の呈示(ディスクレがないこと)を条件に確認を付加する(支払確約をする)**サイレント・コンファーム**(Silent Confirm)という確認方式がある。

取引銀行がサイレント・コンファームを行うと銀行は通常の(確認信用状による)確認と同等の与信リスクを負い,一方,輸出者も通常の確認と同等のリスク回避ができる。

このサイレント・コンファームは,UCP600の規定に基づく確認の付加ではなく,買取銀行と輸出者との間の特約で行われる。したがって,確認を加えたことを発行銀行には通報せず,また,信用状発行銀行のディスクレによる支払拒絶に対して,異議を申し立てて対抗することはできない。

(注)カントリーリスクとは,取引相手国の政治や社会・経済状況の変化および地震・台風などの自然災害などで生じるリスクをいい,具体的には,

相手国の為替規制や各種制度変更，戦争・内乱による外貨送金遅延，経済制裁，債務不履行などがあり，日本貿易保険では非常危険と呼ばれている。

② フォーフェイティング

輸出手形の買取依頼人が手形の買戻義務を負わない条件（Without Recourse：買取銀行の遡求権なし）で，買取銀行（フォーフェイター）が輸出手形の買取を行うことをいう。これにより信用状発行銀行の信用リスクとカントリーリスクから解放され，輸出債権回収リスクが100%回避できる。また，貿易保険とは異なり，バランスシート上の輸出売掛債権のオフバランス化が可能となる。フォーフェイティングは主に長期の期限付輸出手形買取で利用される。

③ 輸出手形保険

銀行が輸出荷為替手形を買い取り，その手形が不渡になった場合に，日本貿易保険がその手形の買取に応じた銀行の損失を填補するもので，主として信用状なし輸出荷為替手形買取の場合に利用される。この保険により，銀行は手形買取上の不安を払拭し買取を促進するものとなるが，不渡事由が輸出者の責めに帰さないことを条件としている。

最高保険金額は，非常リスク・信用リスクともに手形金額の95%である。銀行がD/P・D/A手形の買取を行う場合には，輸出手形保険を利用することで保全措置を講じることができる。

④ 貿易一般保険（個別）

船積前・船積後（契約から代金回収まで）の信用危険と非常危険を担保する保険で，輸出契約，仲介貿易契約，および役務（技術提供）契約を対象としており，最も一般的な保険である。

⑤ 中小企業・農林水産業輸出代金保険

船積後の輸入者の信用リスクとカントリーリスクによって生じた

損失を95%てん補される保険である。契約金額が5,000万円以下の輸出貨物を対象としている。

⑥ 輸出取引信用保険

民間の損害保険会社が取扱う保険で，信用危険と非常危険による輸出代金回収不能リスクが補償される。保険金請求権に買取銀行が質権を設定することもできるので，日本貿易保険が取り扱う貿易保険の代わりとして利用されている。

⑦ 輸出ファクタリング

後払い送金ベースやD/P・D/A手形で決済される輸出取引において，輸出者の輸出債権を海外の国際ファクタリング会社に譲渡することを前提に，そのファクタリング会社の保証にもとづいて，輸出者の取引銀行が輸出債権を100%保証するサービスである。輸出ファクタリングは輸入者の信用リスクは保証されるが，非常危険やマーケットクレームは保証されない。なお，輸出者の希望があれば買戻請求権なし（買戻義務なし）で買取も行われる。

⑧ インボイス・ディスカウント（オープンアカウントベース輸出債権買取）

決済条件が後払い送金となっている輸出者の輸出売掛債権を，売買契約書と船積書類の写しの提示を受けて取引銀行が遡求権付(With Recourse)，または遡求権なしで買い取るサービスである。

銀行は輸出代金の回収までの間，与信リスクを負うため，買取は信用力のある取引先に限定している。遡求権付の買取の場合は輸出者にとっては輸出債権回収のリスクヘッジにはならないが，日本貿易保険や信用保証協会と連携して遡求権なしで買い取る銀行もあり，その場合には輸出債権回収のリスクヘッジは図れる。

また，輸出者は，このサービスを受けることで輸出債権の早期資金化と為替リスク対策が図れることとなる。なお，この取引では，輸入者からの送金は買取銀行を受取人とさせる必要がある。

●図表 4-4 輸出債権回収のリスクヘッジ手段別比較

	信用状付（無確認）	信用状の確認	フォーフェイティング	輸出手形保険	輸出ファクタリング	インボイス・ディスカウント
保証内容	信用状発行銀行の支払確約	信用状発行銀行以外の銀行が，別途に支払確約	期限付輸出手形を買戻請求権なしで買取る	日本貿易保険が買取銀行の手形不渡リスクを保証	国際ファクタリング会社と連携して取引銀行が支払を保証	後払い送金ベースの輸出債権を買戻請求権なし，または買戻請求権付で買取
対象取引	信用状付輸出手形の買取	信用状付輸出手形の買取	信用状付期限付輸出手形・D/A手形の買取	主としてD/P・D/A手形の買取	送金（後払い，D/P・D/A手形）	送金（後払い）
カバーされる金額（付保率）	100%	100%	100%	95%	100%	100%
輸入者の信用リスク（信用危険）	○	○	○	○	○	○（買戻請求権なしの場合）
信用状発行銀行の信用リスク	×	○	○	○（信用状付の場合）	／	／
輸入者所在国のカントリーリスク（非常危険）	×	○	○	○	×	○（買戻請求権なしの場合）
輸出債権のオフバランス化（注）	不可	不可	可	不可	可（条件による）	可（買戻請求権なしの場合）

（注）オフバランス化とは，貸借対照表の売掛債権の計上を除外することをいう。

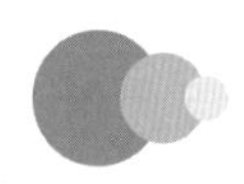

4. 輸出為替取引の与信判断

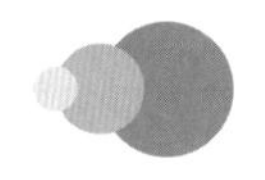

過去問題
- 2024年3月 問12, 問15
- 2023年10月 問12, 問13
- 2023年3月 問12, 問19
- 2022年10月 問4, 問15, 問47

輸出手形の買取の申し出を受けた場合には，国内融資の場合と同様に顧客の信用状態等，ひととおりの調査・検討を行うとともに，外国為替特有のリスクにも注意する必要がある。

信用状付の輸出手形の買取であっても，買取後にディスクレにより発行銀行から支払拒絶を受けるおそれがあり，決済が確実とはいえない。まして，D/P・D/A 手形の買取の場合には信用状がない分，より慎重な与信判断が求められる。

与信採上げにあたっての一般的な留意点はつぎのとおりである。

①**買取依頼人（輸出者）の信用状態**…輸出手形の買取は，外国向為替手形取引約定書を拠りどころとして最終的には買取依頼人の信用力に依存しているといえる。このため，まず買取依頼人の信用状態を十分に調査し，手形買戻能力の有無を検討する。また，必要に応じて担保の差入を受ける等の保全措置も検討する。

②**輸入者の信用状態**…輸入者の信用状態に問題がなければ，多少のディスクレがあってもほとんど決済されるのが実情である。一方，輸入者の信用に問題があれば，たとえ商品自体に問題がなくても，契約後に輸入の意思がなくなれば，些細なディスクレを見つけて UNPAID（支払拒絶）とされるリスクが高くなる。

このため，同一輸入者の過去の決済状況等も調査する必要がある。特に D/P・D/A 取引の場合には，自行の海外店を通じた信用照会や信用調査書（ダン・レポート等）を取り寄せて輸入者の信用状態を調査する。

③**輸入国のカントリーリスク**…輸入国のカントリーリスクが悪化

すれば，対外債務の繰延べ（リスケジュール）や対外支払規制によって輸出代金が送金されてこないおそれがある。このため，輸入国の為替管理等の規制に留意する。なお，各銀行とも相手国によっては買取禁止とするなど，輸出手形買取における国別の運用基準を設けているので，それに従って取り扱う。

④**信用状発行銀行の信用状態**…信用状付の買取の場合は，信用状発行銀行と確認銀行の信用力によっては支払確約が不確かなものとなる。各銀行とも世界的な格付機関による当該銀行の格付等を参考に，海外銀行の信用力に応じて取引制限をするなど独自の格付基準を設けているので，それに従って取り扱う。

⑤**信用状条件**…信用状付の買取の場合は，輸出信用状の条件の中に船積条件等において無理な条件が付いていないか，あるいはディスクレが発生しそうな条件が付いていないか等をチェックすることは，決済の確実性を高め顧客のためにもなる。

⑥**輸出商品の市場性**…輸入国での商品競争力がなければ，輸入してから予定していた値段で売れないということになり，それが輸入者の決済に影響する。また，輸入者から些細な理由でマーケットクレームを受けるおそれがあるので，輸出商品の市場性や市況についても検討する。

⑦**為替リスク**…外貨建輸出の場合，買取依頼人に為替リスクに耐え得る企業体力がなければ，与信の債権回収にも影響するので，買取依頼人に為替リスク対策を聴取し，不十分であれば対策を講じるよう勧める。

⑧**仕入先の信用状態**…輸出商品の国内仕入先から確実に資材や商品が調達できるかどうかは，国際間の売買契約履行上，重要なことであり，国内仕入先の信用についても把握しておく。

信用状付輸出為替

〈学習上のポイント〉

ここでは信用状の接受から買取までに発生する事項と買取後の対応について取り上げる。とくに信用状の確認・引受・買取については，輸出実務においてどれも特段の注意をはらわなければならない与信事務であるので，第3章「UCP600の規定内容」を想起しながらしっかりと理解しておこう。

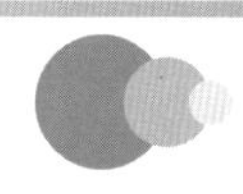

1. 信用状の接受・確認・引受・譲渡

(1) 信用状の接受

過去問題
・2023年10月 問5
・2023年3月 問18

海外の発行銀行から信用状または条件変更を接受した場合には，それらの外見上の真正性，内容等を点検し，かつUCP600第9条に規定する通知銀行の義務を遵守し，遅滞なく信用状の受益者に通知する必要がある。信用状を接受した際にはつぎの点を確認する。

①真正な信用状であるか（電信テストキーまたは署名の照合）。

②取消不能信用状であり，UCP600の準拠文言があるか。

③自行コルレス先発行の信用状であるか。

④信用状の内容に矛盾がないか。

⑤自行にリストリクト（限定）されていないか。

⑥確認依頼の有無，譲渡の依頼の有無。

⑦自行宛てに期限付手形を振り出す条件（自行引受）ではないか。

(2) 信用状の確認

確認を加えるということは発行銀行に対する自行の与信となる。確認を付加できる信用状は，自行と発行銀行の間に確認についての取決があるコルレス銀行発行の信用状である。そして，接受した信用状に自行に対して確認付加の依頼文言（Add your confirmation: これをアドコンと呼ぶこともある）がある場合は，行内所管部の承認を得たうえで，確認を付加する旨を受益者宛て文書で通知する。

なお，確認諾否については追って通知する旨を信用状到着案内書等に明記しておく。また，確認を付加する信用状の買取は自行にリストリクト（限定）する。

信用状に「受益者から確認の依頼があれば確認を加えてほしい(MAY ADD)」旨の文言がある場合は，信用状の到着通知とともに，受益者宛て，確認付加の要否を照会し，受益者から文書で確認付加の依頼回答があれば，行内所管部の承認を得る手続を行う。

確認を加える用意がないときは，その旨を遅滞なく発行銀行に通報しなければならず，また，確認を加えることなく受益者に信用状を通知する。

なお，確認付加に関しては，UCP600 第 8 条（確認銀行の約束）の規定に従って取り扱わなければならない（確認の目的，確認のリスク，支払拒絶を受けた場合の対応等については，第 3 章「UCP600 の規定内容」参照）。

(3) 期限付為替手形の引受

期限付為替手形の引受は，自行が手形期日の支払を約束することを意味し，信用状の確認付加と同様に発行銀行に対する与信行為となる。このためコルレス先の発行銀行から，受益者が自行宛てに期限付為替手形を振り出す条件の信用状を接受した場合には，引受・

買取に先立って，事前に与信枠の確認または行内所管部の承認を得ておく必要がある。

自行が期限付手形の支払人，すなわち，引受人となっている為替手形の買取にあたっては，信用状条件が完全に充足していることを確認し，もし，ディスクレがあれば原則として買取を謝絶するかケーブルネゴ等で対応する（UCP600 第 12 条 a 項：指定銀行が確認銀行である場合以外は，ディスクレの有無にかかわらず，指定銀行には支払・引受・後日払や買取の義務はない）。

自行が手形の引受人となり，買取後に支払拒絶等，なんらかの理由で発行銀行から補償が受けられなくなった場合には，外国向為替手形取引約定書（15 条）により買取依頼人に買戻請求を行う。

⑷ 信用状の譲渡

信用状の譲渡については，UCP600 第 38 条の規定に従って取扱うこととなる。

信用状の譲渡についての主な留意点はつぎのとおりである。

①信用状に「Transferable」と明確に記載があること。

②自行がコルレス先発行銀行から接受したもので，譲渡手続を授権されていること。

③譲渡は受益者の依頼により 1 回限りできる。

④譲渡は第 2 受益者の依頼で第 3 受益者には再譲渡できない。

⑤分割船積が許容されている場合のみ，信用状の一部を複数の者に譲渡できる。

⑥他行が接受または他行にリストリクトの信用状ではないこと。

⑦譲渡依頼人が他行取引先の場合は，譲渡依頼書に取引銀行の署名照合があること。

なお，海外の受益者宛ての譲渡や船積書類の差替えを前提とした譲渡は，国内の銀行では一般的には取扱禁止にしている。

2. 信用状付輸出手形の買取

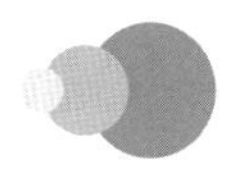

(1) 信用状付輸出手形の買取事務の留意事項等

過去問題
・2023年10月 問4, 問13
・2023年3月 問14
・2022年10月 問15

①信用状付・信用状なしにかかわらず，輸出手形の買取は船積書類と付帯荷物を担保とする与信行為となるので，買取の申し出を受けた際には買取の準備として行内の規定に従い，稟議の承認を取得のうえ取引約定書等の受入の確認を行う。

②買取実行の際には，稟議の承認を得た条件内の買取であるか，行内基準の買取禁止や制限のある国・銀行向けではないかの確認と，インボイス・B/L 等で適法性の確認を行う。

③買取時には，信用状の裏書，為替手形の裏書，輸出者指図式の場合の B/L の裏書を行う。

④買取後，船積書類一式は信用状条件に従って外為センターから海外銀行に発送し，買取日以降は代金回収の管理を行う。なお，信用状で在日他行に買取指定（リストリクト）をされている場合は，同行に再割で持ち込む必要がある（**在日他行再割**）。

⑤買取と同時に，買い入れた外国為替について補償を受けるまで（自行口座に入金されるまで）の間の債権として，外貨建の場合には「**外貨買入外国為替**」勘定を起票する。

⑥買取後，トレーサー費用や遅延利息・追加手数料が発生した場合には，買取依頼人から徴求する。

⑦未使用の信用状は，所定の方法で営業店等を通じて買取依頼人に返却するが，信用状金額を使い切った信用状は，発行銀行から特に返却の依頼がない限り，信用状には「L/C Exhausted」等の表示をして買取依頼人に返却する。

⑵ 船積書類の点検

買取のための徴求書類は信用状付輸出手形買取依頼書のほか，輸出手形，船積書類，信用状原本であり，銀行取引約定書や外国向為替手形取引約定書等の受入れ済みを確認する。

買取実行の際の船積書類の主な点検事項はつぎのとおりである。

①信用状は真正であり正しく発行されたものか，また，信用状に添付されている通知銀行の信用状通知書の内容も確認する。

②信用状発行銀行は，自行が指定する買取のできない銀行または国に所在する銀行ではないか。

③信用状の未使用残高があり，条件変更（アメンド）はないか。

④為替手形および船積書類は，充足した呈示（Complying Presentation）となっているか。

⑤信用状の要求書類が揃っていて，書類の署名・裏書もれはなく，また，書類相互間に矛盾がないことを確認する。

⑶ ディスクレ発見時の対応

過去問題
・2024年3月 問18
・2023年10月 問16
・2023年3月 問10, 問14, 問15
・2022年10月 問16

買取時の船積書類の点検により，ディスクレを発見した場合は，ディスクレの内容および買取依頼人の信用等を勘案し，買取依頼人の同意も得て，つぎのいずれかにより対応する。

①**手形・船積書類の訂正・差替え**…書類のミスタイプ等，輸出地側で訂正によって充足するディスクレや不備は，買取依頼人に書類作成者の訂正または差替えを依頼する。

書類の訂正方法は，受益者により発行され，かつ法的に証明されている書類，あるいは，受益者以外が発行した書類の場合は，発行者により訂正を授権された者による認証が必要で，署名やイニシャルの伴った訂正が必要である（ISBP821 A7 項）。

②**信用状の条件変更**…書類の訂正ができない場合，信用状のアメ

ンドを行えば，ディスクレの解消は確実である。ただし，アメンド入手には日数がかかり信用状の有効期限切れ・書類呈示期限切れとなるおそれがあるので，早期にアメンドを入手できる場合以外は現実的な対応とはいえない。

③**ケーブル・ネゴ（Cable Negotiation）**…信用状発行銀行にすべてのディスクレの内容を電信で通知して買取の可否を照会し，買取の応諾を受けてから買い取る方法を**ケーブル・ネゴ**という。発行銀行に書類到着後，新たなディスクレが発見された場合，支払拒絶を受けるリスクがあるので，書類を厳格に点検してディスクレをもれなく照会することが重要である。

④**L/G付買取（L/Gネゴ）**…後日，信用状発行銀行からディスクレによる支払拒絶を受けたときには，直ちに手形を買い戻すとの内容の補償状（L/G：Letter of Guarantee，Letter of Indemnityともいう）を買取依頼人から受け入れて買取に応じる方法を**L/G付買取**という。

L/Gは単に買取銀行と買取依頼人の間の特約書（念書）にすぎず，このL/Gでディスクレが解消されるわけではない。このため，発行銀行宛て書類送付状にL/Gを添付したりL/G付買取を行った旨の（留保付きを表すUnder Reserveや買取依頼人の損害担保の約束付きを表すIndemnity文言を含む）表示をしていても，L/Gの効力は発行銀行には及ばないので，発行銀行から支払拒絶を受けても対抗できない。したがって，ディスクレの内容が軽微で，かつ買取依頼人の買戻能力も十分な場合にのみ行内の承認を得て取り扱う。

L/Gを徴求するのは，個々の買取で買取依頼人によって具体的にディスクレの存在の認識と支払拒絶を受けた際の買戻債務の負担を確認してもらうためである。このため，仮にL/Gの提出を受けていない場合でも銀行は外国向為替手形取引約定書により買戻し請求が可能である。なお，L/Gには同約定書が適用される旨の記載はない。また，リストリクト信用状により国内の指定銀行へ再割引を依頼する場合，L/Gの効力は再割引銀行にも及ぶ。

⑤**取立（アプルーバル）**…他にディスクレの対応方法がない場合や，ディスクレが多い場合または顧客の買戻能力に問題がある場合には，**信用状付の取立扱い（On Approval Basis）**とし，信用状発行銀行から代金受領後に顧客に支払う方法である。この取扱いは発行銀行の支払確約が付かず，発行銀行によっても取扱方法が異なることなどを顧客に説明して了解を得て取り扱う。また，念書を徴求して取り扱うのが一般的である。

(4) 信用状に基づく補償請求

過去問題
・2022年10月問18

信用状付輸出手形の買取後，信用状に記載された補償方法，およびUCP600第13条（銀行間補償の取決め）の規定に従って，補償請求（Reimbursement Claim）する。

この補償方法には，主としてリンバース方式（リンバースメント方式）と回金方式（レミッタンス方式）がある。

① リンバース方式

信用状に「この信用状で指定した補償銀行宛て，補償請求してください」と記載があり，これに従って，買取銀行がURR725を適用し，信用状で指定されている補償銀行宛て補償請求をする方法である。UCP600第13条「補償は他の当事者（補償銀行）に請求する指定銀行（請求銀行）により取得される…」に規定されている。

② 回金方式（レミッタンス方式）

信用状に「発行銀行は買取銀行の指図に従って買取銀行に補償する」と記載されているので，買取銀行は発行銀行宛ての船積書類送付状（カバーレター）に，自行のデポ銀行に輸出手形代金を送金す

●図表 4-5　リンバース方式と回金方式のフロー図

【リンバース方式】

補償銀行

⑤′　⑥　②′

通知銀行（買取銀行）　②　⑤　発行銀行

④　③　①　⑦

輸 出 者　輸 入 者

① L/C 発行依頼
② L/C 発行
②′同時に補償授権書を送付
③ L/C 通知
④ 輸出手形買取依頼，代金支払
⑤ 船積書類送付
⑤′補償請求
（リンバースメントクレーム）
⑥ 補償銀行にて発行銀行の口座を引き落とし，買取銀行宛支払
⑦ 船積書類到着通知，輸入代金支払

【回金方式】

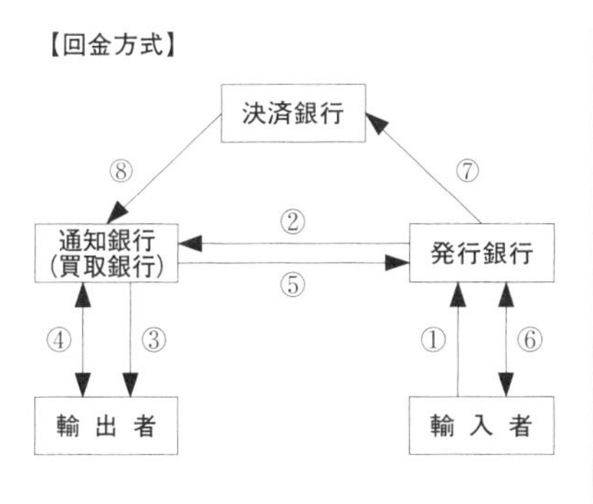

① L/C 発行依頼
② L/C 発行
③ L/C 通知
④ 輸出手形買取依頼，代金支払
⑤ 船積書類送付
⑥ 船積書類到着通知，輸入代金支払
⑦ 買取銀行の指図にもとづき，買取銀行の指定する銀行に送金
⑧ 決済銀行は，発行銀行の口座を引き落とし，買取銀行口座に入金，または支払

(注)上記の両方式ともに，「通知銀行が買取銀行となった場合」のフロー図である。

るよう記載する。発行銀行はその指図に従って補償することとなる。この方式は URR725 の適用はない。

③　借記方式（Debit 方式）

買取銀行が信用状の指図に従い，買取銀行に開設されている信用状発行銀行の口座（先方勘定）を借記（Debit）することにより，発行銀行から輸出手形代金を受領する方法であり，URR725 の適用はない。この方法では買取銀行に資金の立替は発生しない。

④　貸記方式

買取銀行が発行銀行に開設している買取銀行の口座に輸出手形代

金を入金するよう，発行銀行に指図する方法であり，URR725の適用はない。この方法では買取銀行に資金の立替が発生する。

⑤　再割方式

自行が買い取った輸出為替を日本国内にあるリストリクト銀行に持ち込んで再割引（Rediscount）を依頼する方法であり，URR725の適用はない。買取銀行は輸出代金を再割銀行から受領する。

(5)　TTリンバースメント（TTR）

過去問題
・2022年10月問18

買取銀行が輸出手形の買取と同時に電信で補償請求することをいう。信用状でTTリンバースメント不可と明記されていない限りTTRが可能である（URR725第10条a項）。TTRを行うと通常は即日に補償を得られるので買取相場は，TT Buying Rate（電信買相場）を適用する。輸出者は銀行の立替金利の負担が軽減できる。

(6)　ネゴ・アドバイス（Negotiation Advice）

ネゴ・アドバイスとは，信用状に，買取銀行が買取の際，発行銀行に対して信用状番号，買取日，買取金額等を発行銀行宛て打電するよう指図している場合があり，これに従って買取銀行が通知することをいう。発行銀行はこの通知を受けることで補償銀行等にある自行の決済口座に効率的に資金手配できる。買取銀行がこのネゴ・アドバイスをもらすと金利負担の請求を受けるおそれがある。

(7)　外貨建信用状付輸出手形の買取の適用相場

適用相場は，買取依頼書に記載されている顧客の指図に従って取扱う。手形買取代金を円貨払とする場合は，為替予約の有無，TTリンバースメント可否，手形期間，ユーザンス利息負担者区分等によって適用相場が異なる（図表4-6参照）。

例えば，「信用状付，為替予約なし，一覧払手形，TTR不可」の

●図表 4-6　外貨建信用状付輸出手形買取代り金を円貨で支払う場合の適用相場

一覧払手形	・買取日に補償が得られるもの（買取日に自行勘定に入金，または自行にある発行銀行の先方口を借記） ・TT リンバースメント実行，かつ書類を発行銀行宛て直送するもの	TTB（電信買相場）
	上記の取扱い以外	A/S Buying（一覧払手形買相場）
期限付手形で利息が輸入者負担	・買取時に期日が確定するもの ・TT リンバースメント実行，かつ書類を発行銀行宛て直送するもの	TTB（電信買相場）
	上記の取扱い以外	A/S Buying（一覧払手形買相場）
期限付手形で利息が輸出者負担	すべての取扱い	Usance Bill Buying（信用状付期限付輸出手形買相場）

場合は，買取日の一覧払手形買相場（A/S Buying）となる。

(8)　発行銀行から Unpaid の通知を受けた場合の対応

①買取銀行が Unpaid（支払拒絶）の通知を受けた場合には，発行銀行の電文発信が呈示日の翌日起算 5 銀行営業日以内に行う Single Notice の要件を満たしているかどうかを点検する必要がある。

《UCP600 第 16 条 f 項には，発行銀行または確認銀行は，本条の定めに従って行為しない場合は，充足した呈示となっていない旨を主張できないと規定している》

② Unpaid の理由が正当であるか，**マーケット・クレーム**に類する申し立てではないか，信用状取引における「独立抽象性の原則」と「書類取引の原則」を踏まえてすみやかに点検する。万一，ルールに基づかない理不尽な UNPAID 通知を受けた場

第4章　輸出為替

過去問題
・2023年10月 問13
・2022年10月 問15

合には，根拠を明確にして直ちに反論する必要がある。

③ディスクレ解消のための正当な書類の追送は，当初の（充足していない）呈示自体が独立しており，発行銀行が追送を受け入れる義務はないので，追送する場合には事前に発行銀行の了解を得た後に行うことが国際標準銀行実務である。

④書類の追送などによるディスクレの補正が不可能な場合や，ディスクレ解消が長引く場合には，買取依頼人に外国向為替手形取引約定書15条による買戻請求を行い，取立扱いに変更のうえ，輸入者との直接交渉に委ねて早期解決を促す。

⑼ 輸出手形買取後の事後管理

過去問題
・2023年3月 問14
・2022年10月 問15

①輸出手形の買取は，一般に「買入外国為替勘定」を用いて処理される。リコンサイル（帳簿上の突合）に留意し，海外からの入金予定日よりも相当日数経過しても入金がない場合には，発行銀行または補償銀行宛てに支払督促（トレース）を行う。

②メール期間経過後（遅延）利息や追加費用は，買取依頼人にすみやかに請求する。

③期限付輸出手形の引受通知の未着の場合には，コルレス銀行宛てにトレースを行うなど，買取後の事後管理に留意する。

⑽ 第三者を手形振出人とする委任状付輸出手形の買取

取引先から第三者を手形振出人（信用状の受益者）とする信用状付輸出手形買取の依頼を受けることがある。このような依頼はつぎの理由が多い。

①受益者が輸出手続に不慣れで輸出手続を商社に委任するとき。

②取引先が輸入者と総代理店契約の関係をとるとき。

③なんらかの理由で，自行取引先がダミー会社を使うとき。

④第三者が取引銀行から買取を受ける信用力に乏しいとき。

⑤受益者の仕入先が売掛債権の回収を確実にするために，受益者に代わって買取手続をするとき。

受益者以外の者が買取を依頼する理由は上記のとおりであるが，実際には信用ある自行取引先が船積書類の偽造による輸出手形代金の詐欺にあうという実例が何度かある。このため委任状付買取となった事情を取引先から十分に聴取し，第三者（手形振出人）の実態を十分把握して慎重に与信判断のうえ，行内の稟議・承認を得て取り扱う必要がある。

受付にあたっては，手形振出人を委任者とし，自行取引先である買取依頼人を受任者とする委任状を受け入れる。委任状には買取依頼と買取代り金受領の権限を委任する旨および信用状の明細が書かれている。委任状面の委任者署名または印鑑は委任者取引銀行の照合確認印があるか，または印鑑証明書により確認する。

なお，外国向為替手形取引約定書22条には，「第三者名義の外国向為替手形の買取も，この約定が適用されるものとする」と規定されており，手形の買戻債務は取引先である買取依頼人が負う。

⑾ 輸出円貨代り金振込承諾書の発行（買取代り金の第三者宛て振込）

この承諾書は，信用状付輸出手形買取の際，買取代り金のうちから輸出者の依頼する金額を，銀行が輸出者以外の第三者の預金口座に直接振り込むことを輸出者があらかじめ取引銀行に依頼して，銀行がこれを承諾した場合に発行する文書である。

このような振込承諾書は，輸出者の信用力が十分ではない場合に，輸出商品の仕入先から売掛債権保全のために要求されることがある。承諾書には一般的にはつぎのようなことが書かれている。

①銀行が振込を承諾しても，振込先である第三者のために行う契約ではなく，振込先に対してなんらの義務も責任も負わず，振

込を保証するものではない。

②銀行の都合で（信用状条件不一致などで）買取に応じない場合にも，異議を申し立てないこと。

このように承諾書の内容は，振込先に対して振込の保証や第三者のためにする契約ではないことを明記している。しかしながら，この取扱いは第三者（振込先）が介在するのでトラブルを生む懸念がある。このため原則応じられるものではないが，やむを得ず応諾する場合には，信用状の内容のほか，依頼人の信用状態や依頼人と振込先（第三者）との関係等を十分に調査のうえ，行内稟議・承認を得て取り扱う必要がある。

なお，振込承諾書を発行し，輸出手形を買い取って承諾書どおりに第三者に振込後，ディスクレによる支払拒絶を受けるおそれがある。このため，買取時には船積書類を厳重にチェックし，ディスクレがある場合には買取は行わない。

⑿　P. P. ネゴ（Post Payment Negotiation）

P. P. ネゴ（プリテンド・ネゴや資金受領後買取ともいう）とは，信用状付の輸出手形をただちに買い取らず，信用状に従って，対外的にはあたかも手形を買い取ったようにして，信用状発行銀行宛て書類を送付し，発行銀行や補償銀行から資金受領後（補償を受けた後）に輸出者に手形代り金を支払う取扱いである。銀行には立替金利が発生しないので顧客からは金利節約のために依頼を受けることがある。

ただし，リンバース方式の場合，一般に輸出者への代り金支払は発行銀行の書類点検前となるので，資金立替えによる与信リスクが発生する。このため，P. P. ネゴは通常の輸出手形買取と同様の与信対応が必要である。

信用状なし輸出為替

〈学習上のポイント〉

D/P・D/A 手形の買取とは，輸出荷為替手形を海外に取立に出す際に，銀行がその手形を買い取り，手形代金の回収前に対価として代金を支払うことであるが，買い取らない場合は「D/P・D/A 手形の取立」として業務を買取と区分している。対外的には買取も取立も同じであり，買取も取立も取立統一規則が適用される。

1．信用状なし輸出為替について

過去問題
・2024年3月 問16, 問29
・2023年10月 問30
・2022年10月 問17

①　関係者の法律関係

信用状なし輸出為替（＝ D/P・D/A 手形の買取 / 取立）取引における買取 / 取立依頼人と仕向銀行（買取銀行または取立銀行）の法律関係は，買取 / 取立依頼人を委任者とし，仕向銀行を受任者とする**委任契約**である。銀行は受任者として**善管注意義務**を負う。

また，仕向銀行とコルレス契約に基づいて行動する輸入地の取立銀行との間にも委任関係にある（図表 4-7 参照）。

一方，輸入者と取立銀行の間には，何ら法律関係はないが，輸出者と輸入者の間では取立統一規則および売買契約に拘束される。

②　船積書類（商業書類）の引渡し条件（URC522 第 7 条）

信用状なし輸出荷為替手形は，輸出者が輸入者を名宛人として振り出す。その手形には D/P 手形と D/A 手形があり，船積書類は D/P 手形では手形の支払と引換えに，D/A 手形では手形の引受と引換えに呈示銀行によって支払人に引き渡される。

●図表 4-7　取立統一規則における関係当事者と法律関係

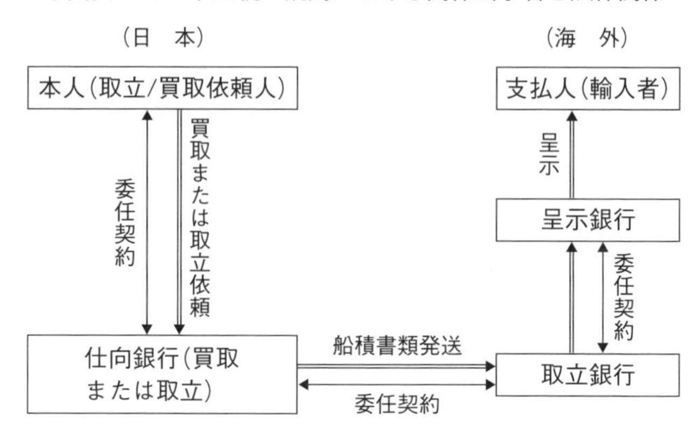

③　D/P・D/A 手形の買取と取立

手形を買い取るか取り立てるかは，取引先の依頼およびそれを受ける銀行の対応次第であるが，それによって与信が発生するかしないかに分かれる。URC522 の適用については，買取と取立に関係なく対外的には取立であるので同規則に従って取り扱う必要がある。買取・取立の両依頼書には URC522 を適用する旨の印刷文言がある。

2. D/P・D/A 手形の買取

(1)　買取依頼人と買取銀行の間の権利・義務関係

前項でも説明したとおり，D/P・D/A 手形の買取上における買取依頼人と買取銀行の間の権利・義務関係は委任関係にあり，URC522，外国向為替手形取引約定書および買取依頼書の指図文言によって決まる。

過去問題
・2024年3月 問16
・2023年3月 問19

(2)　D/P・D/A 手形買取の与信上の留意点

D/P・D/A 手形の買取は，信用状のような銀行の支払確約がないため，信用状取引より与信上のリスクが大きくなる。また，D/P・D/A 手形の決済は支払人の支払能力に依存するほか，輸入国のカントリーリスクにも影響を受ける。このため最終的には，買取依頼人の信用に依存して買い取る与信行為となる。

したがって，買取依頼人および手形支払人の信用状態，輸入国のカントリーリスクに十分注意し，必要に応じて物的担保を受け入れ，場合によっては保証人を立てさせるほか，輸出手形保険を付保する等，買取債権の保全に万全を期す必要がある。

与信採上げ時の留意点については，第4章1節4.「輸出為替取引の与信判断」を参考にしていただきたい。

買取の際には船積書類の譲渡担保としての有効性を点検（後述(3)参照）し，貨物の換価性や市況についても考慮する必要がある。

(3)　船積書類の点検時の留意点

① D/P・D/A 取引では，原則として売買契約書の写しを受け入れて，商品名・数量・金額・支払条件等を船積書類と照合する。不一致があれば契約違反を理由とした支払拒絶を受けるおそれがあるので取立扱いにするか，もしくは訂正できるものは訂正を求める。

②買取依頼書に記載の書類通数の確認および手形・船積書類の必要記載事項と書類相互間の記載事項を照合する。

③船積書類の譲渡担保としての有効性を点検する。

一方，買取のためには，下記の内容が必須となる。

(イ)船荷証券が全通呈示され，かつ，荷受人欄が指図式で輸出者の白地裏書があるか，または荷受人が取立銀行であること。

(ロ)航空運送状の場合は，荷受人が取立銀行となっていること。

つぎのような場合は，輸入者は手形の引受や支払をする前に貨物を引き取ることができ，輸出貨物に対する銀行の譲渡担保権が

過去問題
・2023年3月
問19

確保できないので，買取前の稟議でそれらの取扱いの承認を得ていることを確認する必要がある。

- 船荷証券の１通または全通が輸出者から輸入者宛てに直送されている。また，航空運送状の荷受人が輸入者となっている。
- 上記のほか，船積書類によって貨物が担保されていない。

⑷ 船積書類の海外宛て発送

D/P・D/A 手形の買取後は，取立指図書となる書類送付状を作成して，手形と船積書類を取立銀行宛て発送する。取立指図書には URC522 準拠文言と，同規則に規定されている必要記載事項，および顧客の依頼事項を記載しなければならない。

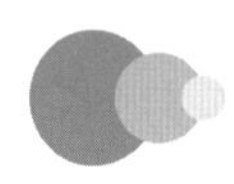

3. 輸出手形保険制度

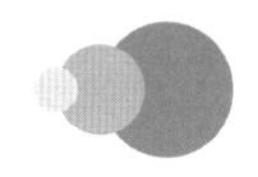

⑴ 輸出手形保険制度とは

過去問題
・2023年10月
問18，問46

輸出手形保険制度とは，日本政府全額出資の㈱日本貿易保険（NEXI）が運営と引受をしている貿易保険の１つである。

輸出手形保険は，輸出貨物代金の回収のために振り出された荷為替手形が不渡りになった場合に，不渡事由が輸出者の責めに帰さないことを条件として，その手形の買取に応じた銀行の損失を日本貿易保険がてん補する保険である。

このように銀行が被る損失をてん補することで銀行の荷為替手形の買取上の不安を取り除き，これによって輸出者に金融上の利便性を与えることを目的としている。

輸出手形保険は，主に信用状を伴わない D/P・D/A 手形を対象

●図表 4-8　輸出手形保険の仕組み

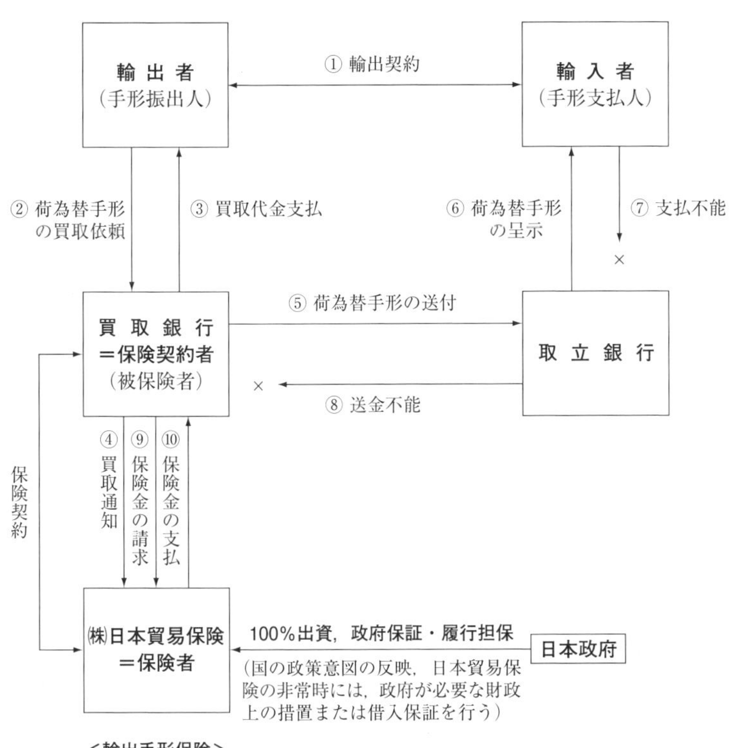

としているが，信用状付荷為替手形も対象としている。

輸出手形保険の保険契約者および被保険者は買取銀行である。このため保険料は銀行が納付するが輸出者に転嫁する。

輸出手形保険は，日本貿易保険が買取銀行に対して支払った保険金の範囲内で輸出者に買戻請求をしてはならないとすることにより，銀行と輸出者を一団として保護救済する制度となっている。

(2)　輸出手形保険制度の概要

①輸出貨物代金の回収のため振り出された荷為替手形で，船荷証

過去問題
・2022年10月
問19

第4章
輸出為替

券等の運送書類によって手形上の権利が担保されており，かつ，保険関係の成立要件（後述）を備えている荷為替手形を買い取った場合が保険の対象となる。したがって，保険の対象は，本邦で加工，生産，集荷された貨物の輸出に限られ，仲介貿易や銀行が買取していない手形はこの保険の対象外である。

②銀行は手形の買取日から起算して5営業日以内に「**輸出手形保険荷為替手形買取通知書**」を日本貿易保険に提出すれば，買取日にさかのぼって保険関係が成立する。

③カントリーリスクの増大した国は「**特定国**」に指定され，輸出手形保険の引受条件や個別事前承認の取得が義務付けられている。

④塡補される危険は，**非常危険**（輸入制限や戦争等のカントリーリスクなど，取引当事者の責任ではない不可抗力的な危険）と，**信用危険**（支払拒絶や支払人の倒産などの取引当事者の責任により発生する危険）である。

⑤最高保険金額は，非常危険および信用危険ともに，銀行が買い取った手形金額の95％である。

⑥手形買取後に手形の内容に重大な変更（＝**内容変更**）が生じた場合には，日本貿易保険に通知して承認を受けなければならない。具体的には，手形金額，決済通貨，手形支払人，手形満期，支払条件，仕向国，支払国，の7つの変更の場合である。

⑦すでに振り出され，または買い取られた手形が，当該荷為替手形の振出時に定められた満期（原満期）に不払となった後，同一支払人宛ての新たな荷為替手形が同一振出人によって振り出され，同一銀行によって買い取られた当該手形が，支払人の債務不履行により保険事故となった場合のことを**オーバー・デュー**という。支払人の信用悪化を知りながら新たな荷為替手形を買い取り，付保したことにより保険事故が生じたものとし

て原則として保険者免責となる。

このため，輸出手形保険に付保する買取にあたっては，オーバー・デューとならないよう，買取の都度，自行で買取済みの同一支払人の手形の決済状況を確認する必要がある。

(3)　輸出手形保険の成立要件（輸出手形保険運用規程１条の１）

①船積日の翌日から起算して３週間以内に買い取った荷為替手形であること。

②荷為替手形の支払人が，買取時において，**海外商社名簿**におけるＧグループまたはSAの格付であること。また，EE, EA, EMまたはEF格の場合，日本貿易保険から**個別保証枠確認**について書面で交付を受けていること。

③日本貿易保険が指定した者以外の者を手形関係人とする荷為替手形であること。

④日本貿易保険が輸出手形保険の引受要件等について定める国または地域（＝特定国）以外の国または地域を支払国または支払地とした荷為替手形であること。

⑤手形金額は，特定国等，各国・地域ごとに制限がある場合には当該制限金額内であるほか，500億円以下であること。

⑥手形の買取日から満期日までの期間が720日以内の荷為替手形であること。

(4)　輸出手形保険を付保して買い取る時の確認事項（輸出手形保険運用規程２条）

銀行は，買取に際して前記の成立要件のほか，つぎのことも確認する必要がある。

①手形金額がインボイス金額以内であること。

②船荷証券，航空運送状等の運送書類が添付されており，かつ，

第４章
輸出為替

過去問題
・2024年3月 問15
・2023年3月 問12

貨物の荷受人は手形の取立銀行であること。ただし，船荷証券が全通揃っている場合はこの限りでない。

③輸出者が海上保険を付保する輸出契約の場合，十分な保険で付保されており，かつ，戦争・ストライキ約款付の保険証券が添付されていること。

④信用状付荷為替手形を付保する場合は，つぎのこと（付保適格性）が備わっていること。

(イ)信用状は取消不能信用状で，発行銀行の支払確約があり，船積書類は信用状条件に一致していること

(ロ)手形の名宛人が，発行銀行，確認銀行，補償銀行のいずれかであること

(5) 日本貿易保険の免責事項

つぎの場合には，**日本貿易保険の免責**となり，保険金の全部または一部が支払われないことになる。

①買取銀行の故意または重大な過失により生じた損失

② D/P 手形の支払前，および D/A 手形の引受前に貨物の引渡しがなされたことによる損失

③荷為替手形の支払人が振出人の本支店，または振出人と特定の資本関係や人的関係にある場合に，当該手形の振出人または支払人の責めに帰すべき事由により生じた損失

④買取銀行が事実を告げず，または真実でないことを告げたとき

⑤銀行が輸出手形保険約款の条項に違反したとき

(6) 保険事故発生と保険金請求

過去問題
・2024年3月 問46
・2022年10月 問19

①銀行は，保険事故が発生した場合（満期に不払い，または遡求を受けて償還したとき）には，「輸出手形保険損失発生通知書」を満期日または事故発生日から 45 日以内に日本貿易保険へ提

出しなければならない。

②保険事故が生じたときは，銀行は遅滞なく手形上の権利行使，および付属貨物の保全等，債権の損失軽減のためのいっさいの合理的措置を講じなければならないという「損失防止軽減義務」がある。また，輸出者は買取銀行と協力しながら損失防止・軽減に努める必要がある。

③買取銀行は，損失発生の通知後，事故確認日または手形満期日から９か月以内に保険金請求を行わない場合には，日本貿易保険は保険金を支払わないことになっている。

④買取銀行は，保険金請求後も輸出者と協力して債権回収に努めなければならないという権利行使義務を負い，その履行状況を３か月ごとに日本貿易保険に報告する義務がある。

⑤万一，手形事故が発生した場合には，代金回収義務を履行するために，輸出者は日本貿易保険の**サービサー回収制度**を利用することができる。

(7)　貿易一般保険と輸出手形保険の違い

貿易一般保険は輸出契約を行ってから船積までの間に輸入者の倒産（信用危険）や輸入国の紛争等（非常危険）が発生した場合にも保険でカバーされるので，大型設備の輸出など船積に時間がかかる輸出には輸出手形保険よりも貿易一般保険のほうが適している。

●図表 4-9　貿易一般保険と輸出手形保険の大きな違い

	貿易一般保険	輸出手形保険
契約者（被保険者）	輸出者	手形買取銀行
船積前リスク	カバーされる	カバーされない
カバーされる金額	80%～95%	95%

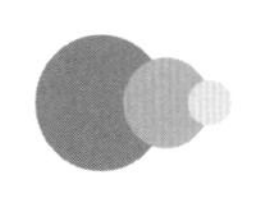

4. D/P・D/A 手形の取立

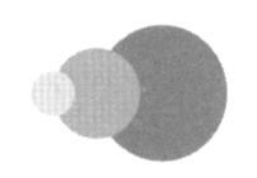

過去問題
・2022年10月
問17, 問18

D/P・D/A 手形を買い取らず取立扱いとする理由には，輸出者に資金的な余裕がある場合や，支払地のカントリーリスクがある，輸出手形保険の付保ができない，信用状付で重大なディスクレがある，与信上買取ができないなど，さまざまである。

D/P・D/A 手形の取立については，銀行は取立依頼を受けた受任者として，取立依頼人の指図と URC522 に則り，善意に行動し，かつ相応の注意をもって取り扱う必要がある。

①「信用状なし荷為替手形取立依頼書」には，URC522 に準拠して取扱われることに同意する旨のほか，支払人に関する情報や船積書類の明細などが記載されている。

②取立依頼書には，書類の引渡条件，呈示銀行の明細，取り立てられるべき手数料や利息とそれを放棄してよいか否かの指図，支払や引受のない場合の指図，支払拒絶証書作成の要否等の情報も記載する必要がある（URC522 第 4 条，第 24 条）。

③銀行は，前記①②の情報に加え，取立代金の自行宛て支払（送金）方法を自行の取立銀行宛ての書類送付状（カバーレター）に取立指図として，正確・明瞭に記載することが重要となる。

④手形・船積書類の点検においては，つぎの点を確認する。

(イ)船積書類の通数は取立依頼書の記載どおりであること

(ロ)手形要件が充足していること

(ハ)船積書類の署名が必要なものは署名があること

⑤「外国向為替手形取立規定」には，銀行には付帯荷物の保全などの義務はない旨が規定されている。

なお，D/P・D/A 手形の取立は，外国向為替手形取引約定書の徴求は不要である。

4 輸出金融

〈学習上のポイント〉

船積前の金融として輸出前貸がある。輸出前貸は基本的には国内融資と異なるところはない。ただ，荷為替という担保が付いていない。このため通常の与信判断ポイントに加え，船積の実現性と融資代金のフローの把握が重要となる。

経済のグローバル化により，大型の輸出案件や新興国向けの輸出案件が今後とも増加していくと思われ，国際協力銀行の輸出金融の活用等について取引先に関与できる知識が求められる。ここでは輸出金融の概略について理解できるようにしよう。

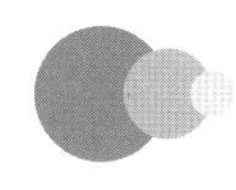

1. 輸出前貸

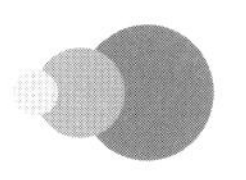

過去問題
- 2024年3月 問3, 問19
- 2023年10月 問4, 問19
- 2022年10月 問4

国内円金融である輸出前貸は，銀行が企業に対して輸出商品の生産・加工・仕入に要する資金を融資する船積前輸出金融である。この融資は船積前に行われるので「輸出前貸」と呼ばれており，輸出手形買取までの短期のつなぎ融資（ひも付融資）である。

輸出前貸の稟議にあたっては，第4章1節4.「輸出為替取引の与信判断」で述べた与信判断を行うとともに，輸出者の契約履行能力や輸出契約の実現性および，輸出商品・部品の仕入れを資金使途とする場合には，仕入先への支払条件，仕入先との売買契約と信用状との整合性もチェックして，輸出前貸の回収に支障が生じないようにする。

融資実行を決定した際には，信用状付輸出の場合は，輸出為替の持ち込みを条件とするひも付き融資として，輸出者から当該信用状の原本を預かり買取時まで自行で保管する。また，売買契約書と輸出信用状との整合性を点検して，買取時のディスクレを防ぐ必要がある。信用状なし(D/P・D/A 条件）の場合にも，売買契約書を確認して慎重に取扱可否の検討を行う。

輸出前貸は通常，手形貸付で行われる。また，為替リスク対策としてインパクトローン（外貨貸付）による輸出前貸の取扱いをすることもある。

融資実行後は，融資資金の目的外流用が行われないよう留意する。

輸出前貸の融資期限は，当該輸出手形の買取予想時期にあわせて設定する。そして，融資実行後，輸出手形の買取が早まっても，融資期限まで回収を延期せず（融資の返済期限のいかんにかかわらず)，当該輸出手形を買い取った場合には，外国向為替手形取引約定書（7 条：前貸債務の弁済）を根拠として買取代り金で輸出前貸の回収（相殺）を行う。

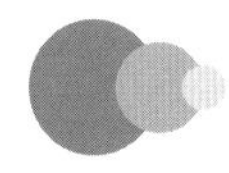

2. 輸出関連の保証

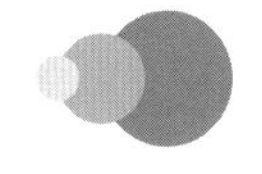

過去問題
・2023年10月問46
・2022年10月問47

輸出関連の保証には主としてつぎのものがある。

① 入札保証（Bid Bond)

入札制度をとっている輸出契約の場合，輸出者（入札希望者）が入札保証金を現金で積む代わりに，銀行が輸出者の依頼で保証状(入札保証状）を発行する。輸出者が落札したにもかかわらず輸出契約を締結しなかった場合に，銀行が輸入者（入札開催者）に対して違約金として保証金額を支払うことを保証する。

② 契約履行保証（Performance Bond)

主に大型プラント輸出や海外建設工事等の輸出で，輸出契約締結時に契約が忠実に履行されることを保証する目的で銀行が発行する。輸出者が契約を履行しなかった場合には，輸入者はこの保証状に基づいて違約金として保証金額を限度に資金請求できる。

③　**前受金返還保証（Refundment Bond）**

船舶やプラントの延払輸出など取引完結まで長期間を要する契約では，輸出者は輸入者に前受金を要求することが多い。しかし，輸出者の契約不履行が発生した（輸出できなくなった）場合には輸入者から受け取っていた前受金の返還が要求される。この場合に，前受金を輸出者から輸入者に返還することを銀行が輸出者の依頼で輸入者に対して保証する目的で発行する。

④　**見返保証（Counter Guarantee 裏保証ともいう）**

外国の銀行に保証状の発行を依頼する際に差し入れる保証状である。外国の銀行はその見返保証状に基づいて，受益者に保証（表保証）状を発行する。

3. 国際協力銀行の輸出金融

政府系金融機関で国際金融に特化して行う**国際協力銀行**（JBIC）の輸出金融の概略を説明する。国際協力銀行の輸出金融は，主として開発途上地域向けの1年超の延払融資で，**バイヤーズ・クレジット**と**バンクローン**という形態で民間金融機関と協調して行う中長期の輸出金融（**協調融資**）である。なお，特定分野については先進国向けも取り扱っている。

日本企業によるプラントや船舶，鉄道，航空機などの輸出や技術の提供に必要な資金を融資対象とする。融資形態は，外国の輸入者に対して直接融資される方法の「バイヤーズ・クレジット」と，外国の金融機関に対して直接融資される方法の「バンクローン」がある。

国際協力銀行の融資比率は60％が限度で，残りは民間金融機関が協調融資する。融資金額や金利，融資期間等の融資条件は，「OECD 公的輸出信用アレンジメント」に基づき決定される。

① バイヤーズ・クレジット

外国の輸入者に対して直接融資される方法である。

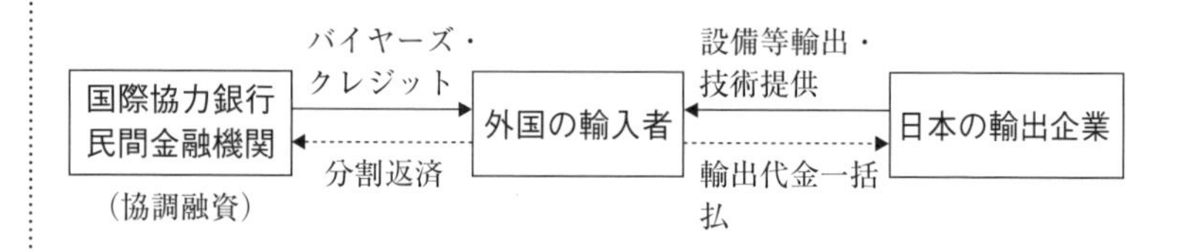

② バンクローン

外国の金融機関に対して直接融資される方法である。

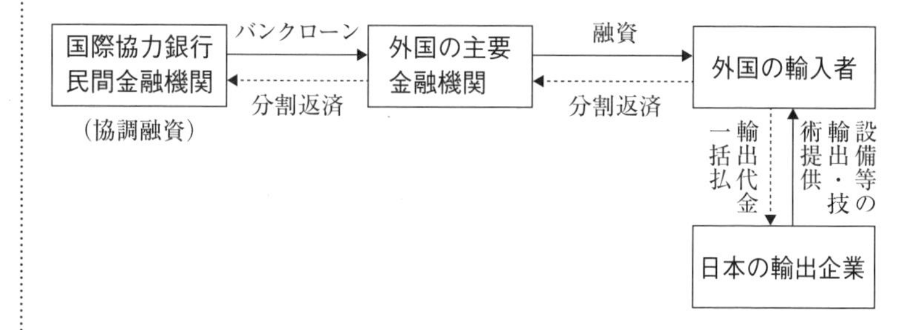

第5章

輸入為替

1. 信用状付輸入為替
2. 輸入ユーザンス・その他輸入金融
3. T/R と L/G
4. 輸入B/C（信用状なし輸入為替）

信用状付輸入為替

〈学習上のポイント〉

この章では，前章までで学んだUCP600の規定や輸出為替の知識を活かして学習をすすめていただきたい。そして，この1節では，輸入代金の銀行の条件付支払確約書となる信用状を発行する際に，与信上および事務処理上，どのような点に留意すべきか，じっくり考えながら理解していこう。

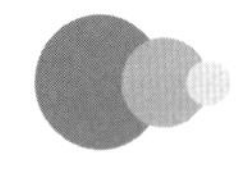

1. 信用状に基づく輸入取引の流れ

過去問題
・2022年10月 問22

輸入者は，輸入契約の締結前にマーケティング調査を行うことはもちろん，輸出者が契約どおり船積を履行できるかどうかという懸念をもつことから，輸出者の信用調査を行うとともに，日本国内の輸入規制等についても十分に調査をする必要がある。

日本国内の輸入規制（輸入制度）については，第1章4節2.「貿易に関する規制」で説明したとおり，経済産業省が告示する「輸入公表」において，輸入割当（IQ）品目，2号承認品目，2の2号承認品目，事前確認品目，通関時確認品目，と5つに分類されて輸入に必要な事項が規定されている。

IQ品目のように経済産業大臣から輸入割当を受けた後に輸入承認を受けるものや，事前に農林水産大臣等，それぞれの貨物を管轄する所管大臣の所定の確認を受けることにより承認が不要となるもの（事前確認品目）等，品目によって手続が異なる。

輸入者は輸入契約締結後，輸入信用状の発行の依頼を行う。

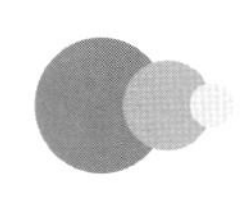

2. 輸入与信判断における留意事項

図表5-1でわかるように，いったん信用状を発行すると輸入者のニーズにより関連するさまざまな与信が発生する。さらに信用状を発行後，輸入者の信用状況が悪化して信用状を取り消そうとしても受益者の同意が必要となる。このため，信用状取引の主たる債務者は発行銀行であるということを念頭に置き，輸入信用状取引の開始にあたっては，つぎのことに留意して与信判断を行う。

①**輸入者の信用状態**…信用状の発行は発行依頼人に対する直接与信であり，発行銀行が信用状に基づいて支払を行った場合，発行依頼人は発行銀行の償還請求に対して直ちに支払うだけの能力があるか，銀行取引状況のほか業況や財務内容等，発行依頼人の信

過去問題
- 2024年3月 問3, 問22
- 2023年10月 問4, 問22, 問25
- 2023年3月 問5, 問29, 問47
- 2022年10月 問4, 問22

●図表5-1　信用状付輸入為替の流れと輸入金融の分類

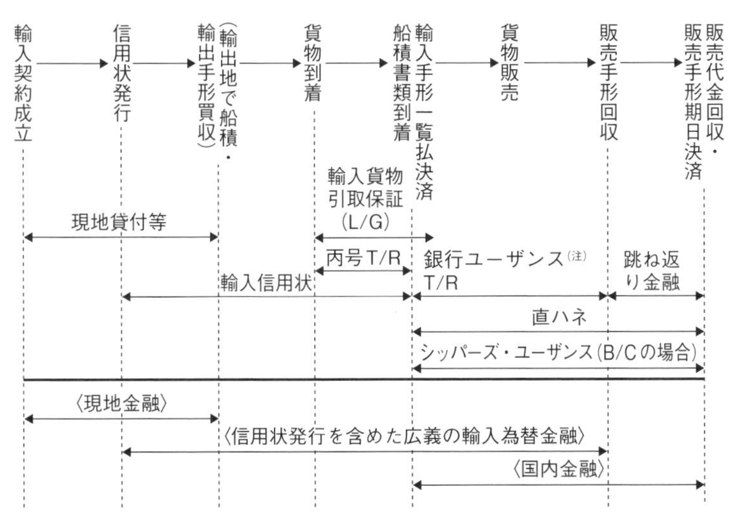

(注)銀行ユーザンス｛本邦ローン(自行ユーザンス)
アクセプタンス(外銀ユーザンス)

第5章　輸入為替

用状態について国内与信と同様の調査が必要である。

②**担保・保証人**…信用状発行銀行は輸入する付帯荷物の担保権はあるが，荷物が善意の第三者に渡った場合にはそれを取り戻すことは容易ではないので，付帯荷物の担保としては二次的なものと考え，発行依頼人の信用状態によっては別途担保・保証人を徴求する等の措置をとることが必要である。

③**販売先の信用状態**…輸入した商品が確実に売れ，販売代金が確実に回収されることが輸入代金決済のための重要な要件となるので，販売先の信用状態の把握も必要である。また，販売先が特定の先に依存していると代金回収リスクが高まることに留意すべきである。

④**輸出者の信用状態**…輸出者が売買契約に違反した船積を行っても，形式上，信用状条件に合致した書類が送られてくれば，発行銀行は支払を拒絶することはできないので，輸出者の信用状態や取引履行能力も調査する必要がある。

⑤**輸入商品の市況や市場性**…輸入商品の市況変動が大きい場合には，輸入者は不測の損害を被るおそれがある。特に販売を見込んで輸入している場合には在庫となるリスクがある。商品の市況や市場性および適正な輸入量かどうかの把握が必要である。

以上のほか，稟議書作成にあたってはつぎのことにも判断・検討する必要がある。

⑥**信用状金額**…信用状金額に ABOUT の付く信用状を発行する場合は，信用状金額の 10％を超えない過不足の許容が認められているので，信用状の最大使用を想定し，信用状金額に 10％プラスして与信額を算定する。

⑦**輸入ユーザンス・跳ね返り金融の要否等**…国内販売先からの販売代金回収条件を聴取し，輸入ユーザンスや跳ね返り金融等の要否とそれらの期間の妥当性を判断する。販売先からの受取手形

は，入手後に銀行に差し入れてもらう。

⑧ B/L 直送許容等による自行の債権保全上不利な信用状条件…信用状がB/Lの一部または全部を輸入者宛て直送する条件，Air Waybill や Sea Waybill の荷受人を輸入者とする条件，またはサレンダードB/L(注)を要求する条件，これらの条件付の信用状を発行すると輸入決済前に輸入者によって貨物が引き取られることとなる。その結果，輸入貨物に対する発行銀行の担保権が確保できなくなるので，このような条件を許容する場合には，与信保全面においてより慎重に検討し，稟議で承認を得る必要がある。

⑨為替リスク…外貨建輸入で円安になれば輸入者の取引採算が悪化し，業績に影響する。ひいては銀行の与信にも影響をもたらす。このため輸入者がとる為替リスク対策や，為替相場の変動に耐えうる先なのか等について注意を払う必要がある。

なお，信用状発行後に輸入者から為替予約の申し出を受けた場合には，当該輸入与信とは別に新たな与信判断が必要である。

(注) サレンダードB/Lは，船会社がB/Lを発行のうえ輸出者に交付し，輸出者が裏書後，船会社が直ちにそのB/L全通を回収（元地回収）し，B/Lを回収した旨を輸入地の船会社に連絡して荷受人（輸入者）に貨物の引渡しを行うよう，指図する方法をとる。連絡を受けた輸入地の船会社は輸入者に連絡をとり貨物を引き渡す。これによって，輸入者は通常よりも早く貨物を引き取ることができる。
輸出者には“Surrendered”と表示されたB/Lのコピーが手渡され，銀行の買取に持ち込まれる。輸入者は貨物の引取に際してはB/Lの写しやサレンダードB/Lの写しの提示は不要である。銀行はB/L全通が呈示されないのでB/L一部直送条件と同様の与信リスクがある。

3. 輸入与信極度の設定

継続的に輸入為替取引がある取引先の場合，銀行は取引先から信用状の発行等，与信の申し出の都度，個別に稟議・与信判断をして

過去問題
・2024年3月
問22

いたのでは煩雑であり，取引先の申し出に迅速に対応することができず，取引推進上も好ましくない。そこでこのような場合には与信を「**極度扱い**」として設定する。

極度の設定にあたっては，与信判断は中長期的な視点に立ち，取引先の経営が安定していることや，担保・保証人等の与信保全状況，取引状況等を踏まえて，既往の与信残高ピークや今後の輸入額等を予想する必要がある。

極度の継続・更新を行う場合には，輸入商品や国内販売先などが極度の当初設定時と同じでも，商品の市況や販売先の業況に変化があるのが通常であるため，再度，新規設定時と同様の与信判断を行う。

与信極度の設定後，輸入為替の持込が急増し，極度を超過する場合には，他行との取引に変化がないかも含め，事情を取引先に聴取して極度増額の検討を行い，それが困難な場合にはつぎのような方法を検討してみる。

①すでに発行している信用状のバランスキャンセルの可否

②与信を伴わないB/Cベースや送金ベースへの切替え

③信用保証協会のL/Cパック（輸入与信保証制度）利用の可否

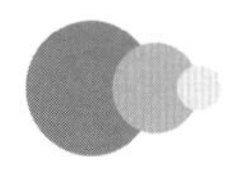

4. 信用状取引約定書等の受入れ

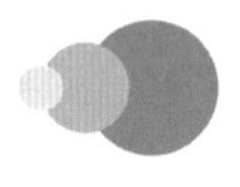

新規に信用状付輸入為替取引を行う場合には，銀行取引約定書や信用状取引約定書等を徴求する。信用状取引約定書には，付帯荷物の譲渡担保条項，信用状発行依頼人の償還債務や諸費用の負担，発行銀行の免責事項等，輸入信用状取引に関する重要な取引約定が規定されている（第2章1節2.「信用状取引約定書」参照）。

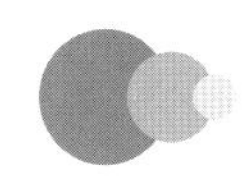

5. 輸入信用状発行依頼書の点検と信用状発行時の注意点

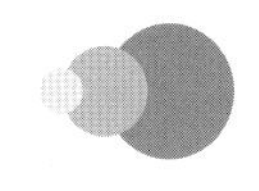

過去問題
・2023年10月 問2, 問25
・2023年3月 問22
・2022年10月 問4, 問24

ISBP821の『事前に理解しておくべき事項』には，「発行銀行は，信用状や条件変更の使用を可能にするために必要な方法または望ましい方法で，その指図を補完したり発展させたりすることができる。発行銀行は信用状や条件変更が，取引条件において曖昧でないまたは食い違わないようにすべきである」とし，信用状取引のベースとなる信用状を正確かつ明瞭に発行することを求めている。

輸入信用状発行依頼書の点検および信用状の発行にあたっては，UCP600やISBP821に基づき，つぎの事項にも留意が必要である。

①　外為法上の適法性の確認

適法性の確認は，信用状発行依頼書や条件変更依頼書の受付時点で行う。確認にあたっては，依頼書の受益者・通知銀行・商品名・船積港・原産地等により行い，規制対象国ではないことを確認する（第1章4節3.「適法性の確認義務」参照）。

②　OFAC規制についての確認

OFAC規制（米国の外国資産管理法による規制：第2章2節4.「OFAC規制」参照）に抵触しないかを信用状発行依頼書や条件変更依頼書で確認する。

③　信用状に契約書等のコピーを添付しての発行は回避する

売買契約書などのコピーを信用状の一部として信用状に添付するような依頼があれば，依頼人には原則として回避するよう依頼する（UCP600第4条b項）。

④　行内の取扱い承認条件の確認

信用状の内容が行内稟議で承認を得た条件を逸脱していないか，自行の債権保全上不利な条件の有無を確認する。B/Lの輸入者宛て一部直送条件やAir WaybillまたはSea Waybillの荷受人が信用状発行依頼人であれば，発行銀行が荷物の担保権を確保できないので承認が必要となる。

⑤　**信用状に不備・矛盾があってはならない**

信用状の記載事項に不備・矛盾はないか，要求書類と建値との関係や運賃表示等（CIF 条件や CIP 条件では保険証券を要求，FOB 条件では B/L の運賃表示が Freight Collect とする等）を確認する。

⑥　**リンバース方式の場合の補償授権書の発行**

他行を補償銀行とするリンバース方式の場合は，補償銀行宛てに補償授権書（R/A：Reimbursement Authorization）を発行する（URR725 第 6 条 a 項）。

⑦　**TTR 可否の文言を明記**

TTR（TT リンバースメント）可否を表示しないで発行すると TTR 可能とみなされるので，TTR を許容しない場合は禁止（Prohibited）の文言を明記する（URR725 第 10 条 a 項 i）。

⑧　**支払承諾勘定の起票**

発行銀行は信用状の発行により，受益者に対して補償債務を負い，その勘定処理として，貸方に「**支払承諾勘定**」を起票し，同時に発行依頼人に対する償還請求権を持つこととなり，借方に同額で「**支払承諾見返勘定**」を起票する。

借方	貸方
支払承諾見返 （輸入信用状口）	支払承諾 （輸入信用状口）

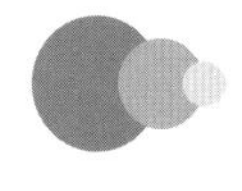

6. 信用状の発行方法

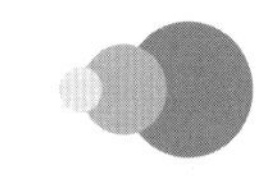

発行した信用状を海外のコルレス銀行宛てに送る方法は，つぎの 3 種類がある。なお，Cable とは通信手段であるスイフトを意味する。信用状の発行方法は UCP600 第 11 条の規定を遵守して行う。

① Full Cable：スイフトで送信し，それ自体が効力のある信用状原本とみなされる。

② Short Cable With Airmail：信用状の主要部分のみを通知するもので，発行の予告（プレ・アドバイス）となる。発行銀行はプレ・アドバイスを発信する場合は，それと不整合でない条件で効力のある信用状を遅滞なく発行する必要がある。

③ Airmail：信用状を航空郵便（またはクーリエ便）で送付する。それ自体が効力ある信用状原本とみなされる。

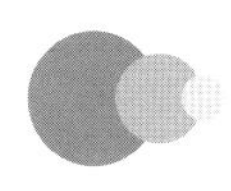

7．信用状の条件変更

過去問題
・2023年10月
問22

信用状の条件変更（アメンド）を受け付けた際には，信用状金額の増額や信用状の有効期限の延長など，与信内容の変更を伴うことも多いので，当初の取扱認可条件内の条件変更であることを確認し，そうでなければ条件変更に対する稟議が必要となる。

信用状の減額・取消・有効期限の短縮や商品・建値の変更等，受益者に不利な条件変更を行う場合には，**受益者の同意（Beneficiary's Consent：略称ベネコン）**を取り付ける。

条件変更依頼書の点検にあたっては，当初の信用状条件と矛盾しないかや次の点もチェックする。

①増額または減額の条件変更の場合，原信用状金額から加減した結果，条件変更依頼書に記載の合計額（making a total amount）と一致しているか。

②船積期限から有効期限までの期間が当初の呈示期限との矛盾はないか，等。

条件変更の通知にあたっては，UCP600 第 9 条～ 11 条の規定にも遵守して行う。

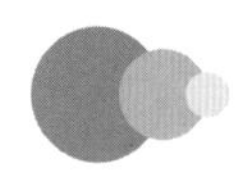

8. 信用状付輸入為替の到着

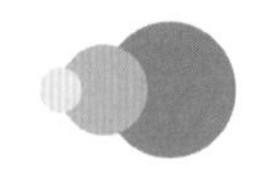

過去問題
・2024年3月 問29

買取銀行から送られてきた書類を接受した場合には，送付状記載の書類通数の確認や書類が「充足した呈示：Complying Presentation」となっているかを直ちに点検する必要があり，その点検方法は輸出手形買取時の点検と基本的にはまったく同じである。

発行銀行の船積書類の点検基準は，UCP600 第 14 条（書類点検の標準）および第 29 条（有効期限または最終呈示日の延長）に規定されている。

書類の点検を終えると，**書類到着通知書（Arrival Notice）**にインボイス 1 通を添付して，外為センターから営業店等を通して輸入者に交付し，輸入為替の決済または輸入ユーザンス手形の振出を求めるのが一般的な事務の流れである。

なお，書類到着通知書にセットされている書類は，通常，「輸入船積書類受領書の用紙，輸入ユーザンス手形（約束手形）の用紙，輸入担保荷物貸渡（T/R）のための輸入担保荷物保管証の用紙，ディスクレがある場合はその処理の回答書」である。

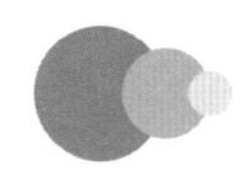

9. ディスクレ発見時の対応

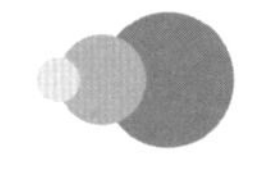

過去問題
・2024年3月 問23
・2023年10月 問23

接受した輸入船積書類にディスクレを発見した場合には，UCP600 第 16 条の規定に従い，つぎの要領で対応する。

① UCP600 第 16 条 b 項では，発行銀行は呈示が充足していないと決定した場合は，発行銀行自身の判断でオナーまたは買取を拒絶することができるとしている。このように UCP600 では発行依頼人宛てのディスクレ諾否の照会を発行銀行には義務づけてはいない。

一方，同条では，呈示が充足していない場合には，権利放棄（諾否）について発行依頼人に連絡をとることができるとしている。これにより，実務上はディスクレの内容を列挙した専用文書または書類到着通知書を発行依頼人宛て呈示し，書類の引取を行うかどうかの回答を求め，その回答に従って対応している。

②発行依頼人の依頼により，オナーすることを拒絶すると決定した場合には，書類到着日（＝買取銀行の呈示日）の遅くとも翌日起算5銀行営業日以内に，その旨をテレコミュニケーションにより買取銀行宛てに**一度限りの通告（Single Notice）**を行う必要がある。

③前記の一度限りの通告には，拒絶していること，すべてのディスクレの内容，書類は指図待ちとして保管中であるか返却中であるか，について明記する必要がある。

④発行依頼人のディスクレに対する諾否の回答（ディスクレの主張の放棄：waiver）を期限内に受け取ることができなかった場合には，発行銀行の判断により支払拒絶の通知ができる。

⑤発行依頼人が銀行に遅滞なく応諾の回答をした場合でも，債権保全を必要とするような相当の事由が生じたときは，発行銀行はディスクレの諾否の有無にかかわらず支払拒絶の通告をすることができる（信用状取引約定書10条）。

⑥後述するL/Gや丙号T/RまたはB/Lの輸入者宛て直送等によって輸入者がすでに荷物を引き取っている場合には，ディスクレを理由に支払拒絶はできない（信用状取引約定書11条）。

⑦発行銀行または確認銀行は，UCP600第16条（ディスクレパンシーのある書類，権利放棄および通告）の定めに従わない場合には，書類が充足した呈示となっていない旨を主張することはできない。

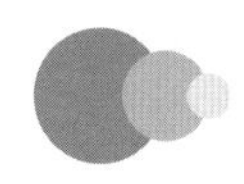

10. 信用状付輸入為替の決済

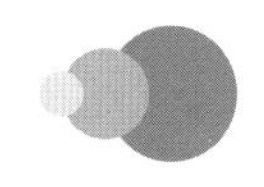

(1) 輸入者から徴求する書類と買取銀行宛て補償

輸入者からは「輸入船積書類受領書」および，ディスクレがあった場合にはその回答書を受け入れ，ディスクレが応諾されていることを確認する。また，本邦ローン（自行ユーザンス）を供与する場合には，それらに追加して輸入ユーザンス手形（約束手形）とT/Rのための「輸入担保荷物保管証」を受け入れる。

書類にディスクレがないか，ディスクレがあっても発行銀行としても支払拒絶はしないと決定した場合には，すみやかに買取銀行宛て補償を行う。

買取銀行宛ての補償については，リンバース方式の場合には，買取銀行が発行銀行指定の補償銀行宛て補償請求を行っていることを送付状で確認する。レミッタンス方式（回金方式）の場合には，買取銀行が船積書類とともに送付してくる補償請求（Reimbursement Claim）の指図に従って代り金の送金を行う。

(2) 輸入為替決済時の適用相場

信用状の補償方法が回金方式（レミッタンス方式）や貸記（クレジット）方式の場合には発行銀行に立替利息が発生しないので，TTS相場を適用する。一方，借記（DEBIT）方式やリンバース方式の場合は立替利息が発生するので，Acceptance相場を適用する。

(3) 船積書類の交付

一覧払決済ないし本邦ローンの供与を実行するとともに，B/Lに裏書を行い船積書類一式を手交する。Air WaybillやSea Waybill

●図表5-2 信用状付輸入為替の決済・金融方式

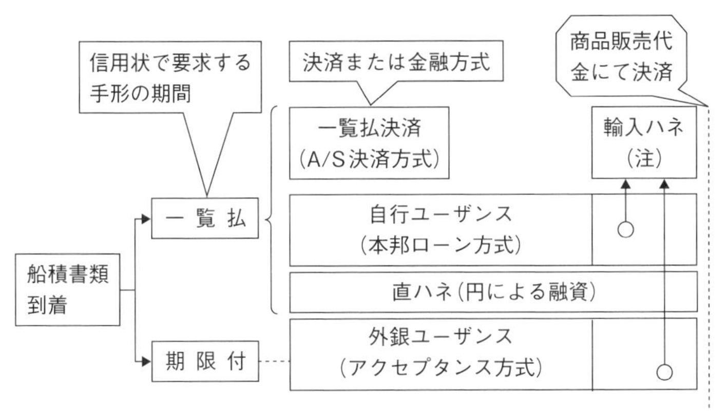

（注）自行ユーザンスや外銀ユーザンスは，輸入者の資金事情等により，それらの期日に輸入ハネ（輸入跳ね返り金融）にシフトされる場合もある。

〔支払承諾勘定の引落〕

① 一覧払現金決済をするとき

借方	貸方	借方	貸方
支払承諾（輸入信用状口）	支払承諾見返（輸入信用状口）	顧客預金勘定	外国他店預け

② 本邦ローン（自行ユーザンス）を供与するとき

借方	貸方	借方	貸方
支払承諾（輸入信用状口）	支払承諾見返（輸入信用状口）	取立外国為替	外国他店預け

③ 上記②の本邦ローンの期日に本邦ローンを決済するとき

借方	貸方
顧客預金勘定	取立外国為替

で荷受人が信用状発行銀行の場合はリリース・オーダー（貨物引渡指図書）を交付する。

(4) 支払承諾勘定の引落

対外決済（買取銀行宛て補償）を行えば，信用状発行時に起票した「支払承諾勘定」を引き落とす必要がある。

⑸ 輸入信用状のバランスキャンセル

発行した信用状の有効期限が経過すれば，受益者に対する支払確約の補償債務が消滅するので，信用状の未使用残高の引落しを行う。一般的には信用状の有効期限や当該信用状に基づく手形の決済日から一定期間経過後を基準として，銀行のシステムにより自動で引落処理されている。

11．信用状付輸入為替における銀行関係手数料の負担者

過去問題
・2023年10月 問21
・2023年3月 問22，問28

通知銀行の手数料や補償銀行の手数料，ユーザンス手形の引受手数料，割引料など，すべてのBanking chargesは，信用状に負担者区分が明示されていない場合は，発行依頼人の負担となる（UCP37条，信用状取引約定書7条）。

【UCPとURRの銀行関係手数料に関する規定】

①別の銀行にサービスの履行を指図した銀行は，自行の指図によって別の銀行で発生した手数料を負担する責任を負う（UCP600第37条c項）。

②信用状条件に“All banking charges and reimbursing charges outside Japan are for account of the beneficiary”と記載されている場合は，日本国外で発生するすべての銀行手数料および補償銀行の手数料は，信用状の受益者負担となる。

ただし，手数料は受益者負担と明示している場合でも受益者が支払わなければ発行銀行が負担し，最終的には輸入者に請求される（UCP600第37条c項）。

③補償銀行の手数料は発行銀行の負担である。しかしながら，それを受益者負担とする場合は，その旨を信用状と補償授権書に明記すべきである（UCP600第13条b項，URR725第16条）。

輸入ユーザンス・その他輸入金融

〈学習上のポイント〉

ユーザンス（Usance）とは「支払猶予」を意味し，一般には貿易において輸入者の輸出者への支払が，販売代金回収までの一定期間猶予されることをいう。輸出手形の買取が輸出金融の大部分を占めるのに対して，輸入では自行ユーザンス（本邦ローン）が広く利用されている。銀行ユーザンスの多くはT/Rとともに発生し，事務処理において留意すべきことが多くあるので，しっかり理解しよう。

1. 輸入ユーザンスの概要

過去問題
・2022年10月 問29

輸入者は，銀行から輸入書類の到着通知を受けてもすぐに決済できるとは限らない。輸入者は輸入貨物を手に入れ，それを加工・販売して販売代金回収後，その資金で輸入決済に充当するのが通常である。このため輸入船積書類の到着時から販売代金回収時までの金融が必要となるが，その際の金融方式が「**輸入ユーザンス**」である。

輸入ユーザンスは，輸入代金の支払猶予，つまり貨物の輸入に際して銀行または輸出者が輸入者に対して一定期間，輸入手形の支払を猶予することである。

輸入ユーザンスは，誰がユーザンスを供与するかによって，銀行が供与する場合の「**銀行ユーザンス**」と，輸出者が直接輸入者にユーザンスを供与する場合の「**シッパーズ・ユーザンス**」に大別できる。銀行ユーザンスは，さらに自行ユーザンス（本邦ローン），自行アクセプタンス，外銀ユーザンスの3つに分類できる。

●図表 5-3　輸入ユーザンスの分類

輸入ユーザンス
- 銀行ユーザンス
  - 自行ユーザンス（本邦ローン）
  - 自行アクセプタンス（自行手形引受）
  - 外銀ユーザンス（外銀アクセプタンス）
- シッパーズ・ユーザンス…信用状なしD/A取引で発生

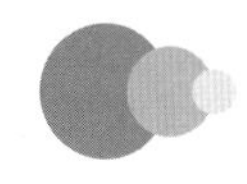

2. 自行ユーザンス（本邦ローン）

(1) 自行ユーザンスとは

過去問題
・2023年10月 問29
・2023年3月 問27
・2022年10月 問28

自行ユーザンス（本邦ローンともいう）とは，本邦の銀行が輸入者に代わって輸入の対外決済を行い，輸入者に対して一定期間，支払を猶予し，対外決済資金の貸付を行うことをいう。ユーザンスは信用状付一覧払決済での利用が最も多いが，つぎのような輸入にかかる支払にも利用される。

①信用状なし D/P 手形の決済や D/A 手形の期日決済
②送金ベースの輸入代金決済
③運賃・保険料の支払
④外銀ユーザンスの期日決済
⑤異種通貨ユーザンスの決済

(2) 自行ユーザンス手続

過去問題
・2024年3月 問28
・2023年10月 問29
・2023年3月 問27
・2022年10月 問28

自行ユーザンスを供与する際には，銀行取引約定書や信用状取引約定書等の基本約定書の受入れを確認するほか，約束手形（ユーザンス手形）に加え，ユーザンスの必要性が確認できる書類（エビデンス）を徴求してユーザンス申し出の妥当性を確認する。

自行ユーザンスを実行後，ユーザンス期日に決済できない場合は，取引先の資金繰りに異常が発生していることも考えられるので，取引先の状況把握に努める必要がある。

なお，自行ユーザンスの期日に決済するときの適用相場は，為替予約がない場合，電信売相場である。

① 信用状付一覧払輸入手形の対外決済の場合

信用状に基づき受益者が一覧払手形を振り出し，船積書類とともに買取銀行から送付を受けた発行銀行は，輸入者の依頼で自行ユーザンスを供与する。輸入者からは，船積書類受領書，ユーザンス期間を表示した輸入手形と同一通貨建ての約束手形，および甲号T/Rが伴うので「**輸入担保荷物保管証**」を徴求する。

自行ユーザンスの与信開始日（ユーザンス手形の振出日）は，原則，輸入担保荷物貸渡（T/R）実行日とする。そして，対外決済（買取銀行宛補償）を行い輸入者には手形期日まで支払を猶予する。

なお，仲介貿易の輸入取引に対して，自行ユーザンスを供与する場合は，輸出取引（売り契約）サイドの輸出為替手形を買い取っていないことが条件となる。そして当該輸出手形を買い取る際には，買取代金を自行ユーザンスの回収に充てる。

② D/P手形の決済やD/A手形の期日決済の場合

輸入者からは，船積書類受領書とユーザンス手形（期限付の約束手形）に加え，特甲号T/Rが伴うので「担保差入証兼輸入担保荷物保管証」または「担保荷物保管に関する約定書」等を徴求して自行ユーザンスを実行する。

③ 運賃・保険料の支払の場合

輸入にかかわる運賃または保険料の支払のために行う自行ユーザンスであり，「**フレートユーザンス**」と呼ばれることがある。ユーザンスの実行にあたっては，取引先から船会社または保険会社の運賃または保険料の支払請求書，B/Lの写し等を徴求して，ユーザンス申し出の妥当性を確認する。また，ユーザンス供与期限は関係輸入為替のユーザンス期限内とする。船会社・保険会社宛ての支払は，取引先から送金依頼書を受けてその指図に基づき行う。

なお，当該輸入契約が，例えばFOB条件の場合，輸入者は輸入貨物代金の支払に加え，貨物の運賃や保険料を別途支払う必要があり，その資金としてこのユーザンス申し出を受ける。それとは反対に輸入契約がつぎの場合には，運賃または保険料が輸入者が支払うべき輸入貨物代金に含まれているので，このユーザンス供与の対象外となる。これらは受入書類で確認する必要がある。

【運賃・保険料ユーザンス取扱いの対象外となる取引条件】

(イ)運賃の支払…CIF建，CFR建等，運賃込み建値の場合

(ロ)保険料の支払…CIF建，CIP建等，保険料込み建値の場合

(ハ)運賃または保険料…前払いの場合

④　送金ベース輸入代金決済（送金ユーザンス）の場合

船積書類が輸出者から輸入者宛て直送される送金ベースの輸入貨物代金支払のときにも，輸入者からの依頼で送金資金を一定期間，貸し付けて，貸付代金で送金する。輸入者からは専用のユーザンス取扱依頼書，インボイス写し等の貨物の明細を示す書類，B/L等の船積完了を示す運送書類の写し，約束手形等，および外国送金依頼書を徴求して自行ユーザンスを実行するが，資金使途が輸入貨物代金の支払であることをインボイス写し等で確認して取り扱う。

⑤　異種通貨ユーザンスの場合

異種通貨ユーザンスとは，自行ユーザンスを供与する場合に，当該輸入為替の対外決済通貨とは異なる通貨でユーザンスを供与することをいう。取扱いにあたっては，輸入者から異種通貨にコンバート（変換）後の通貨による外貨金額で約束手形や輸入担保荷物保管証を徴求する。異種通貨ユーザンスは，例えば到着した手形の通貨が豪ドルの場合に，輸入者が金利や為替動向を勘案して米ドル建てでユーザンスを受けたほうが有利と判断した場合に利用される。

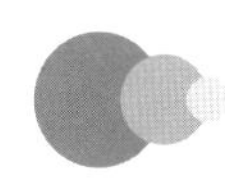 3. 外銀ユーザンス 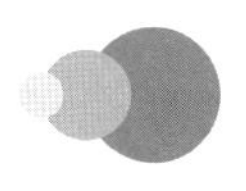

外銀ユーザンス（外銀アクセプタンスともいう）は，輸出者振出による信用状発行銀行のコルレス銀行を名宛人（支払人）とする期限付為替手形を当該コルレス銀行が引き受けることにより，輸入者に対して手形期日までの一定期間，支払いを猶予する方式である。

この外銀ユーザンスを利用するためには，信用状発行銀行が，あらかじめニューヨークなどのコルレス銀行との間で手形引受に関するコルレス契約を結んでおき，輸出者に当該コルレス銀行を手形引受人（名宛人）とする期限付手形を振り出すことを条件とした信用状を発行する。また，信用状にはユーザンス利息にあたる割引料と引受手数料の輸出者・輸入者負担区分も明記して発行する。

「例：Discount charges are for account of beneficiary. Acceptance commissions are for account of beneficiary.」

買取銀行は，買取後に信用状に従い船積書類を発行銀行宛て送付するとともに期限付手形は名宛人宛て送付して引受を求める。

一方，発行銀行は引受銀行(名宛人)から引受通知を受領すると，外貨建約束手形をユーザンスの見返りとして輸入者から徴求する。また，発行銀行は外銀ユーザンスの期間，外銀に対する支払債務と対顧客見返債権として「支払承諾・見返(引受口)」勘定を起票する。

引受銀行は手形期日に信用状発行銀行の預り金勘定から手形金額を引き落として手形の決済を行う。一方，発行銀行は見返手形の期日に輸入者から決済を受けて，このユーザンスが完了する。

 4. 自行アクセプタンス 

自行アクセプタンスとは，信用状に基づき，海外の輸出者が本邦の信用状発行銀行宛てに振り出した期限付為替手形を信用状発行銀行が引き受けて，期日に買取銀行に手形代金を支払うことにより，輸入者が手形期日までの一定期間，支払の猶予を受ける方式のユーザンスのことをいう。

外銀ユーザンスは，コルレス先の外銀が引受を行うのに対して，この自行アクセプタンスは信用状発行銀行自身が引受を行う。

5. シッパーズ・ユーザンス

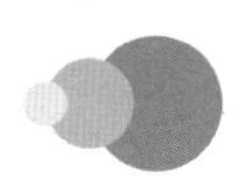

過去問題
・2023年10月 問29
・2023年3月 問28
・2022年10月 問29

シッパーズ・ユーザンスとは，輸入者が海外の輸出者（シッパー）から直接，信用供与を受けて一定期間，輸入貨物代金の支払猶予を受けることをいう。このユーザンスの仕組みは，信用状なしD/Aベース取引において，輸出者が振り出した期限付手形（一覧後60日や船積後90日などのD/A手形）を輸入者が引き受け，手形の期日まで支払の猶予を受けるものである。簡単にいえば「手形を引き受けてくれれば支払は○○日後でいいよ」ということである。

したがって，輸入者にとっては資金負担がなく，信用状発行手数料も節約できて大変都合の良い条件であるが，輸出者にとっては逆に輸入者の信用リスクと資金負担を負う条件である。このため，輸出者の資金力と輸入者の信用力が十分であることが前提であり，両者が親密な取引関係にあるとか，資本関係のある企業同士あるいはグループ企業間の取引に利用されることが多い。

6. 輸入跳ね（ハネ）返り金融

過去問題
・2023年3月 問27
・2022年10月 問29

(1) 輸入跳ね返り金融

輸入者が自行ユーザンス（本邦ローン）を利用していても，その返済期日までに販売先から販売代金を回収できない場合や，販売先から受領した受取手形の期日が自行ユーザンス期日より後のことがある。この場合，跳ね返り金融による円融資の代り金で自行ユーザンスを決済する対応が一般的である。つまり，自行ユーザンス期日に外貨建金融から円建金融に跳ね返るので「輸入跳ね返り金融」と呼ばれている。

融資は原則として自行ユーザンスの期日に手形の割引（**商手割引**）で行う。その理由は T/R の輸入担保荷物保管証等の約定主旨からして，また，輸入者の資金繰りが悪化し，受取手形を他の支払に流用したり他行で割引を受けていると，手形貸付であれば二重金融となるおそれとなるからである。

販売代金未回収の場合には，やむを得ず手形貸付で行うが，その場合，販売代金回収条件や輸入者と販売先の信用状態を再チェックするなど，慎重な与信判断が必要となる。なお，手形貸付による場合には，原則として回収した受取手形を譲渡担保として徴求する。

(2)　直ハネ

直ハネとは，一覧払条件で輸入した書類が到着後，自行ユーザンスを利用せずに，その決済資金を一定期間円貨で融資することをいう。融資は手形貸付形式で行う。

7．その他輸入金融

「輸入金融」とは，貨物の輸入にかかわるすべての金融をいう。信用状ベースの輸入では，信用状の発行から始まり，輸入荷物引取保証（L/G）や丙号 T/R，自行ユーザンス，さらには跳ね返り金融等があり，これらの輸入金融は連続して発生する。

また，銀行が自行またはコルレス先を通じて，商社等の海外現地法人等に対して行う「**現地貸付**」のうち，対日輸出物資の買付資金や前払資金にかかわる資金の融資は，本邦からみると輸入金融の一部と考えられる。つまり，本邦企業の貨物の輸入のために，本邦の銀行等が海外現地企業の輸出にかかわる資金を貸付あるいは保証する場合にも，広い意味では輸入金融といえる。

さらに，商社等の海外現地法人が，本邦の銀行が発行するスタンドバイ・クレジット（下記）を担保として現地で運転資金や設備資金を調達する場合，借入金が対日輸出資金のときには，スタンドバイ・クレジットの発行は本邦からみると一種の輸入金融といえる。

(1)　スタンドバイ・クレジット（Standby Credit）

過去問題
- 2024年3月 問46
- 2023年10月 問15, 問47
- 2023年3月 問46
- 2022年10月 問29

わが国企業の海外支店や現地法人が，現地の銀行から借入や保証を受ける際に，わが国企業（親会社等）が取引銀行に対して，その債務を保証する目的で現地の銀行を受益者とする信用状の発行を依頼するが，それによって発行される信用状を**スタンドバイ・クレジット（スタンドバイ信用状）**という。借入金使途が対日輸出資金の場合には，これも一種の輸入金融といえる。

なお，スタンドバイ・クレジットには，それに対応した国際ルールである国際スタンドバイ規則（ISP98）がある。しかしながら，スタンドバイ信用状の多くはUCP600に準拠して発行されているのが実情である。

(2)　レッドクローズ付信用状（Red Clause Credit）

レッドクローズ付信用状とは，輸入信用状の発行銀行が買取の権限を授権した指定銀行に対して，受益者に輸出前貸を行う権限を与えている信用状のことをいう。“レッドクローズ”と呼ばれるのは前貸の授権の条項が信用状面に赤字で記載されるためである。

レッドクローズ付信用状に基づいて輸出前貸を行った銀行は，信用状条件を充足した書類の買取依頼があれば買取代金で輸出前貸の回収を行うこととなるが，書類の呈示がなければ発行銀行が代わって債務の弁済をしなければならない。

レッドクローズ付信用状は，通常の荷為替信用状に前項のスタンドバイ・クレジットを組み合わせたようなもので，UCP600には規定されていない。このような信用状の発行は，輸出者が集荷資金を必要としている場合が多いようであるが，本邦の輸入でごく稀に発生する程度である。

(3) 信用保証協会の信用保証付の輸入制度融資

信用保証協会が銀行の輸入与信を「L/Cパック」という名目で保証する制度がある。東京信用保証協会など，全国にある信用保証協会の保証を得て融資を実行し，その融資代り金で定期預金を作成する。そして，その定期預金を担保にして輸入信用状の発行から後続する輸入与信（輸入担保荷物引取保証や輸入ユーザンス，跳ね返り金融等）が可能となる。保証期間は1年以内で無担保の保証限度額を8,000万円としているところが多い。

この制度は，主として中小企業や担保余力の乏しい企業，個人事業者などに利用されている。

(4) 国際協力銀行の輸入金融

第4章4節3.で「国際協力銀行の輸出金融」を取り上げたが，同銀行では輸入金融についても民間金融機関との協調融資により取扱われている。融資対象は国民経済の健全な発展のために必要な物資（石油，天然ガス，石炭等のエネルギー資源や鉄鉱石・レアメタル等の鉱物資源のほか航空機等）の輸入となっている。

3 T/RとL/G

〈学習上のポイント〉

T/RもL/Gもどちらも銀行の担保となっている貨物の貸渡し（T/R）が伴うが，その2つはどこが違うのか，それぞれの目的と必要性，およびT/RとL/Gの与信リスクについて，正確に理解しておこう。

また，銀行が連帯保証人とならないシングルL/Gについても併せて理解しておこう。

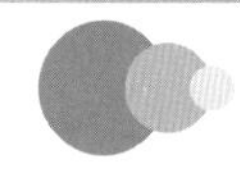

1. T/R（輸入担保荷物貸渡）

過去問題
- 2024年3月 問27
- 2023年3月 問26
- 2022年10月 問25

T/R（Trust Receipt）とは，銀行が輸入与信の譲渡担保として所有権を有している輸入貨物を輸入手形の決済前に輸入者に貸渡すことをいうが，輸入者が荷物の貸渡しを受けるために銀行に差し入れる「**輸入担保荷物保管証**」のこともT/Rと呼んでいる。

⑴ T/Rの留意点

T/Rの仕組みは，銀行が荷物に対する担保権を失わずに荷物を輸入者に貸渡し，その売却代金をもって輸入の決済に充当させるという方法である。このT/Rの実行により貸渡した輸入荷物が輸入者により売却された場合，銀行は当該荷物を買い取った善意の第三者には法的に対抗できない。また，銀行の担保となっている荷物を手放して輸入者に貸渡すので実質的には無担保与信となる。したがって，輸入者の信用状態や担保保全状況等を十分に確認して取り扱う必要がある。

なお，T/Rや後述するL/G等，引渡し方法のいかんを問わず，輸入者が付帯荷物の引渡しを受けている場合には，到着した船積書類にディスクレがあっても輸入者は支払拒絶ができず，直ちに償還債務を負担（決済）しなければならない（信用状取引約定書11条）。

(2)　T/Rの種類

T/Rは，銀行が供与する荷物の処分権の程度により，輸入貨物の陸揚，通関，倉入，付保，売却までのすべてを許容する**甲号T/R**，倉入までを許容する**乙号T/R**，船積書類到着前に航空便により輸入貨物が到着したときに貸渡しを行い，貨物の売却までのすべてを許容する**丙号T/R**（Airway T/R），およびB/Cベース（信用状なし取引）のユーザンスを実行した際に供与する**特甲号T/R**に分類できる。このうち乙号T/Rは売却まで認めないので実際には利用されることはほとんどない。

(3)　甲号T/R

甲号T/Rが発生するのは，船積書類到着後に信用状付の自行ユーザンス（本邦ローン）を供与する際である。つまり，甲号T/Rは自行ユーザンスと同時に発生する与信行為となる。この甲号T/RはT/Rとしての機能が十分に活かされ，輸入者にとっては輸入代金のユーザンスを受け，かつ銀行の代理人として貨物の売却まで任されるので，T/Rの中では最も多く利用されている。甲号T/R実行の際には，甲号T/R用の輸入担保荷物保管証を受け入れる。

【甲号T/R用の「輸入担保荷物保管証」の主な内容】

①輸入者が保管中の付属荷物および船荷証券（B/L）は，輸入手形の支払未了中は，銀行の譲渡担保となっている。

②当該船荷証券に記載されている荷物の陸揚・通関・倉入・売却等

過去問題
・2024年3月 問27
・2023年10月 問27

は，すべて輸入者は銀行の代理人として取扱い，荷物売却の場合にはその売却代金は直ちに銀行に差し入れる。

③当該荷物の受渡は現金払を原則とするが，もし手形で受け取る場合には，荷物引渡前に手形関係人名を銀行に通知して銀行の承諾を得ることとし，受け取った手形は遅滞なく銀行に差し入れる。その手形の取扱いは銀行の随意である。

④銀行の承諾を得て当該荷物を倉庫に倉入する場合には，他の荷物と区別して，銀行のために特に設備した場所に保管し，銀行の請求があればいつでも銀行に返戻する。

⑤当該荷物の火災保険その他必要な損害保険いっさいは保険価額の最高額まで付保し，保険金は保険会社より直接銀行へ支払われるよう，あらかじめ保険会社と契約することとする。

⑥当該荷物について生じた傷害・損失は，すべて輸入者が負担することは勿論，銀行が担保に不足が生じたと認めた場合には，輸入者は銀行の請求があれば保証金・代り担保もしくは増担保を差し入れる。

⑦本証に記載のない事項は，信用状取引約定書の各条項に従う。

(4) 丙号 T/R（Airway T/R）

過去問題
・2023年10月 問23

信用状発行銀行を荷受人とする輸入航空貨物を船積書類到着前に輸入者に貸渡し，売却までを許容する取扱いである。この丙号 T/R は，航空貨物は到着したが船積書類が銀行に未着の場合に，貨物を早期に引き取りたいという輸入者のニーズで申し出がある。

【航空貨物の輸入者への引渡手続き】

航空貨物が輸入地に到着すると，航空会社またはその代理店は，荷受人となっている銀行宛てに貨物到着案内書と図表 5-4 のようなリリース・オーダー（Release Order：貨物引渡指図書）の用紙

●図表 5-4 リリース・オーダーの見本

ORIGINAL
No. 0154
RELEASE ORDER
DATE: NOV.18, 20XX

TO: *NEW JAPAN AIR SERVICE CO., LTD.*
RELEASE OF SHIPMENT UNDER AIR WAYBILL NO. K-78
(Ref. MAWB:)

GENTLEMEN:
YOU ARE KINDLY REQUESTED TO DELIVER THE ABOVE MENTIONED SHIPMENT
CONSIGNED TO US TO MESSRS THE KOBE TRADING CO., LTD. 輸入者名
OR THEIR DESIGNATED CUSTOMHOUSE BROKER WHO IS AUTHORIZED TO SIGN
DELIVERY RECEIPT OF THE AIR WAYBILL ON OUR BEHALF.
YOURS VERY TRULY,

THE A B C BANK, LTD.,
NAME OF BANK KOBE BRANCH
SIGNATURE J. Ishi MANAGER

を送付してくる。そこで輸入者からは，通常，丙号 T/R 用の輸入担保荷物保管証，インボイスおよび Air Waybill の写しを徴求する。そして，リリース・オーダーに銀行が署名して輸入者に交付する。輸入者はそのリリース・オーダーを航空会社またはその代理店に提出すれば，本人確認を受けて貨物の引取りができる。

丙号 T/R 用の輸入担保荷物保管証には，書類が到着次第，手形金額を支払うという条項が記載されている以外は甲号 T/R 用の内容とほとんど同じである。書類到着後に自行ユーザンスを供与する場合には甲号 T/R 用の保管証に切り替える必要がある。

2. L/G（輸入担保荷物引取保証）

(1) L/G とは

B/L（船荷証券）がなくても船会社から貨物を引き取れる便利な方法がある。それは L/G（輸入担保荷物引取保証）という方法で

ある。L/Gとは，輸入者がB/Lを船会社に提出することなしに輸入貨物を引き取るために，船会社に差し入れる**保証状**（Letter of Guarantee：L/G）に銀行が連帯保証人として署名すること，またはその保証状のことをいう。L/Gは「B/L到着前貨物引取保証」や単に「輸入貨物の引取保証」と呼ばれることもある。

⑵ L/Gの必要性

輸入貨物を積んだ本船が到着しているにもかかわらず当該貨物の引取に必要な船積書類が銀行に未着の場合に，貨物を早期に引き取りたいという輸入者のニーズで利用される。特に近隣諸国からの輸入の場合には，船積書類よりも貨物のほうが早く到着するケースが多い。

このような場合に，貨物を早期に引き取らないと貨物の変質・劣化のおそれや，市場価格変動リスク，貨物保管料の負担等がかさむ。一方，銀行にとっても輸入者の販売が遅れたり販売ができなくなると輸入与信の回収に問題が生じる。そこで銀行は輸入者のL/Gの依頼に応じざるを得ないということとなる。このようなL/Gの必要性は前項の丙号T/Rと同じである。

⑶ 与信上の留意点

過去問題
・2024年3月 問3
・2023年3月 問5

①L/Gは，輸入者がB/Lの提出なしで船会社から貨物を引き取ることにより発生する船会社の全損害を賠償する義務，および後日到着するB/Lを船会社に提出する義務を銀行が輸入者と連帯して保証する与信行為となる。

②信用状付輸入為替におけるL/Gは，銀行に担保権のある貨物を輸入者に貸渡すT/Rの与信と，上記で述べた船会社に対する保証という2つの与信が同時に伴う。したがって，L/Gを実行する際には下記のように支払承諾（輸入L/G口）勘定を

起票する必要がある。

また，保証状（L/G）には保証金額や保証期限の記載はされない。つまり船会社に対する無限度・無期限の保証となる。このため，通常，輸入者から徴求したプロフォーマ・インボイス等の金額を保証金額として支払承諾勘定を起票するが，万一，船会社から損害請求を受けた場合には，請求を受けた金額が賠償金額となることに留意する必要がある。

③ L/G の実行後，すでに輸入者が輸入荷物を引き取り，販売先（善意の第三者）に売却済の場合には，T/R と同様に銀行は輸入荷物の担保権を失うこととなる。

(4)　L/G の解除

船積書類到着後，輸入手形の決済もしくは T/R により船積書類は輸入者に交付するが，L/G の解除は，その後，輸入者が船会社から B/L と引換えに受け取った L/G 原本を銀行が回収した後に行う。したがって，船積書類交付後の L/G 解除が長期間放置することのないよう，事後管理する必要がある。

(5)　L/G 取扱時の徴求書類

L/G 実行の際には，基本約定書のほか，一般的にはつぎの書類を依頼人から徴求する。信用状に基づく場合には，インボイス等により自行発行の信用状に基づく輸入であることを確認する。

①輸入担保荷物引取保証依頼書（通常は裏面に L/G に関する約定の記載がある）

②船会社所定の保証状用紙（英文フォーム）

過去問題
・2023年10月 問4
・2022年10月 問4

③貨物の明細と船積完了のエビデンス（証拠）として，インボイスおよびB/LのNON-NEGOTIABLE COPY等

(6)「輸入担保荷物引取保証についての約定書」の主な内容

①当該貨物は担保として銀行が所有するものであり，その陸揚，通関，入庫，保険等の手続ならびに売却の行為は，銀行の代理人として処理し，また，貨物は他の貨物と判然区別して銀行のために保管する。

②輸入者は，銀行から当該輸入手形の呈示があり次第，直ちに引き受け，期日に遅滞なく支払う。

③銀行が船会社に対して損害賠償その他の債務を負担した場合は，貨物の価格の如何にかかわらず，輸入者は直ちにこれを銀行に弁済する。

(7) 到着した書類にディスクレがあった場合

過去問題
・2023年10月問23

L/G実行後，到着した船積書類にディスクレがあっても，T/Rのときと同様に輸入者は書類引取の拒絶はできず，直ちに引受・決済をしなければならない（信用状取引約定書11条2項）。

3. B/Cベース（信用状なしの輸入為替）のL/G

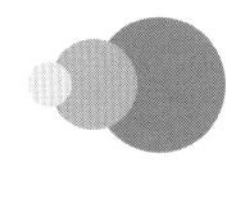

B/CベースのL/Gは下記のように多くの問題点があり，問題が発生した場合にはL/Gを取扱った銀行が全責任を負うこととなる。このようにL/CベースのL/Gに比べ与信リスクがはるかに大きく，やむを得ず取り扱う場合には，船積書類が自行に確実に送られてくることが確認でき，かつ信用のある取引先に限定するのが通常である。また，必要に応じて，輸入者から仕向銀行を聞き出して仕向銀行に取立内容を照会するのが望ましい。

なお，B/C ベースの丙号 T/R もこの L/G と同じ下記の問題点があるので，原則，取扱いは回避すべきである。

【B/C ベース L/G の問題点】

①他人（輸出者または輸出手形を買い取った銀行）の貨物を，輸出者が振り出した手形の引受・支払の前に輸入者の取引銀行が無断で輸入者に引き渡すこととなる。

②仕向銀行の取立指図が不明で，結果として仕向銀行の指図を無視することとなる。

③取立金額が不明で，引取保証の金額を照合する資料に乏しい。

④後日，B/L を含む船積書類が自行に確実に送付されてくるかが不明である。

4. シングル L/G

シングル L/G とは，輸入者が単独で署名した船会社宛ての荷物引取保証状により船会社から貨物を引き取る行為，またはその保証状のことをいう。信用状に基づく輸入の場合，輸入貨物は銀行の担保となっており，発行銀行の知らない間に勝手に輸入者によって貨物を引き取られることは発行銀行として容認できるものではなく，銀行は船会社と輸入者にクレームをつけるとともに，場合によっては別途担保保全措置を講じる必要がある。

なお，輸入者に船積書類到着通知書を発送しても長期間にわたり決済の申し出や T/R の依頼がない場合には，シングル L/G により担保荷物が引き取られている疑いがあるので注意を要する。

輸入 B/C（信用状なし輸入為替）

〈学習上のポイント〉

輸入 B/C で取立銀行として最も重要なことは，仕向銀行から取立委任を受けた者として，仕向銀行の取立指図を正確に読み取って事務処理を行うことである。第4章3節で述べた「信用状なし輸出為替」を想起しながら，第1章2節3. で取り上げた「取立統一規則（URC522）」の規定をしっかりと理解し，本節を学ぼう。

1. 輸入 B/C の基本事項

過去問題
・2024年3月 問16
・2022年10月 問27

輸入 B/C とは，海外の仕向銀行から本邦で支払われる手形・小切手の送付を受けて代金の取立を依頼され，支払人から代金を取り立て，仕向銀行宛て支払を行う一連の取引をいう。

本邦の取立銀行と海外の仕向銀行の関係は，銀行間のコルレス契約に基づき，法的には仕向銀行を委任者，取立銀行を受任者とする委任関係にある。

輸入 B/C の取立にあたっては，仕向銀行の取立指図に基づき，かつ，URC522 の定めに従ってのみ行動し，D/P 手形の取立や D/A 手形の引受が遅延しないよう，善良なる管理者の注意をもって取立委任事務にあたる義務（善管注意義務）がある。

なお，B/C ベースでも丙号 T/R（輸入航空貨物を船積書類到着前に輸入代金が未決済のまま輸入者に引き渡す）の顧客ニーズがあり，取扱い後に問題が発生すれば，取立銀行は善管注意義務違反を問われるリスクがある。

2. 到着した書類の取扱い

(1)　取立指図の内容点検

過去問題
・2024年3月 問30
・2023年10月 問5
・2023年3月 問25
・2022年10月 問27

取立銀行は，仕向銀行から送られてきた書類が取立指図に記載されているとおりであることを確認しなければならず，もし不足書類があればその旨を仕向銀行宛てスイフト等，迅速な方法で照会する必要がある（URC522 第 12 条 a 項）。

取立銀行は前述の書類の通数確認以上の点検義務はなく，仕向銀行から受け取ったとおりの書類を呈示するものとされている（URC522 第 12 条 c 項）。ただし，手形の形式や B/L の署名・裏書の有無，同一船積の書類であることの確認等，必要最低限のチェックは必要である。

また，取立指図が不明確あるいは取立指図に従うことができない場合には，直ちに仕向銀行にスイフト等，迅速な方法で通知のうえ，仕向銀行の指図に従って取り扱い，決して仕向銀行の指図とは異なる取扱いを行ったり，支払人からの申し出に応じたりしてはならない。

なお，仕向銀行宛てのスイフト等による事前の通知を省略して，送られてきた書類をなんらかの理由で仕向銀行宛てに一方的に返送することはできない。

取立銀行として重要なことは，船積書類の点検よりも取立指図書（仕向銀行のカバーレター）の点検が重要であり，仕向銀行の送付が 1 便なのか 2 便なのか，URC522 の準拠文言の有無，D/P・D/A の区分，利息や手数料の取立指図の有無，拒絶証書の作成要否，決済代金の送金先の記載の有無のほか，その他特別な指図の記載がないかがチェックポイントとなる。

⑵　適法性の確認

規制対象取引ではないことを，B/C の書類到着時点で信用状発行依頼書の受付時の適法性の確認と同様の方法で行う。

⑶　自行海外支店からの取立

輸出地の自行海外支店で買い取られて B/C の書類送付を受けた場合は，自行債権の保全の立場から，支払人（輸入者）の手形決済能力を把握しておく必要がある。

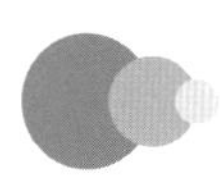

3. 書類の到着通知

輸入船積書類の点検後，船積書類到着通知書（Arrival Notice）にインボイス 1 通を付けて，営業店を通じて支払人宛て船積書類の到着通知を行う。その際，D/A 条件の場合には，引受を得るために輸出者振出の手形も添付する。

4. 輸入 B/C の引受・決済，船積書類の引渡し

過去問題
・2024年3月 問3, 問29, 問30
・2023年10月 問30
・2023年3月 問28
・2022年10月 問29

D/P（支払渡し）条件の場合には手形代り金の支払と引換えに，D/A（引受渡し）条件の場合には手形の引受と引換に，船積書類を輸入者に引き渡す。将来の期限付手形を含む取立指図に D/P や D/A の明示がないときは，D/P 条件として取り扱う。

それぞれの書類引渡条件に応じた取扱い方法はつぎのとおりである。下記以外の自行ユーザンスの供与や T/R・L/G に関する基本的な考え方は，本章の 2 節と 3 節で説明したとおりである。

① D/P 手形（一覧払条件）の現金決済の場合

顧客勘定を引落して決済のうえ，輸入船積書類受領書を徴求し，船積書類を手交する。仕向銀行への支払（対外決済）は，取立指図書に記載の指図に従う。

② D/P 手形（一覧払条件）で自行ユーザンスを供与する場合

ユーザンス取扱いの稟議承認済みと外国為替取引約定書等の徴求済みを確認する。また，輸入船積書類受領書のほか，約束手形および「担保差入証兼輸入担保荷物保管証」を徴求して，自行ユーザンスを実行し，輸入者に船積書類を手交する。約束手形の振出日は，T/R（輸入担保荷物貸渡）の実行日となる。

③ D/A 手形を引受された場合

輸入船積書類受領証と引受済手形を徴求して船積書類を手交する。そして，手形期日に支払人より手形代金を受け入れる。

【引受済手形の点検】

輸出者振出の手形裏面に，引き受けた旨，および引受日と支払期日を記載し，支払人の署名または記名捺印を受け（手形法に準拠），自行に届出済みの署名・印鑑との照合を行う。

「輸入 B/C の勘定処理」

輸入 B/C においては，L/G（輸入担保荷物引取保証）を実行するとき以外は，支払承諾勘定を起票することはない。また，期限付手形を輸入者が引き受けた時にも勘定処理（起票）はしない。

① 輸入 B/C の決済時（D/P 手形の現金決済）

（借方）	（貸方）
顧客預金勘定	外国他店預け

② 自行ユーザンス（本邦ローン）を供与し，対外決済したとき

取立外国為替	外国他店預け

③ 上記②の自行ユーザンスの期日決済時

顧客預金勘定	取立外国為替

第5章 輸入為替

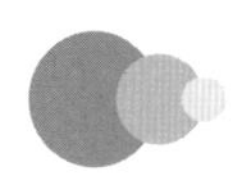

5. D/P期限付手形の取扱い

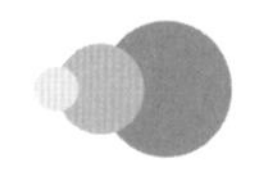

過去問題
・2022年10月 問27

D/P手形は原則として一覧払（at sight）手形とすべきであるが，航海日数が長期にわたる場合には，貨物の輸入港への到着時期を考慮して航海日数を加えた期限付のD/P手形（D/P 60 days after sight等）が用いられることがある。このような手形をD/P期限付手形（D/Pユーザンス手形）という。

D/P期限付手形の場合には，書類到着後，支払人（輸入者）にいったん手形を引き受けてもらい，手形期日を確定させておき，その手形期日に輸入者の支払と引換えに書類を引き渡すもので，引受によって書類を引き渡すものではないことに注意が必要である。

> D/P手形は一覧払(at sight)手形を原則としているが，それにもかかわらずD/P期限付手形が送られてくれば，書類は支払と引換えのみに引き渡され，取立銀行は書類引渡の遅延によって生じる結果について責任を負わない（URC522第7条a項，c項)。

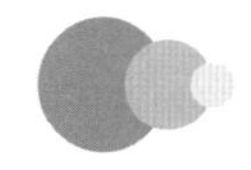

6. 利息・手数料・費用の取立

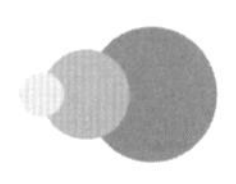

過去問題
・2024年3月 問30

取立指図に利息や手数料・費用を支払人から取り立てるよう（支払人負担と）明示があるが，支払人がそれらの支払を拒絶した場合，呈示銀行はつぎの図のように取り扱う（URC522 第20条，21条)。

この図のように，支払人が利息の支払を拒絶した場合には，取立指図に利息の取立を放棄してはならない旨が明示されていない限り，呈示銀行は利息を取り立てることなく，書類の引渡しを行うことができる。

《取立指図》	《呈示銀行の取扱い》
利息，取立手数料・費用の取立を放棄してはならない旨の明示ある。	書類の引渡しを行わず，書類の引渡しの遅延から生じる結果に責任を負わない。その際，テレコミュニケーション等，迅速な方法で直ちに仕向銀行宛てにその旨を通知する。
上記下線部分の明示がない	利息，取立手数料・費用を取立てることなく，書類引渡条件（D/PまたはD/A）に従って書類を引渡すことができる。

7. Case of need（本人の代理人）

過去問題
・2023年10月 問17

引受拒絶や支払拒絶があった場合の対応として，輸入地の代理人をあらかじめ取立指図の中で指名してくる場合がある。その場合，Case of need（必要な場合の代理人）としての権限が明確かつ十分に記述されていない場合（例えば住所・氏名のみの記載の場合）には，銀行はそのような指図を受理せず，そのような代理人から指図を受けても従わないこととされている（URC522 第25条）。

8. ダイレクト・コレクション

ダイレクト・コレクション（Direct Collection）とは，海外の銀行を経由せずに，輸出者から取立銀行宛てに直接送付されてくる輸入B/Cである。輸出者は自社が作成した取立指図書や輸出者の取引銀行の取立指図書を用いて送ってくる場合がある。

このダイレクト・コレクションについてはURC522の規定にあてはまるものとはいえず，取扱いには予期しないリスクがある。取扱いは原則回避が望ましいが，各銀行のルールに従って取り扱う。

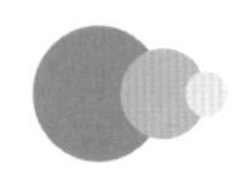

9. 決済管理

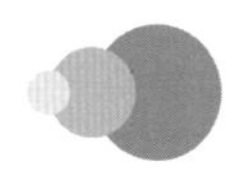

過去問題
・2024年3月問30
・2022年10月問27

取立銀行は，仕向銀行の委任を受けて善良な管理者の注意をもって対応しなければならず（URC522 第 9 条），支払人が長期間，引受や支払またはそれらの意思表示をせずにいることを放置してはならない。仕向銀行からの照会がない場合でも定期的に支払人の引受／支払の意思を確認し，その状況を仕向銀行に通知するよう努めなければならない。

URC522 第 26 条には，取立銀行が取立経過の通知を行う義務について，つぎのように規定している。

【URC522 第 26 条：通知】

①取立銀行は，支払われた場合には，取り立てられた金額，もしあれば手数料等を付した「支払通知」を仕向銀行に遅滞なく送達しなければならない。

②取立銀行は，引き受けられた場合には，「引受通知」を仕向銀行に遅滞なく送達しなければならない。

③取立銀行は，支払／引受の拒絶の事由を確かめることに努め，その結果を仕向銀行に遅滞なく通知すべきである。

④呈示銀行（支払人に対して呈示を行う取立銀行）は，「支払拒絶の通知」や「引受拒絶の通知」を仕向銀行に遅滞なく送達しなければならない。

⑤支払拒絶や引受拒絶の通知を受けた仕向銀行は，書類のその後の取扱いについて適切な指図を与えなければならない。呈示銀行は，支払拒絶または引受拒絶の通知後 60 日以内にこのような指図を受け取らない場合には，呈示銀行の責任なしに，書類を仕向銀行に一方的に返却することができる。

第6章

貿易外取引

1．仕向外国送金
2．被仕向外国送金
3．小切手の買取・取立
4．外貨両替

1 仕向外国送金

〈学習上のポイント〉

外国送金は，貨物の輸入代金の送金はもちろん，さまざまな目的で，かつ，普段あまり取引のない顧客からの送金の依頼もある。そのため関係法令等に基づく確認を細心の注意を払って行う必要がある。また，送金が遅延することも多く，送金トラブルが発生しないよう留意点等をしっかりと理解しよう。なお，本節では送金依頼人を単に「依頼人」と記述している部分がある。

1．外国送金の特徴

過去問題
・2023年10月 問3

外国送金の目的は多種多様であり，送金のために「支払う者から受け取る者へ資金を送る」という，為替取引における「並為替」の仕組みが用いられる。

外国送金の特徴は，①外為法の適用を受ける，②外国との取引であり，関係各国の法令・慣習等に従う取引となる，③異なった通貨との交換が必要となる，④決済は取引１件ごとに決済方法を送金指図に明記して行われ，国内送金のような全国銀行データ通信システムによって日本銀行にある民間銀行の決済勘定を通じた集中的な決済方法はとらない，等がある。

外国送金の場合は関係法令の確認事項が多く，かつ，ちょっとしたミスによって送金が滞り，対応次第ではトラブルにつながることもある。また，輸出入取引とは異なり一見客も多いので，各種法令や行内規程に従って，十分気を付けて事務処理を行う必要がある。

●図表 6-1　送金為替の仕組み

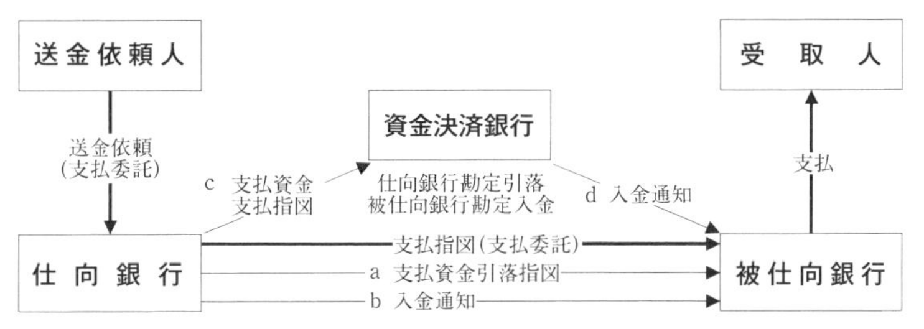

a　被仕向銀行に仕向銀行の勘定がある場合
b　仕向銀行に被仕向銀行の勘定がある場合
c，d　仕向銀行，被仕向銀行が互いに勘定を保有していない場合

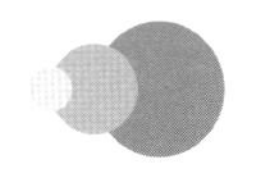

2. 仕向外国送金における関係銀行間の法律関係

送金依頼人と仕向銀行の関係では，外国への送金を委託する**委任契約**となり，仕向銀行は送金が確実に，かつ迅速に遂行されるよう取扱う必要があり，万一，銀行に手違いがあって依頼人に損害を与えた場合は損害賠償の責任を負わなければならない。

仕向銀行は送金依頼人に対して，また，被仕向銀行は仕向銀行に対して，それぞれ委任の本旨に従い，善良なる管理者の注意をもって委任事務を遂行する義務を負うこととなる。

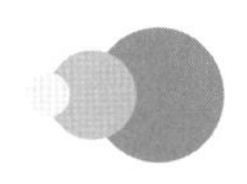

3. 外国送金の種類

送金の種類は，電信送金，普通送金，送金小切手の3種類がある。なお，普通送金を取り扱っている銀行は少ない。

(1)　電信送金（Telegraphic Transfer：TT）

受取人への支払を電信により支払銀行に指示する方法であり，スイフト（SWIFT）を使って送金するため，送金ミス等がなければ早く確実にかつ低コストで送金できる。このため，顧客には極力電信送金を勧める。支払方法は一般的にはつぎの３種類がある。

①　通知払い（Advise and pay）

受取人の取引銀行が不明の場合に，支払銀行に対して，受取人に送金到着の通知のうえ支払うよう委託する方法である。

②　口座振込（Advise and Credit）

受取人の取引銀行に対して，受取人に送金到着の通知のうえ受取人口座に入金するよう委託する方法である。電信送金の中では最も確実な送金方法にて，依頼人には極力口座振込を勧める。

③　請求払い（Pay on Application）

支払銀行に対して，受取人からの請求があり次第，支払指図に記載の受取人であることを確認のうえ支払うよう委託する方法である。このため，支払指図には支払銀行が受取人の本人確認ができる「パスポート番号」を付記する必要がある。

この請求払いでは，受取人がなんらかの事情で支払銀行に出向くことができないなど，やや支払の実行性に問題があり，また送金しても請求払いの取扱いをしない銀行もあるので，依頼人に事情を十分聴取して，できれば取扱いを回避するのが望ましい。

⑵　普通送金（Mail Transfer：ＭＴ）

支払指図（Payment Order）を郵送により行う方法であり，郵送中の紛失リスクがあるため，顧客には極力電信送金を勧める。

⑶　送金小切手（Demand Draft：DD）

送金小切手を作成して依頼人に交付し，依頼人が直接受取人宛て送付する方法である。小切手を受け取った受取人は取引銀行を通じて小切手代金の受取を行う。

●図表 6-2　送金小切手見本

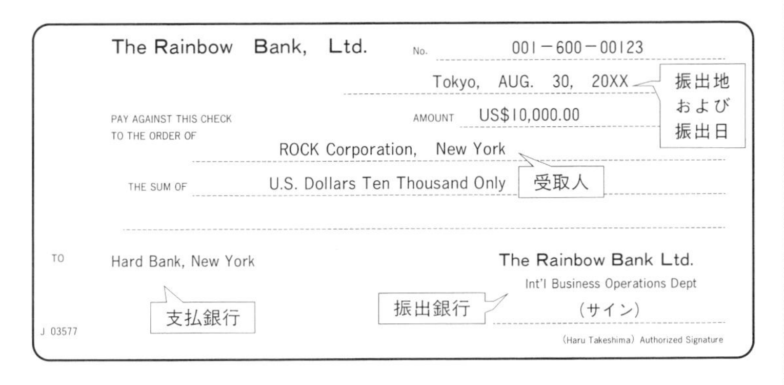
The Rainbow Bank, Ltd.　No. 001－600－00123

Tokyo, AUG. 30, 20XX

PAY AGAINST THIS CHECK　AMOUNT US$10,000.00
TO THE ORDER OF

ROCK Corporation, New York

THE SUM OF U.S. Dollars Ten Thousand Only

TO Hard Bank, New York

The Rainbow Bank Ltd.
Int'l Business Operations Dept
（サイン）
(Haru Takeshima) Authorized Signature

J 03577

この送金小切手の場合，依頼人から受取人宛ての郵送途上で小切手の紛失・盗難等の事故の危険が伴うので，依頼人にはこの点を説明して可能な限り電信送金とするよう勧める必要がある。

なお，送金小切手の場合は，通常，デポコルレス銀行を支払銀行として，支払銀行とのコルレス契約の取決めによって，一定金額以上については小切手の振出と同時に，支払銀行宛て「**送金小切手取組案内（Drawing Advice）**」を送付する。支払銀行は小切手の呈示があれば，この送金小切手取組案内と照合し，小切手を取り組まれたことが間違いないことを確認のうえ，支払に応じる。

4. 仕向外国送金受付時の確認事項

外国送金依頼書兼告知書をもとに，つぎの事項の確認等を行う。

(1)　国外送金等調書提出制度による本人確認・調書の提出

公的書類により本人確認済みの依頼人の預金口座から送金資金を振り替える場合を除き，金額にかかわらず「告知書」を受けて本人

過去問題
・2023年3月 問2, 問38
・2022年10月 問5

確認を行い，100万円相当額超の場合は「国外送金等調書」を作成して所轄の税務署に提出する。その他の手続は第1章1節4.「国外送金等調書提出制度」参照。

⑵ 犯罪収益移転防止法に基づく「取引時確認」と外為法に基づく「本人確認」

10万円相当額超の送金については，本人確認済みの預金口座からの振替を除いて上記⑴とは別途取引時確認を行う必要がある。なお，犯収法の本人確認（本人特定事項の確認）と外為法の本人確認は二重に行う必要はない。

また，犯収法による「疑わしい取引」についてのチェックも行う（第1章3節2.「犯罪収益移転防止法」参照）。

⑶ 外為法上の適法性の確認

送金依頼書の送金目的や依頼人・受取人・仕向先国等により，資産凍結等経済制裁対象国等に該当しないことを確認する。許可が必要な取引の場合には許可証等の提示を受けて確認する。その他は第1章4節で説明したとおりであるが，ポイントは次のとおりである。

①受取人等が「**資産凍結措置等対象者**」に該当しないこと。

②送金が「支払等規制」に該当しないこと。輸入代金や仲介貿易代金の送金については，仕向国・受取人・送金目的・輸入貨物の原産地および船積地域等によって確認する必要がある。依頼人のそれらの情報に疑いのある場合には，売買契約書や船積書類等の提示を求めて確認する。もし規制地域向けであれば輸入許可証の提示を求め，提示を得られない場合には受付を謝絶し，「疑わしい取引」の報告を行う。

(4)　米国の OFAC 規制の確認

米国の OFAC 規制にかかる取引ではないことの確認を行う（詳細は第２章２節４.「OFAC 規制」参照）。

過去問題
・2024年3月 問39

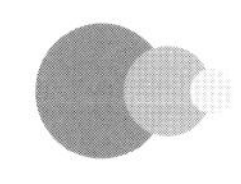

5. 依頼人への説明事項

①依頼人が個人の場合には，「外国送金取引に関する個人情報のお取扱いについて」等の説明書を交付し，個人情報の利用目的を説明する（個人情報保護法 15 条ほか）。

②一見客には，後日のトラブル防止のために必要に応じて「**外国送金取引規定**」の内容を説明する。特に依頼人の指定する銀行に直接仕向けられない場合は送金到着までに時間を要することや，現地の政情不安・通信事情の問題・その他不可抗力により送金が遅延する場合があること等，国内の振込とは異なることを十分に説明する必要がある。

過去問題
・2023年10月 問38, 問39
・2023年3月 問38

上記①または②のいずれかの説明についての同意を得られない場合には，受付を謝絶する。

【外国送金取引規定のポイント】

①本規定は外国向送金のほか，国内外貨建送金や国内での居住者・非居住者間または非居住者間の円建送金などにも適用される。

②銀行は，小切手その他の証券類による送金資金の受入はしない。

③送金委託契約は，銀行が送金の依頼を承諾し，送金資金等を受領したときに成立するものとする。

④銀行は送金実行のために，日本および関係各国の法令・制度・習慣・関係銀行の手続等に従って，つぎの情報を支払指図に記載

して関係銀行に伝達する。また，それらの情報は関係銀行によってさらに受取人に伝達されることがある。

(イ)送金依頼書に記載された情報

(ロ)送金依頼人の口座番号・住所・取引番号・その他送金依頼人を特定する情報

⑤支払指図の伝送手段は，銀行が適当と認めるものを利用する。

⑥つぎのいずれかの場合には，銀行は依頼人が指定した関係銀行を利用せず，銀行が適当と認める関係銀行によることができるものとする。これにより生じた損害については，銀行の責に帰すべき事由によるときを除き，銀行は責任を負わない。

(イ)銀行が依頼人の指定に従うことが不可能と認めたとき

(ロ)依頼人の指定に従うことによって，依頼人に過大な費用負担または送金に遅延が生じる場合等で，他に適当な関係銀行があると銀行が認めたとき

⑦送金依頼人がつぎのような通貨で送金の依頼をした場合には，送金した通貨と実際に受取人に支払われる通貨が異なることがある。この場合の支払通貨，為替相場および手数料等は，関係各国の法令・習慣および関係銀行所定の手続に従う。

(イ)支払銀行の所在国の通貨と異なる通貨

(ロ)受取人の預金口座の通貨と異なる通貨

⑧送金委託契約の成立後に，依頼内容を変更する場合は，所定の内容変更依頼書で依頼する。ただし，送金金額または送金小切手の内容変更はできず，つぎの「組戻し」により行う。

⑨送金の組戻しの依頼にあたっては，銀行所定の組戻依頼書に，当初外国送金依頼書に使用した署名または印章と同一の署名または押印をして提出する。この場合，銀行は本人確認資料または保証人を求めることがある。なお，送金小切手の場合は，その小切手現物も銀行に提出する。

⑩通信回線，コンピュータ等の障害またはそれによる電信の字くずれ等による損害，あるいは，関係銀行が所在国の慣習もしくは関係銀行所定の手続に従って取り扱ったことにより生じた損害等については，銀行は責任を負わない。

6. 外国送金依頼書点検時の留意事項

上記４. の受付時の確認のほか，つぎの事項について送金依頼書の点検を行う。

①**依頼人の署名と連絡先**…後日の照会・連絡先として，依頼人の住所・電話番号の記入があり，署名または記名押印（預金口座引落の場合は届出印が押印）がされているか。

②**外為法上の報告**…居住者から１件 3,000 万円相当額を超える貿易外取引（仲介貿易取引を含む）に係る送金の依頼を受けた場合は，「支払又は支払の受領に関する報告書」の提出を受ける。

③**送金通貨種類の明記**…送金通貨の種類が，単に＄やドルという記入ではどこの国のドルか不明である。米ドル（US ＄）・香港ドル（HK ＄）・豪州ドル（A ＄）・カナダドル（C ＄）等。

④**都市名・国名**…海外には同名や類似名の都市が多く，送金の仕向先ミスを防ぐため，受取人取引銀行（支払銀行）の住所欄には，都市名と国名を記入してもらう。また，米国やカナダ・豪州は州名を，中国は省名を記入してもらう。

⑤**明瞭記入**…受取人名・受取人住所・口座番号等，送金依頼書にはアルファベットの活字体で明瞭に記入されているか。また，受取人住所には国名も記入してもらう。

⑥**銀行コード**…受取人の取引銀行を特定する銀行コードが記入されているか（米国向けは ABA 番号，欧州向けや中近東向けは

過去問題
・2024年3月 問38, 問39
・2023年10月 問5, 問39
・2023年3月 問38
・2022年10月 問38

IBAN（アイバン）とBIC（ビック）コード，英国向けはSORTコード等）。これらの記入がないと支払が実行されなかったり，送金の遅延発生や追加手数料の請求を受けるおそれがある（第2章2節3.「米国の決済システム」参照）。

(イ) **IBAN**（International Bank Account Number）

欧州連合内の銀行間支払の自動化を図るためにISO（国際標準化機構）によって規格化された，銀行口座の「所在国・銀行・支店・口座番号」を特定するためのコードである。EU諸国を中心としたIBAN採用国向けの送金は，IBANとBICコードの記入が必須である。

(ロ) **BIC**（Bank Identifier Code）コード

スイフトコードないしはスイフトアドレスともいわれ，スイフトで送金する際に用いる世界各国の金融機関識別コードである。

⑦**支払銀行手数料**…支払銀行手数料の負担者区分の明記があるか。負担者区分の指定がないと，一般的には支払銀行で受取人負担として取り扱われる。送金時に依頼人負担して取り扱うと，後日，支払銀行から手数料の請求を受けるので，送金受付時にあらかじめ所定の手数料を徴求しておく。

⑧**送金目的**…外為法の適法性の確認のために，送金目的が具体的に記入されているか（第1章4節「外為法による規制と適法性の確認・報告義務」参照）。

⑨**支払遅延リスク**…仕向先国が為替管理規制を行っていたり，カントリーリスクの懸念があって，送金の支払遅延や不払のおそれはないか，行内関連本部の情報で確認する。このような場合，顧客から念書をとって取扱いに応じることもあるが，原則として取扱いを回避する。

⑩**送金通貨**…送金する通貨に問題はないか。外国送金取引規定にも書かれているように，支払銀行の国の通貨と異なる通貨で送

金すると，送金した通貨と同一の通貨で受取人に支払われるとは限らない。契約で取引通貨が決まっているような場合には問題が生じるので，この点を説明しておく必要がある。最も望ましい送金通貨は仕向先国の通貨で，かつ**資金カバー**が取れる通貨による送金である。

また，米国向けに円建てで送金をしても，米国内において円建てでの資金決済（資金カバー）がとれないため，支払われないかまたは米ドルに変換して支払われるおそれがあるので注意が必要である。

⑪**カバー資金**…送金通貨によっては，マーケット事情や当該通貨国の為替管理上，直ちにカバー資金の調達ができない場合があるので，行内所管部の指示を受けて取り扱う。特に流動性の低い**マイナー通貨**（新興国通貨）には注意が必要である。

⑫**カットオフ・タイム**…被仕向銀行が**カットオフ・タイム**（cut-off time：被仕向銀行の支払指図受付時限）を設けている場合は，電信の着信時間によっては支払が翌日扱いとされる場合がある。特に日本と時差の少ないアジア・オセアニア諸国への資金必着時限のある大口送金には時間的余裕をもって送金を取り組む必要がある。

7. 発電先行や先日付送金の取扱い

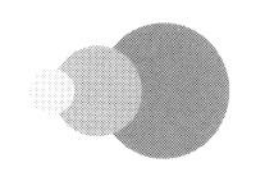

発電先行とは，カットオフ・タイムを考慮して支払指図の対外発信を先行して行い，発信後，当日に代り金を受領する取扱いであり，一時的にも代り金未受領のまま送金することの決済リスクが発生する。

先日付送金とは，送金依頼書受付後の事務処理として，依頼書受付日より後の特定の日を送金取組日とする取扱いである。先日付送

過去問題
・2024年3月
問38，問39

金の取組日当日，支払指図の発電だけが先行して代り金の口座引き落としができないということにならないよう注意が必要である。先日付送金については事務平準化のメリットもあるが，前述の発電先行と同様，異例な扱いであり，各銀行のルールに従って取り扱う。

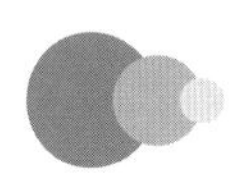

8. 仕向先銀行の決定

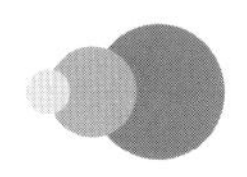

過去問題
・2024年3月 問39

仕向先銀行を誤ると送金遅延が発生する。世界には同名・類似の地名が数多くあるので注意が必要である。依頼人の指定する支払銀行がノンコルレス銀行の場合には，最寄りのコルレス銀行を経由して送金する。この場合送金到着に時間を要し，経由する銀行の手数料も発生するため，依頼人に事前に了解を得る必要がある。

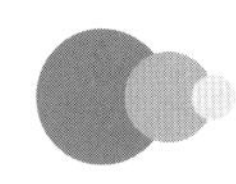

9. 通知義務の履行

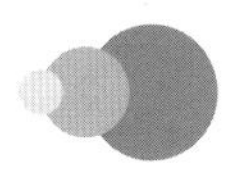

犯収法10条（外国為替取引に係る通知義務）および同法施行規則31条により，銀行等は，外国送金の支払指図電文に送金依頼人の情報を記載して発信相手先に通知する必要がある（第1章3節2.「犯罪収益移転防止法」参照）。

通知すべき送金依頼人情報と留意点は次のとおりである。

①通知すべき送金依頼人の本人特定事項等の情報……送金依頼人の氏名（法人は名称），住居（法人は本店または主たる事務所の所在地）または顧客識別番号，および送金代金引落とし預金口座番号，預金口座を用いない場合は取引参照番号

②自行が国内他行または外国の銀行から自行が中継銀行となって，さらに他の第三の銀行に支払の委託（再委託）を受けた場合にも通知義務がある。また，中継銀行は，他の銀行から通知を受けた通知事項をそのまま補正せずに通知する必要がある。

③顧客が本名とは異なる名義を用いて送金する場合には，顧客の本名を併記する必要がある。個人事業主で「○○商店」など，いわゆる屋号を送金人名義として送金する場合は，当該個人の氏名・住居も送金電文に併記する必要がある。

④送金金額に関係なく通知が必要であり，また，資金カバーとして発信する電文にも通知を要するが，送金小切手は対象外。

⑤通知義務を履行した電文は，7年間の保存義務がある。

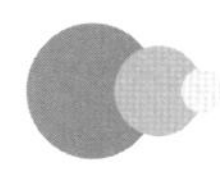

10.　コルレス銀行に勘定を保有していない通貨建ての送金

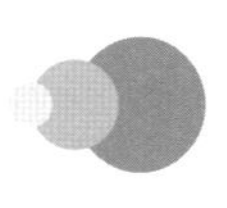

銀行は海外のコルレス銀行に，世界各国すべての通貨建てで自行の勘定を保有しているわけではない。自行勘定の保有のない通貨による送金の依頼があれば，仕向先銀行には支払資金を渡すことはできず送金ができない。もし，そのような依頼があれば，いったん受け付けた通貨で被仕向銀行宛て支払指図を打電し，その際，カバー資金支払のための米ドル相当額を自行に通知するよう依頼する。

そして，被仕向銀行から米ドル相当額の通知があれば，その指図に従って資金カバーの送金を行う。なお，公表相場が建てられていない通貨については，前もって仮の相場で換算した送金円貨額（概算額）を預っておき，後日米ドル相当額の通知を受けた時点で円換算し，当初受け入れた円貨額との差額を依頼人に返金または徴求する。

11.　送金未着の照会を受けた場合

送金依頼人から送金未着の照会を受けた場合には，送金の委託を受けている銀行として善管注意義務を果たす必要があり，すみやかに調査を行う必要がある。未着の原因はさまざまなことが考えられ

第6章　貿易外取引

過去問題
・2023年3月 問39

るが，まずは自行の事務処理に誤りがないかを確かめるため，送金依頼書と発信済みの支払指図電文を照合する。

照合の結果，自行に誤りがなければ被仕向銀行宛て電信で，受取人にいつ支払ったかを照会し，結果を依頼人に報告する。

12．送金実行後の内容変更

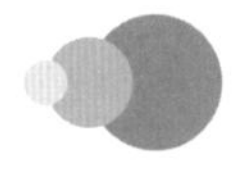

過去問題
・2024年3月 問40
・2023年3月 問39
・2022年10月 問39

送金取組後に依頼内容の変更の依頼を受けた場合には，所定の送金内容変更依頼書を徴求し，当初受け入れた送金依頼書と同一の署名または記名押印を求め，内容変更依頼人が送金依頼人本人に相違ないことを確認する。銀行は依頼に基づき支払銀行に訂正の依頼を発信する。なお，送金金額と送金小切手の内容変更はできず，いったんつぎに説明する**組戻し**の手続をとり，組戻し完了後にあらためて正しい送金の依頼を受ける（前掲「外国送金取引規定のポイント」参照）。

13．送金の組戻し

過去問題
・2024年3月 問40
・2023年3月 問38，問39
・2022年10月 問39

送金依頼人から組戻しの依頼を受けた場合には，行内規程や「外国送金取引規定」にも従って取り扱うが，一般的な手順はつぎのとおりである。

①**正当な組戻依頼人であることの確認**…所定の組戻依頼書を徴求し，当初受け入れた送金依頼書と同一の署名または記名押印を求め，組戻依頼人が送金依頼人本人に相違ないことを確認する。必要に応じて運転免許証等により本人確認する。できれば当初手交した計算書または送金依頼書控の提示を受けて組戻対象の送金を特定するのが望ましい。

②**支払停止の発信**…支払銀行宛て電信で，受取人へ支払済みであ

るか否かを照会し，未払であれば当該送金を取り消し（Stop Payment：支払停止），資金を返還するよう依頼する。

③**依頼人への返金**…支払銀行から取消済の通知を得て，かつ，送金資金が自行の口座に返金（入金）されたことを確認できれば依頼人に返金する。外貨建送金を円貨で返金する場合は返金日の電信買相場（TTB）を適用する。

④**送金小切手の組戻し（取消）**…紛失等により小切手を回収できないまま取消を行う場合を除いて，依頼人から小切手を回収する。そして，支払銀行に対して送金小切手取組案内の取消と支払資金の返還を依頼する。依頼人への資金の返金は，その両方の確認後に行う。

⑤**支払済の場合**…支払銀行から「すでに受取人へ支払済みで取消不能」との回答があれば，その旨を依頼人に伝えるとともに取消ができないことを通知する。この場合，以後は依頼人と受取人の間の直接交渉に委ねる。

⑥**支払等報告の取消**…送金の組戻しを行った場合で，送金取組時に「支払又は支払の受領に関する報告書」を提出済のときには，報告の取消のため当初提出した報告と同一内容を朱書きした同報告書を提出する。

被仕向外国送金

〈学習上のポイント〉

被仕向送金で特に留意すべきことは，仕向銀行の指図に従って，支払を正確かつ迅速に行うことであり，それが疎かになると場合によっては損害賠償の責任を追及されることが考えられる。

取引自体は仕向送金の裏返しであり，関係法令上の確認事項は仕向送金と同じであるが，実務上の注意すべき点が異なるので留意点等を確実に理解しておこう。

1．被仕向送金の概要

過去問題
・2022年10月 問40

被仕向送金は海外からの送金であり，海外コルレス銀行や自行海外店からの送金，あるいはコルレス契約の関係で在日他行を経由しての送金がある。送金種類は仕向外国送金と同様に，電信送金（T/T），普通送金（M/T），送金小切手（D/D）の３種類がある。

支払指図を受けた被仕向銀行は仕向銀行とは委任契約にあたり，受任者としての善管注意義務を果たすため，支払指図に従って正確かつ迅速に支払手続を行う必要がある。

●図表6-3　被仕向送金の流れ

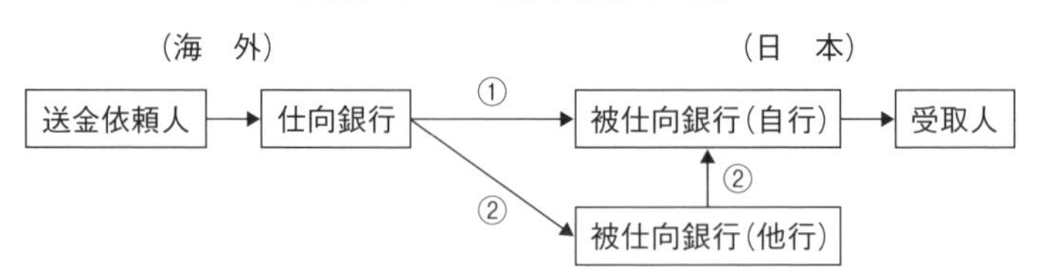

（注）①の場合は自行が被仕向銀行であり，かつ支払銀行となる。②の在日他行経由の場合は，自行が支払銀行となる。

2. 被仕向送金の留意点

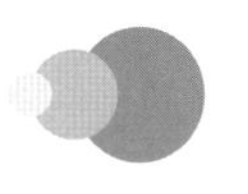

過去問題
・2022年10月問40

支払指図を受けた被仕向銀行は，直ちに支払指図の真正性や不備がないかを点検し，後記４．で述べる法令上の確認のうえ，すみやかに支払手続を行う。支払指図の不備，受取人名や口座番号の不一致，受取人の口座なし等の理由により支払ができない場合には仕向銀行宛て電信で照会を行い，仕向銀行の指図に従って取り扱う。

受取人からの依頼で支払指図とは異なる受取人口座に入金したり，被仕向銀行の勝手な判断で取扱いをすることは委任事務に反することから決して行ってはならない。

支払可能な状態でありながら支払が遅延した場合は，送金到着後の為替相場変動による為替差損や支払遅延金利の発生により，受取人から損害賠償請求を受けるおそれがある。特に金額が大きい送金は，迅速な取扱いが必要である。

3. 支払指図到着時の一般的な留意点

過去問題
・2023年10月問40
・2022年10月問40

支払指図（書）は，海外のコルレス銀行または自行海外支店から電信（スイフト）または郵送で受ける場合と，在日他行からスイフトまたは日銀ネットで受ける場合があり，これらは通常，各行の外為センターで接受処理が行われている。接受時の一般的な留意点はつぎのとおりである。

①支払指図の真正性を確認する……スイフトのオーセンティケイターキーの確認や普通送金（M/T）の支払指図書の署名照合を行う。

②受信の受付時限（カットオフ・タイム）を過ぎて受信した支払指図については，当日入金することに縛られない。また，支払

指図に先日付の支払実行日の指定（Value Date の記載）があれば，その指定日に支払を実行する。

③支払指図に不備等がないか。

④仕向銀行の信用状態や仕向銀行所在国にカントリーリスクの懸念がある場合は，支払資金（送金カバー）を受け取れないおそれがあるので，支払資金の受領を確認してから支払を行う。

4. 支払実行時の一般的な留意点

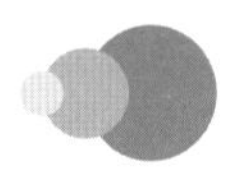

過去問題
・2022年10月 問2, 問40

①仕向送金と同様に，金額に関係なく「国外送金等調書提出制度」に基づく本人確認等の手続を行う。また，10万円相当額超の場合には「犯罪収益移転防止法」に基づく取引時確認および「外為法」に基づく本人確認を行う。ただし，本人確認済みの口座に入金する場合は，告知書の徴求および再度の確認は不要である。

②許可を要する資金の受領ではないか，また，資金使途規制に抵触しないか，仕向銀行・送金人・受取人・送金目的等により適法性の確認を行う。疑いがある場合は顧客から必要資料の提出を受けて慎重に確認する。

③送金受領目的が貿易外取引で 3,000 万円相当額超の場合は，「支払又は支払の受領に関する報告書」の提出を受ける。

④受取人への支払にあたっては，入金口座相違や二重払い等のないように注意する必要がある。

5. 受取人への被仕向送金到着通知

受取人への被仕向送金到着通知の一般的な手続や留意点はつぎのとおりである。

①通知払（Advise and Pay）の場合は，通常，受取人口座番号の記載がないので，外為センターから直接受取人の住所宛て「外国送金到着案内書」を郵送するか，受取人が自行の取引先の場合には，取引のある営業店を通じて到着通知をする。

②支払指図に，支払銀行として他行名の記載がある（受取人が他行の取引先の）場合には，その銀行に送金を転送する。

③「外国送金到着案内書」には，支払手続のために自行に至急連絡をしてもらいたい旨を記載のうえ，受取人宛て書留郵便により迅速に送付する。電信送金の場合には速達で送付する。

④外国送金到着案内書の送付等，受取人への送金到着通知後は，支払請求を受けるまで未払の管理を行う。一定期間を経過しても未払である場合には，早期に支払ができるよう受取人宛て照会し，照会・督促等の経緯を記録しておく。受取人の都合で支払を保留する場合には，適宜その旨の依頼書を受け入れる。

⑤支払指図が到着し，それを点検後，受取人への支払までの勘定を整理するための経過勘定として，「**外貨未払外国為替**」勘定を起票する。

6. 被仕向送金の組戻し

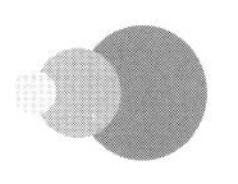

仕向銀行から組戻依頼を受けたときは，受取人口座に入金済で，口座残高が残っていても，依頼電文の真正性を確認のうえ受取人の応諾を得てから組戻しに応じる。

過去問題
・2023年10月 問40
・2022年10月 問40

7. 請求払い（Pay on Application）の場合の取扱い

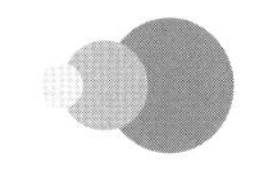

請求払いの場合には，支払指図に記載のパスポート番号により正当な受取人であることを確認して支払うが，その他は各銀行等の規

定に従って取り扱う。なお，請求払いの場合は送金到着案内は行わず，一定期間経過後も未払の場合には仕向銀行に照会する。

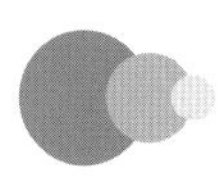

8. 送金小切手の支払

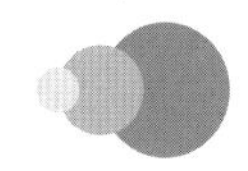

①送金小切手の支払呈示を受けた場合には，つぎの点検を行う。

(イ)小切手振出人の署名と，コルレス先銀行から届けられている署名（署名鑑）を照合する。

(ロ)送金小切手の要件不備がないことを確認する（呈示日が振出日から６か月以内であること。６か月を経過している場合は振出銀行に支払可否の照会を行う）。

(ハ)コルレス契約で「**送金小切手取組案内**」が送られてくることとなっている場合には，送金小切手と取組案内を照合する。

(ニ)高額の送金小切手は，偽造のおそれがあるので，小切手の署名照合や小切手要件の確認に加え，取組案内の確認もしくは発行銀行宛て小切手発行の有無の照会もあわせて行う。

②自行が支払銀行となっている送金小切手の支払呈示を受けた場合は，原則，口座への入金扱いとし，呈示人（受取人等）が自行の取引先ではない場合は，呈示人の取引銀行経由，交換請求による取立を依頼する。

③在日他行が支払銀行となっている外貨建送金小切手の支払呈示を受けた場合には，支払銀行に支払の可否，換算相場，手数料，受取円貨額を照会して，交換請求で代り金の支払を受けるのが一般的である。交換請求代り金は，原則，自行取引先への入金扱いとし，受取人の預金口座への入金は「他店券入金」とする。また，取引時確認や適法性の確認等は自行で行う。

④裏書譲渡された送金小切手は，裏書の連続性を確認し，譲渡関係が不明確な場合は受け付けない。

3 小切手の買取・取立

〈学習上のポイント〉

外国払いの小切手は，偽造や変造による詐欺事件が発生している。トレジャリー・チェックの場合は小切手を受取人に郵送するため郵送途上の盗取や紛失が多い。そして，いったん支払われた後でも偽造等があれば支払が取り消される等，小切手といえども簡単ではない。クリーンビル（Clean Bill）の買取・取立の依頼を受けた際の留意点をよく理解しておこう。

1. クリーンビルとは

ドキュメンタリービルが船積書類を伴う為替手形であるのに対して，クリーンビルは船積書類が伴わない為替手形や小切手類のことをいう。送金小切手やT/C（旅行小切手）もクリーンビルの一種であるが，その特性からクリーンビルとは切り離して取り扱われている。

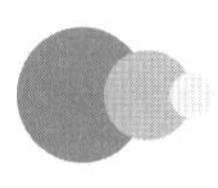

2. クリーンビルの種類

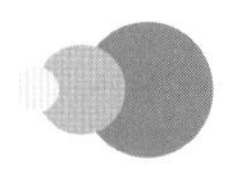

① バンカーズ・チェック（Bankers Check）
銀行が振り出した小切手（銀行小切手）である。

② パーソナル・チェック（Personal Check）
政府・銀行以外の個人や法人が振り出した小切手である。

③ トレジャリー・チェック（Treasury Check）
政府が振り出した小切手であり，政府の物資購入の支払や年金，

税金還付，政府職員給与等の支払のために振り出される。

このほか，バンカーズ・チェックの一種として米国の銀行が発行するMONEY ORDER（マネー・オーダー）があり，少額の送金手段に利用されている。また，郵便局が発行するPOSTAL MONEY ORDER（国際郵便為替）もあるが，これらの取扱い可否等については各銀行のルールに従うこととなる。

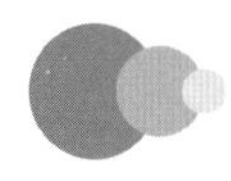

3. クリーンビルの買取・取立は取立統一規則に従う

URC522第2条b項，c項において，「クリーン取立」とは商業書類を伴わない金融書類（＝クリーンビル）の取立を意味する。その「金融書類」とは為替手形や約束手形，小切手またはその他の類似の手段であって，金銭の支払を受けるために用いられるものを意味する，と定義されている。

そして，URC522第2条a項で，「クリーンビル」の取立も同規則の対象であると定められており，信用状なしの輸出荷為替手形の買取や取立と同様に，URC522に準拠して取り扱う必要がある。

4. 偽造裏書等の介在する米国払のクリーンビル

クリーンビルの支払は支払地の法律の適用を受ける。わが国の手形・小切手法は**ジュネーブ統一法**に属し，小切手の支払銀行は，万一その裏書に偽造があっても裏書が連続していて，かつ悪意や重大な過失がなければ免責され，支払は有効である。

ところが，**英米法**を基とする米国やカナダでは，裏書が連続していても善意取得が認められず，振出署名や裏書の偽造・変造等が判明した場合には，振出人は支払銀行に対して支払済みの小切手代金の返還請求権をもっており，支払は無効である。そして支払銀行は小切手の呈示人に対して資金の返還を求めることとなる。つまり，英米法では小切手の署名や裏書に偽造・変造があった場合，善意の所持人は保護されず，後日，資金の返還を求められることとなる。

この振出人の支払銀行に対する返還請求権の有効期間は，**振出署名の偽造・変造の場合は1年以内，裏書署名の偽造については3年以内**である。

以上のことから，米国払いのクリーンビルは取立代金がコルレス先の自行の口座に入金後も，小切手の偽造・変造等により，その入金が取り消されるおそれがあることに留意する必要がある。

このため，クリーンビルの買取・取立においては小切手に偽造・変造がないかを十分チェックし，買取の場合には買戻し可能な先に限定する。また，取立についても与信と同等の考えで取り扱う。

なお，「クリーンビル等買取・取立依頼書」の裏面に記載の買取・取立規定には，「支払銀行から入金取消通知があった場合には，直ちに償還に応じる」旨の返還請求権に関する定めがあるので，このことを依頼人に説明する必要がある。

5. クリーンビルの買取

①　クリーンビルの買取とは

クリーンビルの買取は依頼人の信用に依存して買取ることであり，与信行為となる。このため買取にあたっては，買取依頼人の信用状態に応じて物的担保の受入や保証人を立てさせることにより，債権保全に万全を期さなければならない。

②　徴求書類

買取にあたっては依頼人からクリーンビル買取依頼書のほか，銀行取引約定書，外国向為替手形取引約定書，署名印鑑届等を受け入れる。ただし，取扱いが一度限りでやむを得ない場合は，約定書類

過去問題
・2022年10月
問5

の徴求を省略している銀行もある。

③　バンカーズ・チェック（銀行小切手）

コルレス銀行からあらかじめ送られてきている署名届との照合を行い，真正な小切手であることを確認する。また，バンカーズ・チェックであっても決済が確実ではなく，偽造・盗難小切手のおそれもある。各銀行では外国の銀行の信用状態に応じて取引禁止や取引制限を行っており，小切手の買取にあたっては振出銀行がそれらに該当しないかをチェックする必要がある。

④　トレジャリー・チェック

米国財務省が発行する個人宛ての米国財務省小切手（米国トレジャリー・チェック）は，税金還付や政府職員給与・年金等の支払のために受取人記名式で住所も併記して発行される。取扱いに際しては小切手金額が振出目的に照らして妥当であるかを確認する。

トレジャリー・チェックの有効期限は，振出日から１年のため，１年近く経過した小切手は受け付けず，また，裏書譲渡されているものは原則として受け付けない。

トレジャリー・チェックは，取立代金が支払われた後も，米国財務省によって最終決済が確定されるまでに数年間かかり，パーソナル・チェックと同様に偽造等を理由として支払が取り消されることがある。このため買い取る場合には，買取依頼人の買戻能力の確認が重要となる。

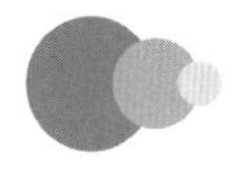

6. クリーンビル買取・取立における一般的な留意点

本節４．で説明したように，小切手の支払国の法律によっては，取立代り金の支払後，長期間経過後に当該代り金の返還請求を受ける場合がある。このため，クリーンビルの買取・取立にあたって（各銀行の規定によるが）一般的にはつぎの点に留意する必要がある。

①　取扱いは取引先に限定する

小切手の不渡のおそれがあるので，預金口座のない顧客の買取・取立の取扱いは原則として回避する。

②　受取事由は妥当か

高額小切手の場合は本人の属性（年齢・職業等）に照らして受取事由の妥当性を確認する。

③　小切手要件は具備しているか

小切手は裏書の連続性を含め，法律上の要件を備えていること。

④　偽造・変造小切手に注意

偽造ではないか，また，小切手金額や受取人名の変造の形跡がないかを慎重に点検する。過去の事例から偽造は高額小切手に多い。

⑤　裏書譲渡されている小切手に注意

裏書譲渡されている（中間裏書のある）いわゆる「まわり小切手」は，盗難や偽造のおそれがあるので原則として受付を回避する。特に高額小切手は盗難にあい裏書偽造されているリスクが高い。

⑥　先日付小切手

不渡になるおそれがあるので，受け付けない。

⑦　振出日後6か月以上経過している小切手（Stale Check）

小切手は振出日から6か月を超えると時効になり，不渡になる可能性が大きい。このため取立に要する日数を考慮し，振出日から5か月以上経過している場合は受付を回避し，顧客から振出人に再発行（小切手の差替え）を依頼するよう指導するのが望ましい。なお，時効期日に関しては各国の手形小切手法による。また，小切手券面に有効期限を記載している場合もある。

⑧　少額小切手

海外旅行時の免税金の戻しなど，少額の小切手の取立を依頼されることがある。100米ドル以下の少額小切手は銀行の諸手数料のほうが高くなるおそれがあるので，原則として受付を回避する。

⑨　パーソナル・チェック

パーソナル・チェックは振出人の署名照合ができず，小切手の真正性も確認できない。また，振出人の信用状態も不明である。このため買取は避け，原則取立扱いが望ましいが，取立でも不渡になるおそれがあるので，慎重に取り扱う。

7. クリーンビルの買取・取立受付時の確認事項

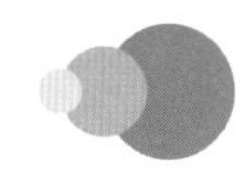

クリーンビルの買取・取立の依頼を受けた場合には，外国送金と同様に外国との資金の受払となるので，つぎの確認・報告等を行う必要がある。

①依頼人，振出人，小切手受領目的等により，「資産凍結措置等対象者」または支払等の規制に該当しないこと等，適法性の確認を行う。

②クリーンビルの買取・取立は，船積書類が伴わないクロスボーダー取引であり，「国外送金等調書提出制度」の対象取引となる。このため代金を本人確認済みの預金口座に入金する場合以外は金額にかかわらず告知書を受け入れて本人確認等の手続を行う。

③代金を本人確認済みの預金口座に入金する場合以外は，買取では金額にかかわらず，また，取立では10万円相当額超の場合に，犯収法に基づく取引時確認および外為法に基づく本人確認等を行う必要がある。また，クリーンビルの呈示が疑わしい取引に該当するかもチェックする必要がある。

④クリーンビルが1件3,000万円相当額を超える貿易外取引（仲介貿易取引を含む）に係る受領目的のものであれば，「支払又は支払の受領に関する報告書」の提出を受ける。

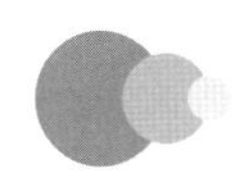

8. 小切手一括取立サービス（キャッシュ・レター・サービス）

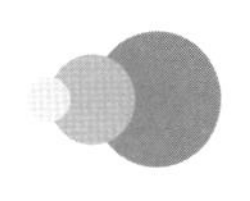

取立依頼を受けた，または買取済みの外国払小切手類は外為センターから海外に取立に出す。その場合，小切手一件ごと取立に出すのではなく，主要銀行では効率化の見地から欧米の大手銀行の**コレクションサービス**を利用し，委託している銀行に小切手を一括して発送する方法をとっているのが一般的である。

ただし，一定額以下の少額小切手や逆に数十万米ドル等の多額の小切手，先日付小切手，Stale Check，旅行小切手，トレジャリー・チェック等は，通常，一括取立サービスの対象外としている。

この小切手一括取立サービスを利用すると，一定期間後にサービスを利用している銀行にある自行の口座に一括して入金されるが，偽造裏書等，小切手の不正使用があった場合には，後日，その小切手についての入金が取り消されることに留意しなければならない。

過去問題
・2023年3月 問6
・2022年10月 問5

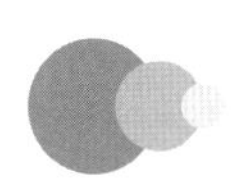

9. 米国法令 Check21

2004年10月に施行された米国の連邦法「The Check Clearing for the 21st Century Act：通称Check21」では，小切手原本の表裏両面を画像処理し，銀行が保証文言を付した代替小切手（Substitute Check）が当該小切手の原本と法的に同等の効力をもって利用できるようにされている。この法令の狙いは小切手輸送中の紛失等の危険を排除することにある。

米国への取立には従来どおり小切手現物を用いることができるのはもちろん，残高不足などを理由に米国から不渡返還された代替小切手を日本から再取立に出すこともできる。なお，代替小切手の対象となるのは米国所在の銀行を支払地とする米ドル建小切手である。

過去問題
・2023年3月 問6

外貨両替

〈学習上のポイント〉

外貨両替取引で特に留意すべきことは，①取引時確認等のマネロン防止に関する法令の遵守，②偽造・変造された外国通貨やT/C に注意，③両替に際して通貨相違や金額相違，適用相場相違等の防止，の３点である。実務にあたっては「現金その場限りの原則」を常に意識しつつ，基本に忠実な業務遂行が求められる。

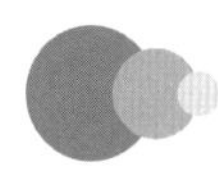

1．外貨両替取引

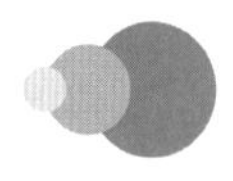

外貨両替取引は，外国通貨または T/C（Travelers Cheque：旅行小切手）の売買をいう。外貨両替業務は，1998 年の外為法改正以降，誰でも自由に行えるようになっている。

なお，T/C については発行大手のアメックスが 2014 年 3 月をもって販売を中止したことを受け，現状，日本国内で T/C の販売を行っている銀行はない。このためこの節では T/C の売買についての記述は省略する。

(1)　犯収法および外為法に基づく確認等

過去問題
・2023年3月
問40

外貨両替は，現金（通貨）取引であることや流動性が高く，その保有や移転に所有者の情報が必ずしも伴わないことから，マネー・ローンダリングの有効な手段になり得る。実際に犯罪による収益が第三者を利用して日本円（または外貨）に両替された事例があり，外貨両替がマネー・ローンダリングに悪用される危険性が高い。このため特にマネー・ローンダリングの防止の観点から犯収法と外為法のチェックが重要となる。

そして，200万円相当額を超える外貨両替取引を行う場合には，犯収法上の取引時確認と外為法上の本人確認が必要であるが，留意すべき点は次のとおりである（詳細は第1章3節「外為業務におけるマネー・ローンダリング防止対策」参照）。

①取引金額が200万円相当額以下であっても，取引を分割することにより，1回当たりの取引金額を200万円相当額以下に引き下げていることが明らかな場合，もしくは，特別の注意を要する取引（疑わしい取引または同種の取引の態様と著しく異なる態様で行われる取引）に該当した場合にも取引時確認が必要である。

②ハイリスク取引については「より厳格な方法で確認」する必要があり，通常の本人特定事項の確認に加え，その確認で使用した確認書類とは異なる本人確認書類の提示を受けて本人確認を行う。また，200万円超の取引については「資産および収入の状況」の確認が必要となる。

⑵　疑わしい取引の届出

財務省が公表している「**外国通貨又は旅行小切手の売買に係る疑わしい取引の参考事例**」の抜粋（一部要約）を下記に掲示する。

【外国通貨又は旅行小切手の売買に係る疑わしい取引の参考事例】

1．全般的な注意

下記事例は，両替業者が疑わしい取引に該当する可能性のある取引として特に注意を払うべき取引を例示したものであり，個別の取引が疑わしい取引に該当するか否かについては，顧客の属性，取引時の状況その他両替業者の保有している情報を最新の情報に保ちながら総合的に勘案して判断する必要がある。したがって，下記事例にこだわらず，両替業者が疑わしい取引と判断したものは届出の対象となることに注意を要する。

2. 取引金額

⑴多額の現金（外貨を含む）または旅行小切手による両替取引。

⑵多量の小額通貨（外貨を含む）による両替取引。

3. 取引頻度

短期間のうちに頻繁に行う外国通貨または旅行小切手の売買。

4. 真の取引者の隠匿

⑴架空名義または借名で両替取引を行っている疑いがある場合。

⑵両替取引を行う法人の実態がないとの疑いがある場合。

⑶合理的な理由もなく，住所と異なる連絡先に外貨の宅配を希望する顧客との取引。

⑷名義・住所共に異なる顧客による取引にもかかわらず，同一の IP アドレスからアクセスされている取引。

⑸取引時確認で取得した住所と操作している電子計算機の IP アドレス等とが異なる顧客との取引。

⑹同一の携帯電話番号が複数の顧客の連絡先として申告。

5. 取引時確認への対応

⑴取引時確認を意図的に回避していると思料される下記事例

①複数人で同時に来店し，一人当たりの両替金額が取引時確認の対象となる金額（法定または自社ルール）をわずかに下回るように分散して行う。②同一顧客が同一日または近接する日に数回に分けて同一店舗または近隣の店舗に来店し，取引時確認の対象となる金額をわずかに下回るように分散して行う。③取引時確認書類の提示を求めた際に，取引時確認書類の提示を拒

む場合または両替金額や取引目的を急に変更する。④取引時確認が完了する前に両替取引が行われたにもかかわらず，顧客が非協力的で取引時確認が完了できない取引。

(2)顧客が他者のために両替取引をしている疑いがあるため，実質的支配者等の確認を求めたにもかかわらず，その説明や資料の提出を拒む顧客に係る取引。

(3)法人である顧客の実質的支配者その他の真の受益者が犯罪収益に関係している可能性がある取引。

6. 偽造通貨等

偽造通貨や盗難通貨等を収受した場合。

7. その他

(1)当該店舗で両替を行う明らかな理由がない顧客との取引。(合理的な理由のない遠隔地の空港，港等を利用する両替取引)

(2)年齢や収入に見合わない高額な両替取引。

(3)取引の秘密を不自然に強調する顧客および届出を行わないように依頼，強要，買収等を図った顧客に係る取引。

(4)職員の知識，経験等から見て，不自然な態様の取引または不自然な態度，動向等が認められる顧客に係る取引。

(5)両替取引を行う目的や財産または取引の原資について合理的な理由があると認められない外国 PEP との取引。

(6)腐敗度が高いとされている国・地域の外国 PEP との取引。

(3) 外貨両替取引に係る報告

銀行等，両替業務を行う者は，外国通貨または T/C の月中取引額が 100 万円相当額を超える場合，その翌月分の取引実績について「外国通貨又は旅行小切手の売買に関する報告書」を作成し，翌月の 15 日までに日本銀行経由財務大臣宛てに提出する必要がある。

2. 外国通貨の両替

(1) 外国通貨の両替

過去問題
・2023年3月
問40

外貨両替のためには外国通貨を保有する必要があるが，保有している間は資金コストがかかり為替リスクもあるため，保有は必要最小限に努める必要がある。また販売用の外国通貨を調達したり，買い取った外国通貨を処分する場合は運賃や保険料等のコストもかかる。このため両替相場に一定の手数料（キャッシュマージン）を上乗せしている。なお，外国の硬貨の両替は行っていない。

外国為替検査ガイドラインでは，取引時確認の対象とならない200万円相当額以下の両替取引を行う際にも，顧客の氏名に加え，当該顧客の特定に資する情報（住所・所在地，電話番号，国籍および旅券番号，運転免許証の記番号等）を申告するよう顧客に協力を求める必要があるとされている。

(2) 外国通貨の持出し制限

海外旅行の際に，100万円相当額以上の現金（外国通貨を含む）・小切手・約束手形・有価証券・重量が1キロ以上で純度90%以上の金地金を持ち出したり，海外から持ち込んだりする場合は，外為法19条（及び外国為替令8条）により，税関に届出が必要である。知らずに無届で行うと罰則規定が適用される（外為法19条，外国為替令8条の2）。

(3) 外国通貨買取時の留意点

銀行等の窓口では世界各国の通貨の買取の依頼を受ける。銀行では買取をしていない通貨もあり，買取の際には通貨相違が発生しないよう注意し，特に偽造・変造等にも十分注意する必要がある。また，後日連絡が取れるよう，両替依頼書には氏名のほかに住所・電話番号等の連絡先（外国人旅行者等は宿泊先）の記入を求める。

(4)　外国通貨の真偽のチェック

買取の際は，依頼人の面前で「**紙幣鑑別機**」で偽造紙幣ではないか真偽を確認するか，紙幣鑑別機がなければ「**主要外国通貨図録**」に掲載の見本と照合する。

過去問題
・2023年3月
問40

偽造が判明した場合は依頼人に偽造紙幣を返却せず，原則として依頼人と同道のうえ所轄の警察署に届け出て偽造紙幣を提出するとともに，自行の所管部にも報告しておく。なお，偽造紙幣と知りながら他人に渡した場合には，刑事罰の対象となるため注意が必要である（外国ニ於テ流通スル貨幣紙幣銀行券証券偽造変造及模造ニ関スル法律3条)。なお，偽造紙幣と判明し，または偽造紙幣の疑いのある紙幣であった場合には，買取を行っていない場合でも「疑わしい取引の届出」を提出する必要がある。

偽造紙幣は米ドル紙幣のほか，ユーロや中国元の紙幣等も多数出回っている。偽造紙幣を看過して買い取ることのないよう，両替担当者は日ごろから偽造紙幣の特徴をよくつかんでおく必要がある。

【新100米ドル紙幣の特徴】

2013年10月から流通している新100米ドル紙幣は，簡単には偽造されないように下記のような高度な偽造防止策が多数導入されている。また，本物と偽造の判別も容易にできるようにされている。

①紙幣を傾けると，見る角度によって表面の右下にメタリック印刷された「100」の数字が赤褐色から緑色に変わる。

②紙幣右の空白部分に裏から光を当てると，すかし（肖像画＝ベンジャミン・フランクリン）が現れる。すかしは紙幣の両面か

●図表 6-4　新 100 米ドル紙幣

ら確認できる。

③紙幣の表面中央の縦方向にある青いリボン（3D セキュリティ・リボン）を見ながら前後左右に傾ける。前後に傾けると「ベル」と「100」が左右に動くように見える。左右に傾けると「ベル」と「100」は上下に動くように見える。リボンは紙幣に印刷されているのではなく織り込まれている。

④紙幣表面の中央よりやや右下方に赤褐色のインク入れのデザインがある。その中に描かれたベルが紙幣を傾けると赤褐色から緑色に変化し，ベルがインク入れの中に現れたり消えたりする。

⑤肖像画ベンジャミン・フランクリンの肩を指で上下方向に触ると，高度な凹版印刷による起伏が感じられる。凸版印刷は紙幣全体に施されており，独特の感触がある。

⑥肖像画像のジャケットの襟，すかしがある空白部分の周囲の金の羽ペン沿い，および紙幣のふちには 200 ミクロンほどの小さな文字が印刷されている（マイクロプリント）。

⑦裏面に金色のグラデーションで大きく印刷された「100」の数字がある。これは視覚障がい者が紙幣の種類を触感で区別するためのものである。

第7章

為替相場

1. 外国為替相場
2. 為替予約
3. 為替操作・為替持高
4. 為替リスク回避策

外国為替相場

〈学習上のポイント〉

外国業務において，外貨取引が行われる限りほとんどすべての業務で相場が絡んでくる。間違えば即実損につながるので，為替相場の知識をしっかりと身につけておこう。

また，為替相場の変動要因は自身の相場観を養ううえで理解しておこう。

1．為替相場とその表示方法

過去問題
・2024年3月 問31

外国通貨の価値に比べて円の価値が高くなることが「円高」，低くなることが「円安」である。例えば1ドル＝140円が1ドル130円になれば1ドルを買うのに10円安くなり，ドルの価値が下がった（円の価値が上がった）ので「円高・ドル安」になったという。

外国為替相場の表示方法には，「1ドル＝145.20円」というように，外国通貨1単位が自国通貨である円ではいくらになるかを示す「自国通貨建て」と，逆に自国通貨1単位または100単位に対して外国通貨ではいくらに相当するかを示す「外国通貨建て」の2種類がある。わが国では一般に自国通貨建てで行われている。

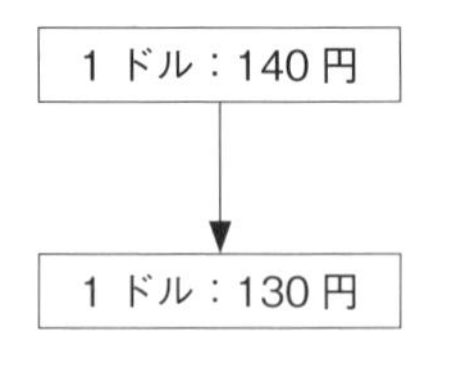

円の価値は上昇：円高・ドル安

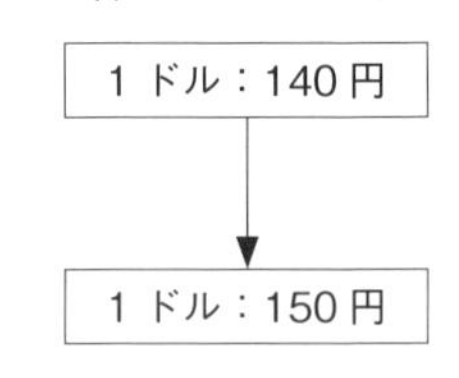

円の価値は下落：円安・ドル高

●図表 7-1　取引先への円高・円安の影響

	円　高	円　安
外貨建資産をもっている人（輸出取引先・外貨預金先等）	円での受取額が少なくなるので ・為替差損発生 ・輸出は利益が減る ・外貨預金は不利	円での受取額が多くなるので ・為替差益発生 ・輸出は利益が増える ・外貨預金は有利
外貨建債務をもっている人（輸入取引先・インパクトローン供与先等）	円での支払額が少なくなるので ・為替差益発生 ・輸入は利益が増える ・インパクトローンは返済額が減り有利	円での支払額が多くなるので ・為替差損発生 ・輸入は利益が減る ・インパクトローンは返済額が増えて不利

外貨建資産を保有している個人や企業は，円安や円高によって影響を受ける。例えば1ドル 145 円で外貨預金をしていたものが 140 円に（円高に）なると円換算額が減少して不利となる。

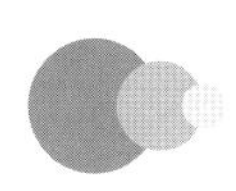

2. 為替相場の変動要因

為替相場はさまざまな影響を受けて変動する（図表 7-2 参照）。為替相場も需要と供給によって変動するが，その需要と供給に大きな影響を与えるのは，「ファンダメンタルズ要因」といわれる景気や金利，経済成長率，失業率，インフレ率，国際収支といった経済諸指標であり，一般にはこれは「経済の基礎的諸条件」といわれている。個々に発表される指標は短期的予測に影響があり，個々の指標を包括したトレンドは長期的予測に影響を与えると考えられる。

3. インターバンク相場と対顧客相場

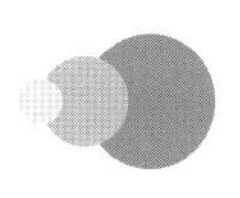

インターバンク相場（銀行間取引相場）は市場相場ともいい，銀

●図表 7-2　為替相場の変動要因

要因	主な項目	相場の読み方（捉え方）
経済的要因	金利	２国間の金利差の拡大で，金利が高くなる国の通貨が買われて通貨高[注]となる（高金利通貨に投資の動き）。ただし，金利高が景気悪化につながり，当該国の通貨が売られることもある。
	景気	好景気により海外から資金流入⇒当該国の通貨が買われて通貨高となる。
	雇用統計	雇用者数の増加（失業率の低下）は景気回復または景気過熱により金融引締⇒金利上昇⇒通貨高となる。
	貿易収支	貿易収支の黒字（輸出額>輸入額）は通貨高となる（日本の輸出の増加は受け取った輸出代金のドル売り・円買い（円転）の増加⇒円高に動く）。
	GDP	GDP（国内総生産）の伸び率が高ければ，通貨高となる。
	経済指標	市場の予想と異なる発表があれば相場が大きく動く。
	インフレ率（物価）	一般的には物価が上昇すると買えるモノの量が少なくなって貨幣価値が下がる（日本の物価が上昇すると円安となる）。つまりインフレ率の高い国の通貨は敬遠され安くなる。逆に，円安が輸入物価の上昇を招き，インフレ圧力が高まる。
	株価	株高は資金流入を招き通貨高となる。
政策的要因	中央銀行の金融政策	日米の金融政策（通貨の供給量を増やせば通貨の価値は低下し物価が上昇⇒円安となる。また，利下げは円が売られて円安となる）。
	為替介入	財務大臣の指示に基づき日本銀行が円買い・ドル売りの介入を行えば円高に動く。
政治的要因	要人発言	各国の政府要人等の発言内容次第で相場が大きく変動する。日本では通貨当局者（財務省や日銀），米国ではFRB議長等の発言に注目する必要がある。
	政治	政治の安定により相場も安定ないし通貨高となる。
地政学的要因	地政学リスク	戦争や地域紛争・テロによる政情不安で当該国通貨が売られるだけではなく，それによって経済的影響を受ける国の通貨も売られる。以前は「有事のドル買い」となっていたが，現在は日本に資源輸入等において経済的影響がなければ，円が安全資産として買われる場面も多くなっている。
市場要因	投機的な動き	市場参加者のポジション調整（需給動向に注意）。ヘッジファンド等，投機筋による売買で変動する。

（注）通貨高とは，円高やドル高というように，ある通貨の価値が他の通貨に対して高くなること。

●図表 7-3　外国為替市場

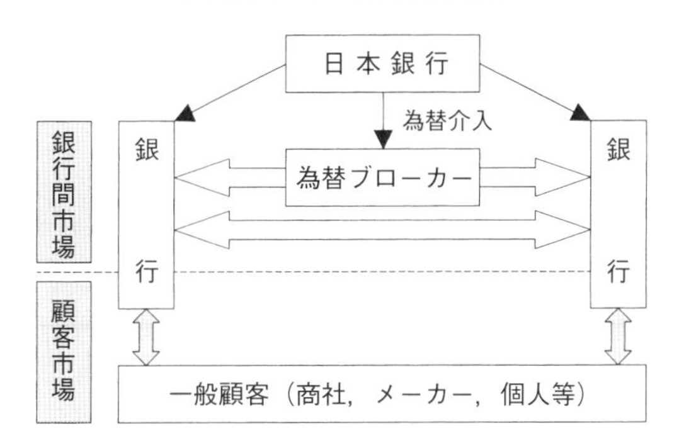

行間において売り手と買い手の合意で成立する単一相場である。東京外国為替市場では，毎日，時々刻々に変動しており，テレビ等で報じられている相場である。このインターバンク相場は金利やコストが全く含まれていない最も基本となる相場である。

一方，対顧客相場（対顧客取引為替相場）は銀行と顧客の間で適用される相場（図表 7-3 中の⇔）であり，インターバンク相場に一定の売買益や手数料・金利等を加味して「売相場」と「買相場」の２種類が建値される。インターバンク相場が「卸値段」といえるのに対して，対顧客相場は「小売値段」といえる。

4. 直物相場と先物相場

対顧客外為取引に適用される為替相場には，直物相場と先物相場がある。

過去問題
・2023年10月 問3

① 直物相場（スポットレート：Spot Rate）

直物相場は，外国為替の取引当日に銀行と顧客の間で対価の受渡しが行われる取引に適用する相場のことをいい，一方，インターバンク取引では翌々営業日受渡しの相場をいう。このインターバンク取引を「直物取引（スポット取引）」という。

インターバンク取引では直物相場をつぎのように表示している。

【インターバンク取引におけるスポット相場（SPOT RATE）のクォート表示】

	買います	売ります

ＵＳＤ/ＪＰＹ＝140.40/50

・40 ビッド（買値）：レートを表示している銀行が，1ドルを140.40円で買いますとの意思表示

・50 オファー（売値）：レートを表示している銀行が，1ドルを140.50円で売りますとの意思表示

② 先物相場：（フォワードレート：Forward Rate）

先物相場は，取引日の翌営業日以降の将来の特定日または一定期間に対価の受渡しが行われる取引に適用する相場をいう。この先物相場は顧客が将来の取引に適用する為替相場をあらかじめ予約しておく相場（為替予約相場）となる。

【先物相場の表示方法】

先物相場は，インターバンク市場（銀行間取引）では直物相場と先物相場の開き（**直先スプレッド**）で表示される。一方，対顧客先物相場は，その直先スプレッドを加減した実数相場で表示される。

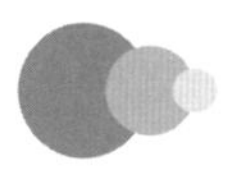

5. 先物相場の建て方

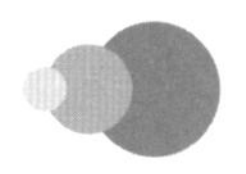

先物相場は直物相場に2国間の金利差（円金利と外貨金利の差）から算出される**直先スプレッド**（スワップレートやSwap Spreadともいう）を加減して建てられる。つまり，先物相場は現在の直物相場と2国間の金利差によって決まる。

「先物相場 ＝ 直物相場 ± 直先スプレッド」

直物相場より先物相場が高いときを**プレミアム**（Premium）といい，逆に先物相場が直物相場より安いときは**ディスカウント**（Discount）という。また，直物相場と先物相場との間に開きがない状態を**直先フラット**（Flat）という。

6. 先物相場が２国間の金利差で決まる理由

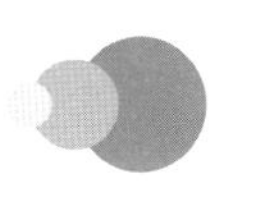

現在のように，日本の金利より米国の金利のほうが高いときは，米ドルの先物相場は直物相場より円高・ドル安となるが，このように米ドルの先物相場が直物相場に比べて安い状態を「**ドル・ディスカウント**」という。ドル・ディスカウントの状態では，投資家は投資時に米ドルを高く買い，期日の米ドルを安く売らざるを得ないので売買損が生じるが，これを金利差で補うことができる。

例えば，日本の金利が1%，米国の金利が3%とすると，日本の投資家が円で投資するより米ドルで投資したほうが2%有利であるから為替市場で米ドル直物を買い（＝今すぐ米ドルを買い），米ドル資産に投資するであろう。満期日になると償還された米ドル資金を円資金に転換するため投資家は米ドル直物を売るが，問題はそのときの円相場である。仮に投資時の円相場が１ドル 140 円であったとし，満期日の円相場が円高になって１ドル 135 円になったとすると，投資金額１ドルに対して５円の損失が発生し，元本の一部を失う。このように金利差益の運用目的だけでは投資家はリスクがある。

そこで，投資利回りを確定したい投資家は，投資時に米ドル直物買いをすると同時に，満期日を受渡日として米ドルを売る約束を行う。すなわち，米ドルの「直物買い・先物売り」の２つの取引を同時に行うのである（これを**スワップ取引**という）。

日本と米国の間に金利差があって，米国の金利が高い限り，為替

過去問題
・2024年3月
問31

市場では米ドル直物買いの需要が増え，米ドル直物相場が上昇する（円安となる）一方で，米ドル先物は売りが多くなり，米ドル先物相場は安くなる。このようにして生じた直物相場と先物相場の差額が**直先スプレッド**である。

これにより，円金利が相手国の金利より低いときの先物相場はディスカウントとなるので，直物相場から直先スプレッドを差し引き，その結果，理論上，先物相場のほうが直物相場よりも円高（外貨安）となる。

以上説明したように，相手国の金利が高い分だけ運用する期間に応じて相手国の相場が安くなり，取引の均衡が保たれるということになる。

7. 対顧客相場の建て方

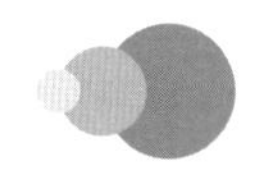

過去問題
・2024年3月 問31
・2023年10月 問29
・2023年3月 問27，問31

米ドルの対顧客公示相場は，毎朝10時前のインターバンク取引の市場実勢相場を基準にして，米ドルの売買相場の**仲値**（TT Middle Rate）を決定し，午前10時ごろに，その日に適用される対顧客相場が**公示（公表）**される。この対顧客公示相場は各銀行が独自に決定しているので銀行によって異なる。また，公示相場はインターバンク相場に大きな変動がない限り1日中同じ相場である。

仲値は銀行の手数料や金利を含まない相場であり，米ドルの仲値を基にして銀行の為替売買益や金利要素・リスク料等を加減して，つぎに述べる各種の外国為替取引に適用する相場が決定される（**図表7-4**参照）。

対顧客相場は，銀行の立場からみて仲値を中心に売相場と買相場に区別される。銀行が顧客に外貨を売るときに適用する相場が「**売相場**（Selling Rate）」で，逆に銀行が顧客から外貨を買うときに適用する相場が「**買相場**（Buying Rate）」である。

●図表 7-4　対顧客相場と適用取引

相場の種類	適用取引
① Cash Selling（外貨現金売相場）	外貨現金（外国通貨）の売却
② Acceptance（信用状付一覧払輸入手形決済相場）	補償方法が借記（DEBIT）方式またはリンバース方式の場合の信用状付一覧払輸入手形の決済
③ TTS（電信売相場）	仕向送金，外貨預金の預入，補償方法が回金（レミッタンス）方式および貸記（クレジット）方式の信用状付一覧払輸入手形の決済等
④ TTB（電信買相場）	被仕向送金の支払，外貨預金の払出，輸出手形の取立代金の支払，インパクトローンの実行等
⑤ Credit A/S Buying（信用状付一覧払手形買相場）	信用状付一覧払輸出手形の買取，旅行小切手（T/C）の買取，銀行小切手（Banker's Check）の買取，銀行以外の会社・個人発行の小切手（Personal Check）の買取(注)
⑥ Without L/C A/S Buying（信用状なし一覧払手形買相場）	信用状なし手形（D/P・D/A 手形）の買取
⑦ Cash Buying（外貨現金買相場）	外貨現金（外国通貨）の買取
⑧ Usance Bill Buying（期限付手形買相場）	信用状付期限付輸出手形で金利輸出者負担条件の場合の買取

(注)銀行によっては，⑥の Without L/C A/S Buying を適用しているところもある。

●図表 7-5　対顧客直物相場の建て方

	相場の種類	US$	建て方
売相場	① Cash Selling	146.44	TTS + Cash margin
	② Acceptance	144.89	TTS + メール期間立替金利
	③ TTS	144.44	仲値 + TT 幅
	仲値（TT Middle）	143.44	銀行間取引中心相場を参考に決定
買相場	④ TTB	142.44	仲値－ TT 幅
	⑤ Credit A/S Buying	141.99	TTB －メール期間立替金利
	⑥ Without L/C A/S Buying	141.69	A/S Buying －リスク料（30 銭）
	⑦ Cash Buying	140.44	TTB － Cash margin
	⑧ Usance Bill Buying	141.11～137.30	TTB －（ユーザンス金利 + メール期間立替金利）

なお，「銀行が顧客に外貨を売る」とは，顧客から円代金をもらって外貨を売ることであり，逆に「銀行が顧客から外貨を買う」とは，顧客から外貨を買い取って円代金を支払うことであり，それを意識していれば，これから説明する各種相場の適用取引が理解しやすいと思われる。

① 電信売相場（TT Selling）と電信買相場（TT Buying）

銀行等は仲値が決定すると，仲値に所定のTT幅（為替売買幅）を加減してTTSとTTBを決める。

このTT幅は銀行の外国為替売買益であり，米ドルの場合は1円が一般的で，これは取引状況に応じて優遇される。つまりTTSとTTBは外国為替売買益のみ含まれるが，金利やリスク料は含まない相場である。

そして，TTSは売相場の基準となり，またTTBは買相場の基準となる。TTSは仲値にTT幅を加えて建値され，仕向送金の取組や外貨預金の預入時，自行ユーザンスの期日決済時などに適用する。またTTBは仲値からTT幅を差し引いて建値され，被仕向送金の支払や外貨預金の払出等に適用する。

② 信用状付一覧払輸入手形決済相場（Acceptance Rate）

信用状の補償方法が「借記方式（DEBIT方式）」または「リンバース方式」の場合に適用する相場であり，TTSに**メール期間立替金利（mail days interest）**(注)を加えて建値される。

(注)メール期間立替金利は，一般的には米国のプライムレートを基準に算出している銀行等が多く，変更があればメール期間立替金利も変更される。また米ドルの立替期間は12日としている銀行等が多い。

【輸入で立替金利が発生する事情】

輸出地で一覧払輸出手形を買い取った銀行は，借記方式の場合，買取と同時に買取銀行にある信用状発行銀行の口座を借記（Debit）する。また，リンバース方式の場合は，買取銀行は信用状の補償方法に従って補償請求すると，補償銀行にある信用状発行銀行の口座から輸出手形代金が引き落とされる。このため，借記方式とリンバース方式の場合には本邦に書類到着後，輸入手形の決済までの間，発行銀行は立替が発生する。これをメール期間立替金利としてTTSに加えることにより立替金利分を輸入者から徴求するのである。

③　信用状付一覧払手形買相場（Credit At Sight Buying Rate）

この相場は，信用状付の一覧払輸出手形を買い取って海外の信用状発行銀行に輸出手形・船積書類を送付し，決済を受けるまでの間，銀行が立替する金利（メール期間立替金利）をTTBから差し引いて建値される。この相場は信用状付一覧払輸出手形の買取のほか，信用状付期限付輸出手形の買取でユーザンス金利が輸入者負担条件の場合や銀行小切手の買取等にも適用する。

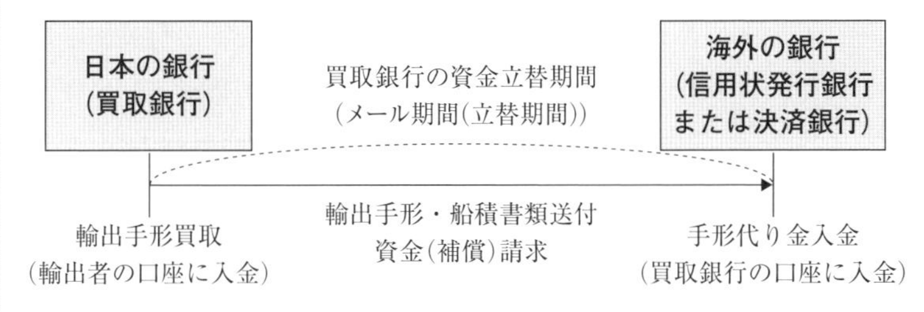

④　信用状なし一覧払手形買相場（Without Credit At Sight Buying Rate）

信用状による銀行の支払確約がないため，信用状付一覧払手形買相場から所定の**リスク料**（米ドルの場合30銭が一般的）を差し引いて建値される。なお，信用状なし期限付D/A手形の買取の場合にも適用し，決済日までの金利を後日買取依頼人から徴求する。

(例)下記を前提とした場合の「信用状なし一覧払手形買相場」の建て方

140円－1円－45銭－30銭＝138.25円

仲値：140 円，TT 幅：1 円，メール期間立替金利：45 銭， D/P・D/A リスク料：30 銭

⑤　外貨現金売相場（Cash Selling Rate）および外貨現金買相場（Cash Buying Rate）

銀行は外国通貨の両替業務を行う場合，販売用の外国通貨を調達したり，買い取った外国通貨を処分する必要があるので，それに伴う運送料や保険料がかかる。また，外国通貨の保有コストや為替リスクも発生する。そこで，これらをキャッシュマージンとしてTTSに加えて外貨現金売相場が建値される。またキャッシュマージンをTTBから差し引いて外貨現金買相場が建値される。

⑥　信用状付期限付手形買相場（Usance Buying Rate）

信用状に基づく60 days after sightというような期限付輸出手形の買取で，ユーザンス金利が輸出者負担の場合に適用する相場であり，TTBから手形期日までの金利を差し引いて建値される。

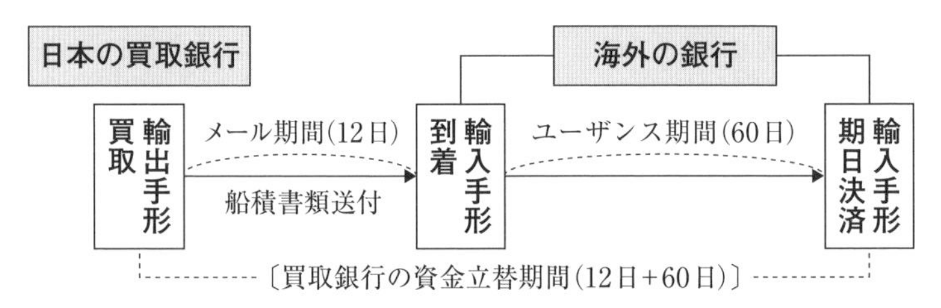

この手形の場合，TTB から 72 日間の金利を減じたものがユーザンス相場となる。

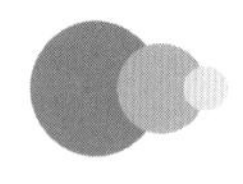

8. 適用相場の決定方法

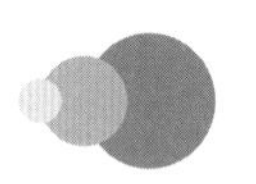

過去問題
・2023年3月
問31

銀行では，為替持高（第7章3節「為替操作・為替持高」参照）に影響が大きい大口取引と，その影響が小さい小口取引に分けて為替リスクの極小化を図っている。このため，1件当たりの取引金額を大口と小口に分けて適用相場の決定を行っている。

⑴　小口スポット取引の適用相場

小口スポット取引(注)については，取引の受付時間にかかわらず，当日の午前10時ごろに決定された公示相場を適用する。

（注）銀行により異なるが，一般には1件10万米ドル相当額未満の取引当日の直物相場（スポット・レート）を適用する取引をいう。

⑵　公示相場の変更

市場実勢相場（銀行間直物相場）が公示相場の仲値から米ドルで2円以上乖離した場合には，公示相場の適用を停止（Suspend）し，その時点の銀行間直物相場を基準にして公示相場が変更される。変更後の公示相場は「第2公示相場」等とよばれる。公示相場が変更されると，変更後に受け付けた小口スポット取引は，第2公示相場が適用される。

過去問題
・2024年3月
問31

⑶　大口スポット取引の適用相場

大口スポット取引（一般には1件10万米ドル相当額以上の取引）は，取引1件ごとに値決め時点の市場実勢相場（銀行間直物相場）を基準に適用相場を決定する。決定にあたっては自行の為替資金部等のカスタマーディラーに適用相場を照会し，顧客の了解を得て行う。

なお，取引当日の公示相場の決定前までに受け付けた大口取引については，大口スポット取引であっても当日の公示相場を適用するという取扱いを行っている銀行もあり，大口スポット取引の適用相場の決定方法は，各銀行のルールに従って取り扱うこととなる。

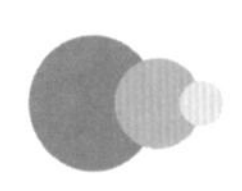

9. 裁定相場の建て方

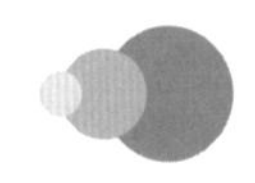

わが国では，米ドルの対円相場を**基準相場**（わが国の為替相場体系の基準となっている為替相場）というのに対して，米ドル以外の外貨の対円相場を**裁定相場**という。

東京外国為替市場や海外の外国為替市場では，ドル/円相場やユーロ/ドル相場などのように，米ドルを対価とした各通貨の相場は成立しているが，ユーロ/円というような相場では取引されていない。すべては米ドルを中心に相場が成り立っているのである。

そこで，米ドル以外の外国通貨の円相場は，基準相場（ドル/円相場）と**クロスレート**（米ドル以外の外国通貨の米ドルに対する交換比率，すなわち円からみた他の２国間の為替相場）を用いて算出することとなり，このようにして算出された相場が裁定相場である。

●図表 7-6　裁定相場の建て方（ユーロ/円 相場の算出の場合）

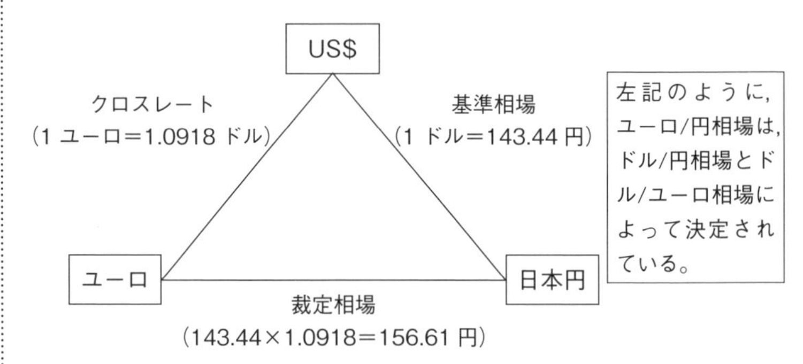

10. 外為法に係る通貨の換算方法

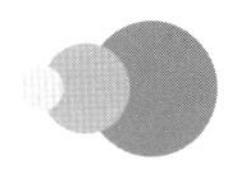

当局宛ての報告書作成の際に使用する換算レート等は，外国為替令21条，外為報告省令35条，36条に定められている。

①　基準外国為替相場および裁定外国為替相場

「基準外国為替相場および裁定外国為替相場」は，本邦通貨と外国通貨の換算レートにつき，当該月（適用月）の前々月中の実勢相場の平均値として，当該月の前月20日を目途に日本銀行において毎月公示される。米ドルについては基準外国為替相場を使用し，米ドル以外の通貨は裁定外国為替相場を使用する。

この相場を用いるのは，下記のような場合の本邦通貨と外国通貨の売買を伴わないときである。

(イ)外為法等における本人確認要否の判定

(ロ)「支払又は支払の受領に関する報告書」の提出要否の判定，資本取引における事後報告要否の判定等

②　外為報告省令レート

外為法のもとで，外為取引等の報告に用いるべき為替レートとして日本銀行において毎月20日ごろにホームページで公表している。

この相場を用いるのは，下記のような場合の本邦通貨と外国通貨の売買を伴わないときである。

「国外送金等調書」や「外国通貨又は旅行小切手の売買に関する報告書」，「デリバティブ取引に関する報告書」等の提出要否の判定。

③　実勢外国為替相場

この相場を用いるのは，本邦通貨と外国通貨の売買を伴う場合（EXCHANGE取引）の，外為法等における本人確認要否の判定や，「支払又は支払の受領に関する報告書」の提出要否の判定等である。

為替予約

〈学習上のポイント〉

為替リスクを回避する目的で，為替予約はよく利用される。為替予約がなぜ与信に準ずる取引なのか，受渡しにはどのような方法があるのか，電話での予約締結ではどのような点に注意すべきか，予約の取消・延長の申し出を受けた際にはどのように対応すべきか，また HRR とはどのような意味なのか，それぞれよく理解しておこう。

1. 為替予約とは

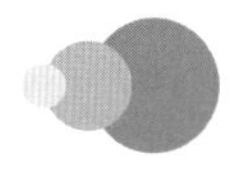

過去問題
・2023年3月 問35
・2022年10月 問35

為替予約とは，将来の一定時期に実行される外国為替取引に対して，それらに適用する相場をあらかじめ締結しておくことにより，支払うべき，あるいは受け取るべき円貨額を確定し，為替相場変動によるリスクを回避する方法である。

通貨オプション取引のように決済日当日になって，当日のスポット相場のほうが有利だから為替予約を使わないということはできない。

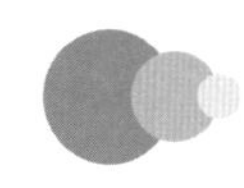

2. 為替予約は与信に準ずる取引である

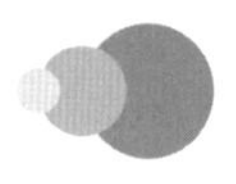

過去問題
・2023年10月 問31
・2023年3月 問5, 問32 問33, 問35
・2022年10月 問31, 問35

(1) 為替予約が与信取引である理由

為替予約をした顧客が倒産等で締結済みの為替予約を実行できないときは，銀行は為替差損を被るおそれがある。例えば，顧客が

●図表 7-7 為替予約取引

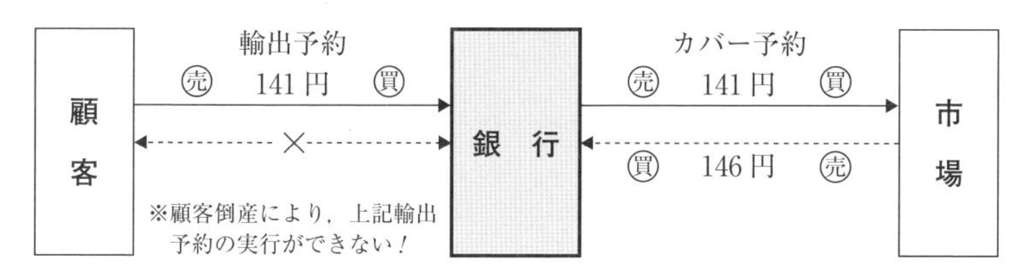

20万米ドルの輸出予約（顧客の売り，銀行の買い）をTTB 141円で締結したとすると，銀行等は市場でカバーのための予約（銀行の売り，市場の買い）を行いリスクヘッジする。このときの対市場売相場は141円より高くなるはずであるが，便宜上，同一の141円でカバーを行ったものとする。

その後，予約の期日近くになって顧客が倒産して為替予約が実行できないとする。銀行はカバーの取消はできないので，市場から同期限の20万米ドルを買って相殺することとなる。このときの市場から買える相場が146円とすると，銀行は146円で買い，141円で売ることとなるので，1米ドル当たり5円，20万米ドルで100万円の為替差損（予約取消コスト）を被ることとなる。

以上のように，銀行は予約を締結すると同時にマーケットでカバーをとり，予約が履行されないとなると予約に代わる取引を新たにマーケットで行う必要がある。その際，銀行にとって相場が不利な方向（輸出であれば予約レートよりドル高・円安）に変動している場合は，不測の損害（為替差損）を被ることとなる。

(2) 為替予約の与信採上げにあたっての留意事項

どのような相場で為替予約を行うかは，あくまでも顧客の自己責任で行われるものである。しかしながら上述のとおり為替予約は与信リスクを伴う取引であるので，予約を受けるかどうかは銀行が判断する。与信稟議にあたってはつぎの点に留意・確認する必要があ

過去問題
・2024年3月 問32
・2023年10月 問32

る。

①信用確実な取引先で，為替予約の意味をよく理解していること。

②顧客が為替予約を将来履行でき，為替差損等，コストが発生しても負担できること。

③為替予約は現在は実需原則が撤廃されており，輸出入取引等の実需が伴わなくても**投機**（Speculation）目的等でも予約が可能である。したがって，予約の都度，輸出入契約書などで実需を確認する必要はない。しかしながら取引先の事業内容に照らし，為替予約の申し出が実需に基づくものかどうかを必要に応じ確認することは与信管理上重要である。もし実需に伴わない予約の申し出の場合には，必要に応じて物的担保を徴求する等，与信保全面においてより慎重に与信判断を行う必要がある。

(3) 為替予約の行内稟議

為替予約の締結にあたっては，事前に各銀行等の行内ルールに従って稟議することとなる。為替予約は外貨定期預金の払出に対応した予約のように，予約の実行が確実に見込める与信リスクの比較的小さいものから，投機目的等，実需に基づかない予約のように与信リスクの大きなものまである。

そこで各銀行等では，予約の原因（目的）となる取引に応じて（リスクの小さい予約とリスクの大きな予約に分けて）稟議するルールとなっているのが一般的である。

為替予約の与信額は，取引先の倒産等で予約が実行されなかった場合の自行の損失予想額とし，その損失予想額の算出は，想定元本額（取引金額等）に20％や30％等，各銀行等で定めた一定の割合を掛けて算出した金額としているのが一般的である。

すなわち，為替予約の与信額のとらえ方が輸出や輸入のそれとは大きく異なるのである。また，通貨オプション取引等，他のデリバティブ取引の与信額も為替予約と同様の考え方で取り扱う。

(4)　為替リスク等の顧客説明

為替予約は為替リスクを伴う取引であるため，為替予約の締結に際しては，顧客に為替予約の**「リスク等に関する重要事項説明書」**に基づいて，①為替予約の仕組み，②為替予約の履行義務があること，③予約の期限延長はできないこと，④予約の取消等を行った場合には相場動向次第で顧客にコスト負担が発生すること，等を説明する。

(5)　予約締結にあたっての徴求書類

顧客と為替予約を締結する場合には，銀行取引約定書とともに「先物外国為替取引約定書」（第2章1節3.「先物外国為替取引約定書」参照）および，上記(4)で述べた重要事項説明書を徴求する必要がある。

3．為替予約の受渡方法

過去問題
・2024年3月問34
・2023年10月問32

為替予約は，一般的に予約締結日の2営業日以降における特定日（または期間）を受渡日として予約の締結を行う。しかし，受渡日が予約締結日の翌営業日とする超短期の予約（スポット予約）が行われることもある。

為替予約の受渡方法（実行時期の決め方）には，**確定日渡し**と**暦月渡し**および**特定期間渡し**の3種類がある。確定日渡しは輸入の自行ユーザンスの期日決済や外貨定期預金の期日の解約等，受渡日が決まっているものに利用される。一方，暦月渡しや特定期間渡しは受渡日の特定できない輸出手形の買取・被仕向送金等に利用される。

なお，為替予約の受付にあたっては，ニューヨーク市場等，海外の外為市場の休業日にあたる場合は予約の受渡しができないものもあるので注意が必要である。

① 確定日渡し

将来の特定の日（確定日）を受渡日とするもの。

② 暦月渡し（暦月オプション渡し）

「5月渡し」,「6月渡し」など，締結日の翌月以降の特定の月を単位とし，その月中の営業日であればいつでも受渡しができるもの。

③ 特定期間渡し

受渡期間を，例えば「8月15日から9月8日まで」のように，一定期間内に受渡しするもの。ただし，この受渡期間は原則，1か月以内とするのが一般的である。

4. 先物為替予約相場

為替予約は，TTSかTTBのいずれかで締結する。なぜなら信用状付一覧払手形買相場や期限付手形買相場は，TTBにメール期間立替金利等の金利を加減して建値されるが，予約期日における米国プライムレート等の金利は予約締結時点では不明のため，金利等の要素を含む相場は建てられないのである（メール期間立替金利は米国プライムレートを基準に算出している銀行が多い）。

このため実際の為替予約の実行時に，各取引に応じて予約相場から金利やコスト分を加減して適用することとなる。例えば信用状付一覧払輸出手形の買取時において顧客から予約相場の適用の依頼があれば，予約相場のTTBから買取日のメール期間立替金利を差し引いた相場を適用することとなる。

5. 為替予約相場の建て方

過去問題
・2024年3月 問33
・2023年10月 問33
・2022年10月 問33

例えば，取引先から米ドル建の3か月先（9月）の為替予約の締結依頼があり，そのときの米国の金利が日本の金利より高く，ドル/円のSpot Rate（直物相場）とForward Rate（先物相場）は下記のような「ドル・ディスカウント」となっていると仮定する。この場合の予約相場の建て方は以下のとおりである。なお，TT幅は1円，相場の優遇はなしとする。

① 9月渡しの輸入予約相場：139.50＋1.00＝140.50円
② 9月渡しの輸出予約相場：138.90－1.00＝137.90円
③ 9月15日の確定日渡しの輸出予約相場：139.20－1.00＝138.20円
④ 9月30日の確定日渡しの輸入予約相場：138.90＋1.00＝139.90円
⑤ 9月1日から9月15日までの特定期間渡しの輸入予約相場：139.50＋1.00＝140.50円

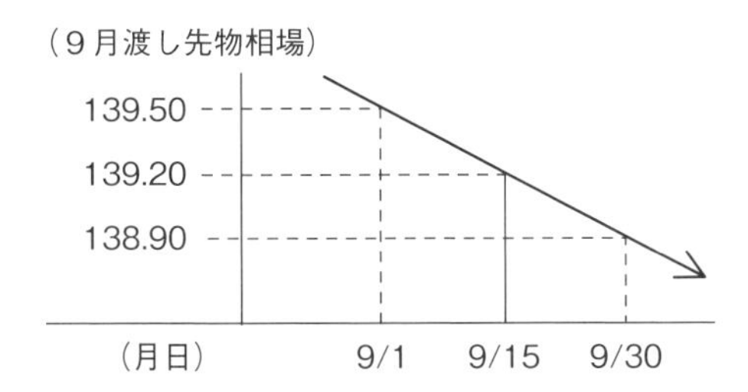

《算出方法》
・売買益であるTT幅1円を輸出の場合は差し引き，輸入の場合は上乗せする。
・確定日渡しの場合は，当該日の先物相場を基準にする。
・オプション渡し（期間渡しや暦月渡し）の場合は，期間中いつでも予約の履行ができるので，銀行にとって損失が発生しない相場を基準にする。

⑥ 9月15日から9月30日までの特定期間渡しの輸入予約相場：
139.20＋1.00＝140.20円

⑦ 9月1日から9月15日までの特定期間渡しの輸出予約相場：
139.20－1.00＝138.20円

6. 為替予約締結の留意点

過去問題
・2023年10月 問32
・2023年3月 問33

時々刻々変動している為替相場の締結を行うことは，銀行としては新たに為替ポジションを持ち，それによって生じた持高のカバーをとることとなり，取扱いを誤ると大きな実損が生じるおそれがある。したがって予約の締結は慎重に行わなければならない。

為替予約の締結は電話かインターネットを利用して行われる。電話での為替予約の締結にあたっては，聞き違いや誤解が生じないよう，つぎの点に留意する必要がある。

①あらかじめ取引先の担当者を特定しておく。

②売買の別・通貨の種類・外貨金額・受渡時期・締結相場・為替予約の目的を復唱し，確認する。「売買の別」は，銀行から見て外貨を売るのか買うのか（売予約は「輸入予約：TTS」，買予約は「輸出予約：TTB」）を明確にして誤解のないように注意する。そのためにも予約の目的（適用する取引）を聴取する。

③コントラクト・スリップ（Contract Slip：予約スリップ）は，締結した予約内容を顧客に確認してもらうための重要な書類であり，予約締結後は早期に手交・回収に努める必要がある。また，各銀行等では一定の基準に従って毎月顧客宛て文書で通知し，予約残高の確認を求めている。

7. 為替予約の履行

締結した為替予約は，受渡期限内に，買予約（TTB）であれば，輸出手形の買取，被仕向送金の支払等に，また売予約（TTS）であれば，輸入手形の決済，仕向送金の取組等について，それぞれ予約相場で換算した対価である通貨の受払を行う。これを「為替予約の履行」という。

外国為替取引に予約相場を適用する場合には，輸出手形買取依頼書など各種取扱依頼書に為替予約番号（Contract No.）と予約使用金額を記入してもらい，その記入を確認して予約を実行（履行）する。したがって外国為替の取扱いにあたっては，顧客が各種の取扱依頼書に記載した代り金処理区分欄（当日のスポットレート適用なのか，予約相場適用なのか，または外貨預金による受払なのか）を間違いのないように確認する必要がある。

なお，顧客が予約相場履行の依頼を失念していることもあるので，予約の期日管理も確実に行う必要がある。

8. 為替予約の取消・延長

(1) 予約の取消

過去問題
・2024年3月 問32
・2023年3月 問32, 問34
・2022年10月 問31

為替予約は期日に履行するのが原則である。ところが輸出入契約の取消や不可抗力による船積遅延等により，予約の全部または一部を予約の期限内に履行できない場合がある。この場合の予約の取消は，原則，取消日の直物相場で反対取消により行い，それによって生じた場合の為替差損はペナルティとして取消手数料とともに顧客に請求する。

また，予約の取消を反対取引で行わない場合は，外貨預金口座を用いるなどの方法で，為替予約残高が予約期日以降に残らないよう顧客に求める必要がある。

例えば，売予約（輸入予約）を締結している顧客から，輸入の契約が取消になったとの理由で，為替予約の取消の申し出を受けた場合には，取り消す予約相場のTTSを使って外貨預金に入金すれば，予約は実行（消化）できる。また，輸出予約の取消であれば，取り消す予約相場のTTBを使って外貨預金を払い出す方法で予約を履行するよう顧客に求める。

(2) 予約期限の延長

① 更新による対応

過去問題
・2024年3月 問34
・2023年3月 問34
・2022年10月 問31，問34

船積遅延，予定船舶の欠航，船積書類の延着等，予期せぬ理由で予約の期日内に履行ができず，予約期日の延長の申し出を受けることがある。

しかしながら，延長の申し出を受けても，原予約相場で新期日まで延長したり，原予約相場に新期日までのスワップコスト等を織り込んで新予約相場を適用したりすることは，次項で述べる「HRRの原則禁止」の趣旨から，合理的な理由がない限り，原則として応じてはならない。

この場合は，上記(1)「予約の取消」の方法で原為替予約の反対取引を行って，いったん原為替予約を取消のうえ，新たに為替予約を締結し直すべきである。

銀行は予約締結の際，当初の期日内に予約が履行されるものとしてカバーをとっており，予定どおり履行されないと資金ポジションに狂いが生じる。

② 実質的に原予約相場で延長する方法（HRR）

為替予約を期日に履行せず，「**実質的に原予約相場で延長する方**

法」のことを**HRR**（Historical Rate Rollover）という。

HRRは取引先の損失を先送りするものであり，取引先の含み損が拡大して大きな損失をもたらすおそれがあるため，1992年に全国銀行協会（全銀協）が作成した「外国為替取引に関する行内規則（作成例）」をもとに，各銀行は「**HRRの原則禁止**」の行内ルールを定めている。

これにより，予約期限の延長は原則として禁じられているので応じてはならないが，**合理的な理由**にもとづく真にやむを得ない場合に限り延長に応じている。ただし可能な限り6か月以内の延長に限定し，1年を超える延長に応じてはならない。

HRRの対象となる「実質的に原予約相場で延長する方法」とはつぎの方法である。

(イ)単純延長……原予約相場を変更せず受渡期限のみ延長するもので，直先スプレッドや円資金コスト等は別途徴求する方法である。

(ロ)織り込み方式による延長……原予約相場に直先スプレッドと円資金コストを織り込んで新予約相場として受渡期限を延長する方法である。

【全銀協の「外国為替取引に関する行内規則（作成例）」第6条（為替予約の延長）】

原予約期日に実行せず，実質的に原予約相場で延長することについては，合理的な理由(注)があり，かつ事前に管理者の了承を得る場合を除き，取扱ってはならない。例外的に延長を行う場合においても1年を超える延長は原則として取扱わないこととし，可能な限り6か月以内に実行するものとする。

(注)合理的な理由とは，船積遅延，船積書類到着遅延，プロジェクト関連で完工遅延等，顧客にとって営業上の理由が明らかであり，個別取引と延長為替予約との関連をもつ場合等である。

3 為替操作・為替持高

〈学習上のポイント〉

顧客は為替リスクを回避するために為替予約を行う。一方，銀行は為替操作という方法で為替リスクの回避に努める。為替操作を行うにあたり銀行は常に正確な為替持高を把握する必要がある。その持高（ポジション）を動かしているのは営業店の行職員一人ひとりの正確なオンライン端末入力やポジション報告である。ここではポジション報告の重要性をしっかりと理解しておこう。

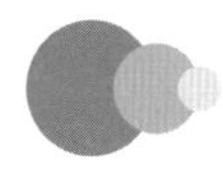

1. 為替操作

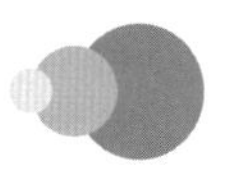

銀行等は，毎日いろいろな種類の外国為替取引を行っている。その中には対顧客取引があり銀行の本部ではインターバンク取引もある。その結果，**為替持高**（次項参照）が生じ，銀行等が保有する売為替（外貨債務）と買為替（外貨債権）が，また，直物為替と先物為替が不均等となる。この不均衡をなくすために外国為替市場で行われるのが「**為替操作**」である。

為替操作には，為替リスク回避のために行われる**持高操作**と，外貨資金の過不足を調整するために行われる**資金操作**がある。

2. 為替持高

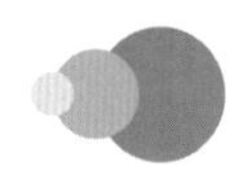

① 為替持高

為替持高（Exchange Position）とは，外貨資産（債権）と外貨負債（債務）の差額をいう。「外貨資産＞外貨負債」の状態，つまり外貨資産のほうが多い状態を「**買持ち**」といい，「外貨資産＜外貨負債」の状態，つまり外貨負債のほうが多い状態を「**売持ち**」という。また，外貨資産と外貨負債が均衡している状態，すなわち「外貨資産＝外貨負債」の状態を「**スクエア**」という。

為替持高が売持ちと買持ちのいずれか一方に著しく片寄ることは，銀行等にとって健全とはいえず，できるだけスクエアの状態にして為替リスクを回避する必要がある。

この3つの状態（Position）にあるときの各々の為替リスクは下図のとおりである。

②　為替持高の種類

為替持高は，直物取引の結果である「**直物持高**（Spot position）」と為替予約等の先物取引による「**先物持高**（Forward position）」に大別でき，この直物持高と先物持高を総合して「**総合持高**（Overall position）」という。

直物持高は，バランスシート（貸借対照表）上に計上される外貨資産と外貨負債の差額である。また，直物持高のうち，デポ・コルレス銀行への預け金や預り金，海外本支店との間の為替決済のための本支店勘定は「現金持高（Cash Position）」になる。

一方，バランスシート上には計上されない将来発生する外貨資産・外貨負債もある。これは先物為替予約の締結・実行によって増減するが，それらの資産・負債の差額を先物持高という。総合持高

●図表7-8　為替持高と為替リスク

持高の状態	内　容	為替リスク
買持ち	外貨資産>外貨負債	あり（この後円高になると為替差損が発生）
売持ち	外貨資産<外貨負債	あり（この後円安になると為替差損が発生）
スクエア	外貨資産=外貨負債	なし

●図表 7-9　為替持高表の構成

			外貨資産	外貨負債
総合持高	直物持高	現金持高	外国他店預け 外国他店貸 本支店勘定	外国他店預り 外国他店借 本支店勘定
		経過勘定	コールローン 外貨貸付金 外貨買入外国為替 外貨取立外国為替 外貨有価証券	コールマネー 外貨借入金 外貨売渡外国為替 外貨未払外国為替
	先物持高		先物買予約	先物売予約

は直物持高と先物持高の合計額であり，為替リスクを回避するためにはこの総合持高を正確・迅速に把握してスクエア化する必要がある。なお，直物持高のうち，勘定が現金持高に移行する前の外貨資産・外貨負債を経過勘定という。

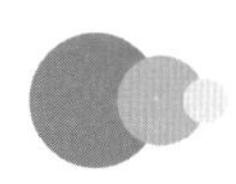

3. 為替持高の把握とポジション報告

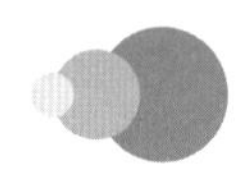

銀行等は，自行全体の為替持高（ポジション）を把握するために，営業店から為替資金の所管本部に取引の都度，外国為替取引の売買等の報告を行う。これを一般的には「**ポジション報告**」といっている。営業店で取扱った外為取引を本部で一元管理することにより，銀行全体の効率的な為替持高操作が可能となる。

通常，営業店はオンライン端末入力（記帳）によって為替持高の把握に必要なデータが送信される。ただ，大口取引についてはポジションへの影響が大きく，必要に応じて即刻マーケットカバー（為替操作）を行い，為替リスクの軽減を図る必要がある。

そこで，各銀行は一定金額以上の大口取引については取引の都度，直ちに本部宛て「ポジション報告」を行うことにしている。ポジション報告の内容は「取引種類，取引通貨，金額，外貨の売り買いの別，適用相場がSPOT（直物相場）かCONTRACT（予約相場）かの区別等」である。

このポジション報告は，自行全体の外貨の持高を正確に把握するうえで極めて重要となる。

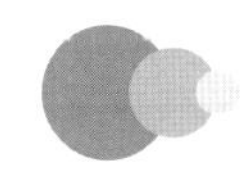

4. 資金操作

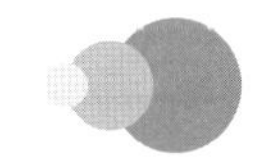

海外デポ・コルレス銀行の預け金勘定等の外貨資金の過不足を調整する目的で行われる資金操作には，スワップ操作等がある。

スワップ操作（Swap Operation）とは，同額の直物為替の買い（売り）と先物為替の売り（買い）を同時に行う取引である。このため総合持高は変わらない。

●図表 7-10　銀行内の為替持高の把握フロー

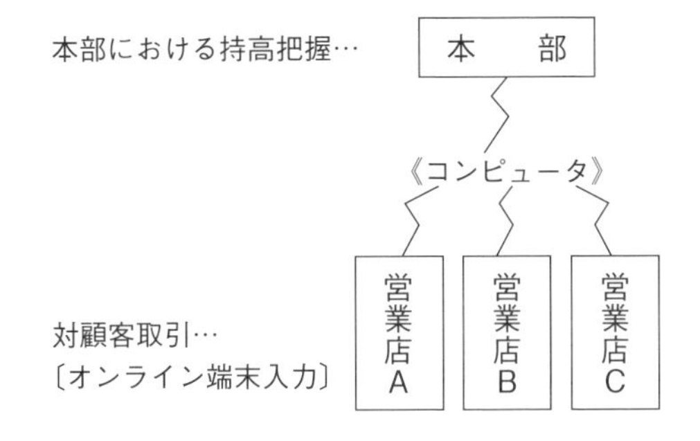

4 為替リスク回避策

〈学習上のポイント〉

海外の企業を取引相手とする企業は，主として取引相手方の「信用リスク」，相手国の政情・経済情勢等の「カントリーリスク」，為替相場変動等の「為替リスク」の３つのリスクを抱えている。そのうち，ここでは企業の為替リスク回避策についてしっかりと学んでおこう。

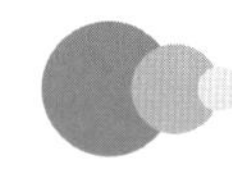

1．為替予約

過去問題
- 2023年10月 問32
- 2023年3月 問33, 問35
- 2022年10月 問34, 問35

為替予約は，将来の取引に適用する為替相場をあらかじめ確定することで為替リスクを回避するとともに，取引採算も確定できる最もよく利用されている為替リスク回避策である。ただし，いったん予約をすると期日履行が原則であり，HRR にも注意する必要がある。

なお，為替予約の方法として，「**リーブオーダー**（Leave order）」という方法がある。これは顧客が希望する（予約したい）相場での売買注文をあらかじめ銀行に注文時限を決めて預けておき，銀行は顧客の希望する条件をインターバンク市場で取引が可能となっている時点で成約させる予約の方法であり，いわゆる指値注文の形態である。

リーブオーダーは夜間の海外市場でも利用できるようにしており24 時間のオーダーが可能である。ただし市場で希望相場が付いても予約締結に至らない場合もある点を顧客に説明しておく必要がある。

リーブオーダーは通常，各銀行とも大口の予約のみで，かつ優良顧客に限定して取り扱っている。

2. マリー

過去問題
・2023年10月 問34
・2023年3月 問29, 問35
・2022年10月 問35

同じ通貨で外貨資金の受取と支払の両方がある企業では，受け取った外貨資金を円に換えないで，そのまま外貨での支払にあてることがある。つまり，外貨建ての債権と債務を同じ通貨で相殺する方法を**マリー**（Marry）という。例えば，外貨債権（資産）である輸出代金や外貨預金等を円に換えずに，外貨債務である輸入代金の支払やインパクトローンの返済に充当する方法である。

マリーでは外貨と円貨の交換はないので為替リスクは発生せず，かつ，外貨売買に伴う銀行手数料も多少の節約になる（外貨⇔外貨の場合も一定の手数料はかかる）。マリーは受取時期と支払時期を合わせるという必要性もあり，輸出と輸入の双方を頻繁に行っている商社等にはメリットがある。

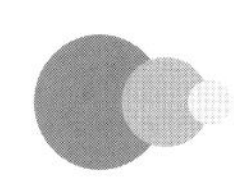

3. 通貨オプション

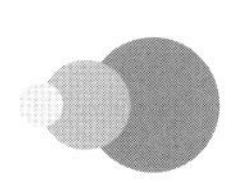

過去問題
・2024年3月 問35
・2023年10月 問35
・2023年3月 問35

先行きの相場が予測しづらいときは，為替予約よりも**通貨オプション**のほうが利用に適している。なぜなら一定のオプション料を支払うだけで為替リスクをヘッジでき，相場次第では為替差益も享受できるからである。

例えば，米ドルを購入する権利（米ドル・コールオプション）を買った輸入者は，期日に行使価格から支払済みのオプション料を超える円高・ドル安になった場合，為替差益を享受するため，権利放棄をして市場実勢相場で米ドルを購入すればよい（オプション取引については第9章3節5.「オプション取引」参照)。

① **通貨オプション取引とは**

通貨オプション取引とは，ある特定の通貨を契約で定めた特定の期日または特定の期間内に，あらかじめ約定した価格（**権利行使価格**）で，買うことのできる権利（**コールオプション**），または売ることのできる権利（**プットオプション**）を売買する取引である。

オプションの買い手は**オプション料**をオプションの売り手に支払うが，売買の選択権利を得ても売買に応じる義務はない。逆にオプションの売り手は買い手から選択権を行使されればこれに応じる義務がある。

② **通貨オプション取引の具体例**

輸出者が銀行から権利行使価格138円，オプション料はドルあたり2円のドル・プットオプション（ドルを売却して円を購入する権利）を購入したとする。権利行使日に市場実勢相場が143円と（円安に）なったときは輸出者は権利を放棄して，権利行使価格の138円よりも有利な市場実勢相場143円で輸出予約を締結する。これにより143円−(138円+2円）で，オプション料を差し引き，実質3円の円安メリットを享受できたこととなる。

逆に市場実勢相場が135円と（円高に）なったときは，権利行使価格のほうが有利なので権利行使し，権利行使価格の138円でドル建ての輸出手形を円に換えられる。これにより2円のコストで円高リスクのヘッジ効果を実現できたこととなる。

●図表7-11　オプション取引の買い手と売り手の権利・義務関係

	コールオプション	プットオプション
買い手	行使期間（日）に行使価格で買う権利	行使期間（日）に行使価格で売る権利
売り手	行使期間（日）に権利行使された場合，行使価格で売る義務	行使期間（日）に権利行使された場合，行使価格で買う義務

③　**通貨オプション利用のメリット**

(イ)輸出企業や外貨預金の保有者等

前記の取引具体例のように，米ドル建ての輸出代金の受取りや外貨預金の円転を予定している企業の場合は，ドル・プットオプションを購入することにより円高リスクをヘッジでき，円安メリットを享受することもできる。

(ロ)輸入企業やインパクトローンの返済を予定している企業等

ドル・コールオプションを購入することにより円安リスクをヘッジでき，円高メリットを享受することもできる。

【例：ドルを買う権利（コールオプション）の売買】

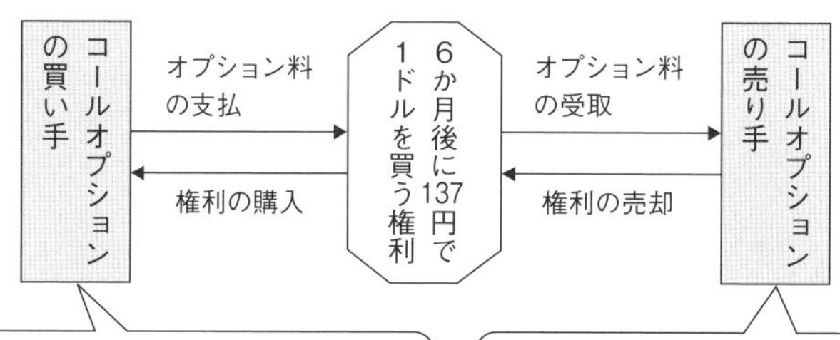

買い手は，6か月後に，そのときの相場よりも137円で買ったほうが有利（137円より円安）であれば権利を行使して，137円で買う。

売り手は，買い手から権利を行使されれば，137円でドルを売る義務がある。

4. リーズ・アンド・ラグズ

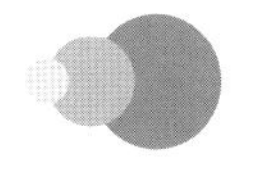

過去問題
・2023年10月
問34

為替相場の先行きを予測して，先々，円安になると予測すれば外貨での支払（例えば輸入決済時期）を早め（leads），受取は遅らせ（lags），逆に円高になると予測すれば支払を遅らせ（lags），受取を早める（leads）方法である。しかし，相場が予測どおりに変動すればよいが，予測に反した場合は為替差損を被ることになり，為替リスク回避という目的からは必ずしも十分な策とはいえない。

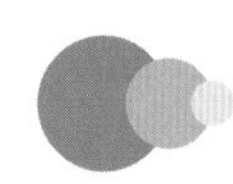

5. 円建契約

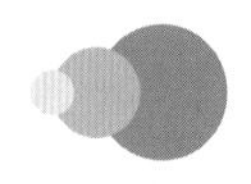

過去問題
・2023年10月 問34
・2023年3月 問35

輸出入等の契約を円建てにすれば，円相場がどのように変化しようと為替リスクは全く発生しない。しかし，この場合，海外の取引相手先が為替リスクを負担することとなる。

円建ての輸出では契約時より円高になれば，海外の輸入者は円資金購入に必要な自国通貨が予定額より多くなり損失が生じる。このため，海外の輸入者から値引き要求や買い控えなどの動きが出ることもある。一方，円建ての輸入の場合は海外の輸出者が円安になれば自国通貨での受取が減り損をする。

このように円建契約は日本企業にとって有利な半面，海外の相手企業にとって不利となるので，円建契約にできるかどうかは当事者間の力関係，商品競争力，需給関係等による。

6. ネッティング

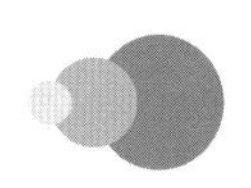

過去問題
・2023年3月 問35
・2022年10月 問35

ネッティング（第4章1節2.「輸出代金の決済方法」参照）は，取引の都度決済せずに，複数の当事者間で相殺ルールを決めて，一定の期日に債権と債務をまとめて相殺し，差額だけを決済する方法である。相殺する部分は為替リスクが発生しないので為替リスク対策に有効である。ただし，相手国の法規制でネッティング決済が認められていない国もあるので事前調査が必要である。

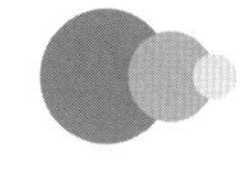

7. クーポンスワップ取引や通貨スワップ取引

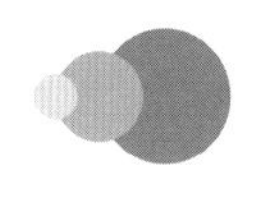

過去問題
・2022年10月 問35

これらは長期の外貨建債権や債務がある場合に利用される。クーポンスワップは，元本の交換を行わず長期間にわたり定期的に異なる通貨の金利のみの交換を行う取引である。

例えば将来にわたって継続的かつ安定的に輸入取引が発生し，国内販売価格が為替相場に影響をあまり受けないような外貨建輸入取引の円安リスクをヘッジする手段として利用される。実務上は「想定元本」というものを使い，例えば想定元本を10億円として2％の円・米ドルのクーポンスワップとする場合，約2,000万円の日本円と米ドルを一定期間交換する。

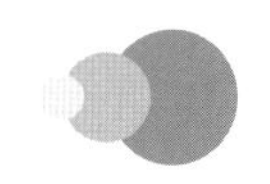

8. NDF（差金決済型為替予約）

過去問題
・2023年10月問34
・2022年10月問35

NDF（Non-Deliverable Forward）とは，為替リスクヘッジを行いたい通貨を日本円や米ドルなどの決済通貨を対価として先物予約（A）を締結の後，期日の1～2営業日前の直物相場で（A）とは反対の予約（B）を行って，期日に（A）と（B）の予約を相殺し差額のみを決済する取引である。このため対象通貨の元本の受渡しは行わない。

アジアや中南米などの新興国通貨は，当該国の外貨持出規制等により為替予約を締結して為替リスクをヘッジすることができない。このため，韓国ウォンやニュー台湾ドル，インドネシアルピア等の通貨で取引している企業はこのNDF手法（次頁事例参照）により実需の決済額を完全ではないが，ある程度は確定できる。

9. 企業の現地化（海外進出）

販売する国で原材料調達や生産などの現地化を行えば，外貨のまま取引ができ，為替の影響を受けることはない（第10章2節2.「進出ニーズのヒアリング」参照）。

【事例】K社のニュー台湾ドル建ての送金ベース輸入債務のNDFによる為替リスクヘッジ方法

輸　入　金　額：TWD50,000,000　　決済通貨：日本円
ＮＤＦ締結日：3月5日　　直物相場決定日：6月3日
Ｎ　Ｄ　Ｆ　期　日：6月5日

① **締結日（3/5）**
約定相場 474.00 円 /100TWD（K社の TWD 買予約）

② **期日直前（6/3）**
直物相場が決定 477.00 円 /100TWD（①の反対予約締結：K社の TWD 売予約）

③ **期日（6/5）**
日本円で①と②の差額を決済，1,500,000 円をK社口座に入金

④ **輸入代金の送金実行（6/5）**
輸入金額を当日の直物相場 476.40/100 にて換算のうえ送金

これによって④の円貨換算金額－③＝ 236,700,000 円が実質の輸入決済額となった。

本事例では期日に NDF 約定相場よりも円安となり，輸入債務が増えたが，それを NDF の差金受取③により相殺することができ，為替リスクがほぼ回避可能となった。これである程度 NDF 約定相場で輸入債務円貨額を確定できたこととなる。

上記の場合，6月3日から6月5日までの為替リスクがある。仮に②の6月3日に送金を実行した場合の為替リスクは，②の 477.00/100 と送金適用相場の違いに限定される。

第8章

外貨預金・非居住者円預金・インパクトローン

1. 外貨預金・非居住者円預金・FATCA
2. インパクトローン（外貨貸付）とユーロ円インパクトローン

外貨預金・非居住者円預金・FATCA

〈学習上のポイント〉

いまや外貨預金はポピュラーな金融商品となり，実際にこの勉強をしている人の中で外貨預金を保有している人も多いであろう。そのような人も含め，この節で改めて外貨預金を顧客から受け入れる側の立場で，特に「外貨預金の商品説明」がしっかりとできるよう学んでおこう。

1. 外貨預金

(1) 外貨預金の種類と外為法における分類

過去問題
- 2024年3月 問2
- 2023年10月 問42
- 2022年10月 問41

外貨預金は外貨建ての預金である。預金種類は，普通，通知，定期，当座の各外貨預金があるが，預金種類や取扱通貨，預入期間等，取扱内容は銀行によって異なる。

外貨預金は外為法20条（資本取引の定義）において，外為法上の資本取引として定義され，預金する銀行が本邦にあるか海外にあるかにより，また預金者が居住者か非居住者かにより，つぎのとおり分類できる。

本邦にある銀行（＝居住者）に預けられる外貨預金	→	・**居住者外貨預金**…預金者は居住者 ・**非居住者外貨預金**…預金者は非居住者
外国にある銀行（＝非居住者）に預けられる外貨預金	→	**居住者海外預金**…預金者は本邦の居住者（通貨は特定せず）

① 居住者外貨預金

居住者間の外貨建ての預金契約であり，金額や通貨種類，預入期間等になんの制限もなく，預金は自由であり事後報告も不要である。

② 非居住者外貨預金と居住者海外預金

居住者と非居住者の間の預金契約であり，経済制裁等，有事規制が発動されている場合の資産凍結等対象者との取引は事前許可が必要である。このため口座開設時や入出金時には外為法17条により適法性の確認が必要である。それ以外の取引は制限なく自由であり事後報告も不要である。

なお，企業や個人が海外の銀行に外貨預金や円預金（=**居住者海外預金**）をすることはなんら制限なく自由ではあるが，海外預金の1口座当たりの月末残高が1億円相当額を超える場合には，預金者は「**海外預金の残高に関する報告書**」を作成し，翌月20日までに日本銀行経由，財務大臣宛てに提出しなければならない（外為報告省令32条）。

また，この報告の対象は，非居住者（非金融機関を含む）に対する預金契約に基づく債権の月末時点での残高である。その預金契約には，金融機関以外の非居住者に対する企業間の預け金，保証金，担保金も含まれる。報告の要否は，1口座ごと（1預け先ごと）に1億円を超えるかどうかで判定し，複数の口座を有していても合算では判定しない。

(2) 外貨預金の特徴と留意点

① 外貨預金は自由金利商品である

銀行は市場のレート水準を勘案し決定している。外貨定期預金については，ユーロ市場や東京ドルコール市場の金利（Bid Rate：取り手レート）をベースとして，一定の利ざや（スプレッド）を差し

過去問題
・2024年3月 問43
・2023年3月 問44
・2022年10月 問43

引いた金利が適用される。

② 為替相場の変動により元本割れが生じるリスクがある

外貨預金の期日の相場次第で為替差益を得ることもあれば，為替差損を被ることもある。為替差損を回避する方法として「スワップ付外貨定期預金」がある。

③ 為替相場の変動がなくても往復のTT幅分が元本割れする

預入日はTTS，払戻日はTTBを各々適用するので，為替相場の変動がない場合（預入日と払戻日の仲値が同一）でもTT売買幅分（電信相場売買幅分＝入出金時の銀行の手数料分）の為替差損が生じる。例えば，売り買いとも売買幅1円とし預入日も払戻日も仲値138円とすると，預入日TTS 139円，払戻日TTB 137円となり，払戻日仲値が140円未満では元本割れとなる。

④ 外貨定期預金は，原則，中途解約ができない

銀行は預金として受け入れた資金を東京ドルコール市場等で期日まで運用するため，期日前は資金回収ができない。顧客から中途解約の申し出に応じる場合には，別途資金調達を行う必要があり，市場金利・為替相場動向次第でコストが発生する。そのコストは期日前解約コストとして顧客から徴求することとなる。さらに預入期間中の金利も当該通貨の外貨普通預金金利の適用となる。

⑤ 外貨による預入または払戻の際には手数料がかかる

外貨預金口座に同一通貨の外貨建ての輸出手形買取代金や外貨現金等を外貨のまま入出金する場合，すなわち外貨を対価とする取引は外国為替売買益が発生しないので，代わりに，所定の料率で算出した円貨額を取扱手数料として（一般にはリフティング・チャージという名目で）徴求する。

⑥ 預金保険制度は対象外

外貨預金は預金保険制度の対象外であるため，元本・利息とも払戻の保証がない（ペイオフの対象とはならない）。

●図表 8-1 外貨定期預金の概要

取扱通貨	米ドル，ユーロ，英ポンド等で，流通性の低い通貨は対象外。
預入期間	預入日から1年以内（1週間，1か月，3か月，6か月，1年等）。
預金利率	ユーロ市場や東京ドルコール市場の金利（Bid Rate：取り手レート）を基準に一定の利ざやを差し引き，預入期間に応じて決定（市場金利－スプレッド（利ざや）＝預金金利）。
取扱日	当該通貨の海外市場の休日を除く銀行営業日。
最低預入金額	100通貨単位が一般的であるが1通貨単位もある。
利息計算期間	・預入日から期日までの片落し，かつ1年を360日または365日とする日割で計算するが，預金通貨・銀行等の運用先市場に応じて異なる。 ・外貨預金利息＝$\frac{\text{預入外貨額×適用年利率×預入日数}}{\text{360日または365日}}$
利子の課税	預金利子税は，「(外貨利息額×支払時のT.T.B)×下記の税率」で算出する。 ＜預金利息＞ ・個人は20.315%の源泉分離課税（国税15.315%，地方税5%）。マル優扱いの対象外。 ・法人は総合課税。
為替差益の課税等	＜為替差益＞ 法人・個人とも総合課税。個人は雑所得として確定申告の対象となる。ただし，年収2,000万円以下の給与所得者で，給与所得と退職所得以外の所得が当該為替差益を含めて年間20万円以下の場合は申告が不要である。 ＜為替差損＞ 個人は他の雑所得から控除できるが，他の所得との損益通算はできない。 法人の場合は，外貨預金の為替差（損）益を会計上，営業外損益に計上する。
手数料	外貨を対価とする取引の場合には，外国為替売買益が発生しないので，外貨受払手数料（リフティング・チャージ）という名目で徴収する。
為替予約	為替予約は予約実行日の2営業日前までに締結するのが一般的である（外貨転予約は預入日の2営業日前，円転予約は預金期日の2営業日前までの期間中であればいつでも予約可能）。
中途解約	原則として不可。ただし，やむを得ない理由があり，これに応じる場合は預入当初から解約日当日の当該通貨建ての外貨普通預金利率の適用となる。
預金保険制度	対象外。したがって元本と利息とも払戻の保証がない。

(3) スワップ付外貨定期預金

過去問題
・2024年3月
問43

外貨定期預金の申し込みの際に，預入元金と期日（解約日）の税引後元利金に適用する為替相場を予約することにより，円ベースの預金利回りを確定させる取引を「**スワップ付外貨定期預金（または為替予約付外貨定期預金）**」という。これによって為替リスクを回避できるが為替差益は得ることができない。

この預金は外貨の金利が円金利よりも高い場合，表面金利では高金利であるものの，先物相場が円高（米ドル等の外貨ディスカウント体系）になり，為替相場の面から為替差損が生じる。このため金利と為替差損を合わせた実質利回りは金利裁定が働き，国内円預金とほぼ同一水準となる。

《スワップ付外貨定期預金の税引後実質利回り（年率）計算式》

$$\frac{\text{税引後元利合計円貨額}-\text{預入円貨額}}{\text{預入円貨額}}\times\frac{365}{\text{預入日数}}\times 100$$

(4) オープン型外貨定期預金

上記の「スワップ付外貨定期預金」に対して，預入時に期日の為替予約を締結しない外貨定期預金を一般には「オープン型外貨定期預金」と呼ばれており，為替リスクが伴う外貨預金である。

(5) 外貨預金の利用目的

外貨預金は，主としてつぎの３つの目的で利用されている。

① 企業の決済口座として利用

特に輸出も輸入もある企業にとっては利用メリットが大きい。また，輸出だけの企業でも先々円安になると予想すれば，輸出代金をいったん外貨預金に預けておく等，活用範囲は広がる。

② 為替リスクヘッジとして利用

輸入取引等の外貨債務がある場合に，その債務に見合う外貨債権をもつために外貨預金を利用する。円高のときにあらかじめ外貨預金をつくって，将来発生する外貨の支払にあてることで為替リスクを回避する。

③ 資金運用手段として利用

主として為替と金利の両方の動向を見ながら，積極的に外貨預金を活用している企業が多い。また，個人の資産運用としても利用が増加している。

(6) 外貨預金の商品説明

外貨預金は，相場の変動等によって元本について損失が生じるおそれがある預金等に該当し，「特定預金等契約」として銀行法13条の4で**金融商品取引法**の規定が準用される。

このため，受付時には外貨預金に係る「**重要事項説明書**」を顧客に手交して，商品の仕組みや上記(2)の「外貨預金の特徴と留意点」で述べた相場変動リスク等の説明を行う。そして，当該預金（商品）が顧客の意向に適合していることを確認し，顧客の理解を十分に得たうえで取り扱う必要がある。また，取引成立後は法定要件を具備した書面を遅滞なく顧客に手交する義務がある。

なお，外貨預金も「**特定投資家制度**」が適用され，特定投資家には一般投資家に適用されている投資者保護制度の適用が一部除外されている。

【外貨預金取扱いにおける金融商品取引法のポイント】

① 広告等の規制（金融商品取引法37条）

誇大広告や事実に反したり人を誤認させるような広告をしないこと。また，手数料・リスクなど顧客の不利益となる事項は明確に見やすい文字で表示すること。

過去問題
・2024年3月
問43

② 契約締結前の書面の交付（金融商品取引法37条の3）

金融商品取引業者等は契約締結前に当該商品の概要のほか，手数料・金利・相場の変動等により損失が生じるおそれがあるときは，顧客に対してその旨を記載した書面を交付する義務がある。

③ 契約締結時の書面の交付（金融商品取引法37条の4）

取引が成立したときは，商品概要等，法定要件を具備した書面を遅滞なく顧客に交付する義務がある。

④ 虚偽説明・断定的判断の提供等による勧誘の禁止（金融商品取引法38条）

不確実な事項について断定的判断を提供したり，確実であると誤解させるようなことを告げて勧誘をしないこと。また顧客の勧誘を受ける意思を確認せずに，あるいは意思に反した勧誘をしないこと。

⑤ 損失補てん等の禁止（金融商品取引法39条）

取引で損失が生じたからといって，顧客に損失の補てんをすることや，そうした約束をしてはならない。

⑥ 適合性の原則（金融商品取引法40条）

顧客の知識・経験・財産等からみて不適当な勧誘をしてはならない。たとえば投資経験の少ない高齢者にハイリスク商品の勧誘等をしてはならない。

(7) 外貨預金の新規口座開設時の取引時確認

過去問題
・2022年10月 問43

外貨預金の入出金は外為法上，自由であるが，口座開設時には犯収法に則り，取引時確認（外為法上の本人確認を含む）が必要である。

2. 非居住者円預金

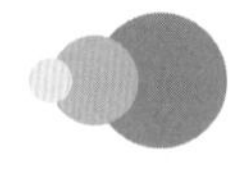

「非居住者円預金」は，非居住者が本邦にある銀行等に本邦通貨（円）で預け入れる預金であり，居住者と非居住者間の預金契約と

して「非居住者外貨預金」と同様に，有事規制が発動されている資産凍結等対象者との取引は事前許可が必要であるが，それ以外は制限がなく，自由であり事後報告も不要である。

居住者が貿易外取引の支払または受取を「非居住者円預金口座」を通じて行うことは，外国送金（仕向・被仕向）で行うのと実質同一の効果があり，3,000万円相当額超の場合は「支払又は支払の受領に関する報告書」の提出が必要となる。

3．FATCAの確認・報告

過去問題
・2024年3月 問43
・2023年3月 問6
・2022年10月 問5

FATCA（Foreign Account Tax Compliance Act：外国口座税務コンプライアンス法）とは，米国に納税義務のある個人または法人（米国人等（注））が，米国外の外国金融機関に保有する口座を利用した資産隠しや租税回避を防止するとこを目的とした米国の法律である。

わが国では，日米当局間（米国財務省，金融庁等）の相互協力に関する声明を踏まえ，本邦金融機関はFATCAに基づく確認が必要となっている。

銀行等は預金口座開設時等に米国人（米国の納税義務者）に該当するかを確認し，該当する場合には顧客から情報開示に関する同意を得て，口座情報を毎年，米国の税務当局である内国歳入庁へ報告する義務がある。顧客の確認同意が得られない場合は口座開設ができない。

（注）米国人等とは，米国市民，グリーンカード保有者（米国に永住権がある個人），米国に居住している個人，米国法人等

インパクトローン（外貨貸付）とユーロ円インパクトローン

〈学習上のポイント〉

企業の国際化と資金調達の多様化により外貨建ての借入も増加している。インパクトローンが国内円融資と異なる点や，リスクの大きいオープン・インパクトローン，および顧客がインパクトローンを利用する動機等について，しっかりと理解しておこう。

また，海外から日本円で融資を行うユーロ円インパクトローンについても知っておこう。

1．インパクトローン

(1) インパクトローンの概要

過去問題
・2023年10月 問43
・2022年10月 問44

インパクトローン（外貨貸付）とは，本邦にある銀行等が居住者（個人・法人等）に対して資金使途に条件を付けないで外貨建ての融資を行うことをいい，非居住者に対する融資の場合の「現地貸付」とは異なる。

インパクトローンは外為法上，資本取引の「居住者間の外貨建て金銭貸借取引」に該当し，平時には許可や報告なしに自由に行えるようになっている（外為法20条4号，21条）。したがって，個人や企業間でも外貨建ての貸付が自由にできる。企業の資金調達手段の多様化により国内外の金融情勢の変化を捉え，より低利の資金を求めて外貨建ての資金調達を選択するケースは多い。

●図表 8-2 インパクトローンの概要

貸出金額	5,000 米ドル相当額以上を対象としている銀行等が多い。
資金使途	使途に制限なし。ただし，一覧払の輸入手形決済には本邦ローンを利用すべきであり，その他使途によっては不適当となる場合もある。
貸出通貨	米ドル，ユーロ，スイスフラン等，銀行の調達可能な通貨。
貸出期間	1 年以内を短期インパクトローンといい，原則「手形貸付」で取扱う。1 年超は中長期インパクトローンといい「証書貸付」で取り扱う。
貸出金利	・銀行の調達金利に銀行の収益となる一定の利ざや（スプレッド）を加えた利率を適用する。調達金利は貸出原資の調達先である東京ドルコール市場やユーロ市場の出し手レート（Offered rate）である。 ・貸出金利は原則融資実行日の 2 営業日前に決定する。 ・金利は固定金利と変動金利があり，1 年以内の短期は固定金利が一般的である。
利息徴求方法	年 360 日の日数片端入れ（貸出日から返済期日の前日まで）で計算し，利息後取り（期日に元金と合わせて一括徴求）が一般的であるが両端・先取もある。
代り金の処理方法	貸出時，返済時ともに貸出・返済代り金は，借入人の預金口座（円預金または外貨預金）を通じて行うのが原則である。
期日前返済	内入れ・期日前返済等は不可。やむを得ず行う場合は資金コストが発生する。
印紙税	・手形貸付は金額にかかわらず手形 1 通につき 200 円。 ・証書貸付は国内円融資と同様の従価税方式。
為替リスク	為替リスクあり。為替予約の締結により回避可能。

(2) 国内円融資との違い

インパクトローンは一般の国内円融資とは図表 8-3 のような違いがある。インパクトローンや為替相場について不慣れな顧客の取扱いにあたっては，十分説明し理解を得る必要がある。

(3) オープン・インパクトローン

過去問題
・2023年10月 問43

① オープン・インパクトローンとは

借入と同時に期日返済時の適用相場の予約を締結しないインパクトローンのことをいう。オープン・インパクトローンは円安になると返済円貨額が増えるため顧客が為替リスクを負うだけでなく銀行の与信リスクも大きくなる。このため極力つぎの(4)で説明する「スワップ付インパクトローン」を勧める。

与信採上げにあたっては，オープン・インパクトローンにする事由を聴取し，もしオープン・インパクトローンで取扱う場合には為替リスクに耐え得る財務体力があるかどうかを判断する必要がある。特に顧客に輸出取引等の外貨建見合債権がなく借入目的が為替リスクヘッジではない投機的な場合は，相場動向次第では大きな損失を被ることが考えられるので注意が必要である。

② 貸出実行後の管理

オープン・インパクトローンを実行した場合は，円安による顧客

●図表 8-3 インパクトローンと国内円融資

インパクトローン	国内円融資
貸出資金の外貨は東京ドルコール市場やユーロ市場から調達している。このため，これらの調達市場の取引慣行（1 年 360 日，利息後取り，期日前返済不可等の条件）がそのまま貸出条件に反映される。	貸出の原資は主に預金である。
為替リスクがある。返済時に円高になっていれば返済すべき円貨額が減り為替差益を得ることができるが，円安になっていれば為替差損が発生する。	為替リスクがない。
貸出時や返済時に円貨と交換する場合には手数料（銀行の為替売買益）がかかる。	貸出や返済に手数料不要。
手形貸付は外貨建てのため，手形の印紙は金額にかかわらず一律 200 円（印紙税法別表 1）。	手形貸付は従価税方式。

の含み損等から自行に不測の損失が発生しないよう，与信リスクの継続的な管理を行い，顧客と無用なトラブルを回避する必要がある。特に，顧客に外貨建見合債権がない場合には為替リスクヘッジができないので，実行後の管理を確実に行う必要がある。なお，各行ともオープン・インパクトローンの管理表を作成して厳重に管理していると思われる。

③ オープン・インパクトローンの利用目的

主につぎの2つがあり，目的にかかわらず与信管理が必要である。

(イ)顧客の輸出債権や海外投融資債権等の外貨建債権の為替リスクヘッジのために利用する（新たに外貨建債務を持つ）。

(ロ)借入後の円高を見込んだ為替差益狙い(投機目的)で利用する。

(4) スワップ付インパクトローン

① スワップ付インパクトローンとは

借入と同時に元利合計額に対して返済期日に合わせた為替予約を締結して借り入れる方法のことをいう。これにより為替リスクを回避するとともに円ベースの借入金利も確定することができる。そして，この利回りは金利裁定により国内の円融資金利とほぼ同一水準となる。

なぜなら表面金利では米ドル金利のほうが高くても先物相場が円高（ドル・ディスカウント体系）となり，すなわち，返済時に適用する予約相場が借入実行時の円転相場よりも円高となるため為替差益が発生し，米ドルの高い金利分と合わせると国内円融資金利とほぼ等しくなるからである。

② スワップ付インパクトローンの利用目的

スワップ付インパクトローンは為替差益を享受できないが，為替リスクがなく実質借入金利も国内円金利と変わらないので，主に資

過去問題
・2023年10月
問43

金調達の多様化による「国内円資金調達の代替」としてや，外債発行までの「つなぎ資金」の資金調達として利用される。

2. ユーロ円インパクトローン

ユーロ円インパクトローンとは，日本国外にある円（ユーロ円）を原資として，銀行等の国内営業店の依頼で同銀行の海外店が日本国内の取引先に直接貸し出すことをいう。ユーロ円はロンドン市場やシンガポール市場・香港市場などの外国の市場（**ユーロ円市場**）で取引されており，海外支店がユーロ円市場で調達した資金に一定のスプレッドを上乗せして金利を決定している。

このため利息計算は調達する市場の取引慣行に従い，上記1. のインパクトローンと同様に年360日の片落しで利息後取りが原則で，期日前返済もできない。この取引は，国内営業店が与信店となって貸出の稟議を行い，貸出の勘定店（貸出実行店）は海外店となる。

このローンは，非居住者（本邦銀行の海外店）の居住者に対する貸出であり，平時は自由に行うことができ，事後報告も不要である。ただし，海外店から貸金の送金があった際に3,000万円相当額超であれば「支払又は支払の受領に関する報告書」の提出が必要となる。また，返済時の海外店宛て送金の際にも同報告書の提出が必要となる。

ユーロ円インパクトローンは，手続が煩雑で国内円融資で代替可能なため，一般的には大企業向けの大口融資に利用されている。

第9章

国際金融・デリバティブ

1 国際金融市場

〈学習上のポイント〉

ここでは世界の金融市場で，どのような金融マーケットがあるか概略を理解しよう。また，特に米国の金利の動きは日本の市場に大きな影響を及ぼすことから，相場や金利動向を見るうえで目が離せない。新聞の海外金利欄に掲載されている金融商品についても説明しているので，それらを見ながら意味を確認しておこう。

1. 国際金融市場の概要

過去問題
・2022年10月問46

国際金融市場とは，国籍の異なる多数の金融機関等により，複数の通貨にまたがって資金の運用・調達，および関連する各種取引（＝国際金融取引）が行われる市場のことをいう。具体的にはユーロダラー市場等におけるユーロ預金取引，CD取引，シンジケート・ローン，プロジェクト・ファイナンス，外債の発行，外債への投資，リース，スワップ取引などが行われている。

国際金融取引が行われている主な市場は，ニューヨーク，ロンドン，香港，東京，シンガポール，上海等がある。なかでもロンドン市場は最も古い歴史をもつ。

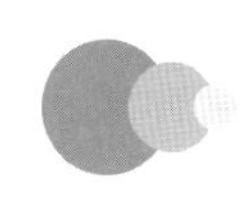

2. 主な金融市場の概要

(1)　ニューヨーク金融市場

過去問題
・2024年3月 問44
・2023年3月 問45

ニューヨーク金融市場は世界最大の国際金融市場であり，それに次いでロンドン市場がある。この2つの市場規模が圧倒的に大きい。またニューヨーク金融市場は，国際金融市場として貿易金融を含む外国との間の中長期金融のほか，企業の債券発行や預金，信託，債券等の運用市場として，さまざまな形での金融取引が行われている。

ニューヨーク市場でこのような多彩な金融取引が行われているのは，世界の基軸通貨である米ドル取引の中心地となっているからである。

ニューヨーク金融市場は，本邦の円コール・マーケットのような銀行間で短期資金を融通しあうFF（Federal Funds）市場と，米国財務省証券（TB等）を売買する証券市場に大別される。

【米国金利の概要】

①　米国プライムレート

米国の銀行の最優遇貸出金利である。日本のような短期・長期の区別はなく，長期の場合も利払期にそのときのプライムレートを基準に顧客別金利が適用される。日本の銀行の多くが米国プライムレートを「メール期間立替金利」の基準金利としている。

②　FFレート

フェデラル・ファンドとは，米国の民間銀行が連邦準備銀行に預けている準備預金のことである。またFF市場とは，米国の連邦準備制度に加盟している銀行間でフェデラル・ファンドの中から無担保かつ即日使用可能な資金を融通しあう市場であり，その資金の銀行間貸出金利をFFレート（Federal Funds Rate）という。米国の代表的な短期金利であり，日本のコール市場の金利に相当する。

③　BAレート

米国の銀行引受手形（Banker's Acceptance）の市場（B/A市場）において，貿易等の金融のために企業が振り出し，銀行が引き受けた為替手形の割引金利である。わが国の「米ドル建輸出入ユーザンス金利」の基準金利となっている。

④　TBレート

米国財務省の発行する財務省証券のうち，償還期限1年以内の短期証券をTB（Treasury Bills）といい，利払いがない代わりに，額面から金利相当分を割り引いた価格で発行される割引債で，その金利（割引率）をTBレートという。TBは安全性と高い流動性をもっており，金融市場における短期金利の重要な指標となっている。このTB以外に米国財務省証券として，償還期限1年超10年以内の中期証券（T-Notes），および同10年超の長期証券（T-Bonds）も発行され取引されている。

⑤　CDレート

譲渡可能定期預金証書（Negotiable Certificate of Deposit）の実質金利で，米国のCDは日本のNCDと異なり流動性が高く，預金というより証券の一種とみなされる。

⑥　CPレート

コマーシャル・ペーパー（企業が短期の資金調達のため発行する無担保の約束手形）のことで，日本のCPより流動性が高く，米国のCP発行適格企業が直接金融を目的として振り出し，CP市場で売買されている。

⑦　IBFレート

IBF（International Banking Facility）はニューヨークに開設されているオフショア市場のことであり，米国の非居住者や他行の

IBF 勘定と取引されている金利のことである。IBF 市場は内外分離型であり，同じドル資金取引でも米国内の規制が適用されない。

(2)　ロンドン金融市場

ロンドン金融市場は，19 世紀半ばから 20 世紀にかけて国際金融の圧倒的な中心地であった。ところが第一次世界大戦後は国際基軸通貨としての地位が英ポンドから米ドルに代わった流れを受け，ニューヨーク金融市場がロンドン金融市場を凌ぐようになった。ただ 1950 年代からユーロダラー取引がロンドンを中心に発達し，ロンドン市場でユーロ市場が形成されて以降，ロンドン金融市場は現在においてもユーロ市場の中心地として短期のユーロ預金取引のほか，シンジケート・ローンやユーロ・ボンド取引などにより，世界最大のユーロ市場を形成している。

(3)　香港・シンガポールの各金融市場

中央銀行がなく，規制の少ない自由市場として，歴史の長い香港金融市場と，通貨庁（MAS）の育成策によりオフショア市場とともに成長してきたシンガポール金融市場とが，東京金融市場とともにアジアの金融市場の中核をなしている。

(4)　ユーロ市場

世界の金融市場で自国以外の金融機関に預けられている自国通貨や，非居住者によって保有されている自国通貨のことを**ユーロマネー（ユーロカレンシー）**という。例えば，ユーロ円インパクトローンの章で説明したように，円であれば「ユーロ円」，米ドルであれば**ユーロダラー**という。そして，このようなユーロマネーを対象とした各種取引が行われている市場を**ユーロ市場**という。

取引が欧州ではなく香港やシンガポールで取引されていても米ド

過去問題
・2024年3月 問44
・2023年3月 問45
・2022年10月 問46

ルはユーロダラー，円はユーロ円と呼ばれているのは，上記(2)で述べたとおりロンドン市場でユーロダラー取引が発達したからである。

ユーロ市場では，各金融市場の取引慣行や税制・通貨政策等の規制を受けず，自由に行えることから，さまざまな通貨で取引されており，市場を管理・統括する中央銀行は存在しない。また，各通貨の金利は当該国内市場との金利裁定が働き，当該国の金利体系にほぼ連動した動きとなる。ユーロ市場では，大型ローンや債券の起債（ユーロ債）等も行われている。

ユーロ市場を構成しているのは，短期金融市場であるユーロカレンシー市場（通貨取引），中長期金融市場としてのユーロクレジット市場（貸借取引），および長期金融市場としてのユーロボンド市場（ユーロ債市場ともいわれる債券取引）である。

ユーロボンド市場は，市場流動性のあるユーロドルやユーロ円などの主要通貨建債券（ユーロドル債やユーロ円債等）の発行・募集等が行われており，市場規模は大きい。

(5) 東京金融市場

わが国は，外為法の改正等による金融ビッグバン（1996年から2001年にかけて行われた大規模な金融制度改革）等によって金融の自由化・国際化が進み，発行市場を含めたわが国資本市場の国際金融市場としての地位は向上しつつある。

東京金融市場のこれまでの国際化の動きとしては，①大口自由金利定期預金の導入や流動性預金の自由化，②短期国債（TB）の発行開始や円建BA市場と国内CP市場の創設，③東京オフショア市場の創設，④ユーロ円CP・CDの発行解禁，⑤東京金融先物取引所（現在の東京金融取引所）の創設等がある。

3. 東京ドル・コール市場

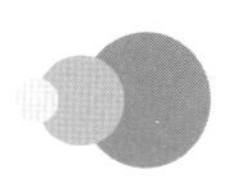

過去問題
・2022年10月
問46

本邦にある銀行間（在日外銀を含む）の外貨資金の無担保貸借市場である。1980年の外為法改正により外貨資金取引が増加したのに伴い，市場の厚みが増し，インターバンクにおける手近な外貨資金の運用・調達の重要な場となっている。

当市場の特徴を下記に列挙する。

①当市場は，本邦にある銀行等と取引を仲介するブローカー（短資会社）で構成されており，取引されている通貨は米ドル等の流通性のある通貨が中心である。

②取引期間は，オーバーナイト物などの短期物が中心である。

③当市場の取引は，ユーロ資金市場の預け金，預り金方式とは異なり，コールローン，コールマネー等の貸借方式で行われる。

④当市場には非居住者は取引に参加できず，このため，国際金融取引が行われる市場とはいえない。非居住者が参加できる市場としては東京オフショア市場がある。

⑤当市場の取引は，ブローカーが「オファー・ビッド方式」による資金の出し手と取り手の出合いを仲介する方法で行われる。銀行等が外貨資金を運用する場合の金利は**取り手金利**（Bid Rate）が目安になり，調達する場合の金利は**出し手金利**（Offered Rate）が目安となる。第8章で当市場が外貨預金やインパクトローンの資金の運用・調達先として説明したが，この金利のことである。

⑥円のコール取引等との裁定がはたらくことから，東京オフショア市場とともに，わが国の短期金融市場の一角を形成している。

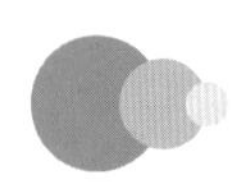

4. オフショア市場

オフショア市場（Offshore Market）は，非居住者から調達した資金を非居住者に貸し付けるなど，調達・運用とも非居住者とする取引で，金融上や税制上の規制が少ない市場である。居住者と取引を行う国内市場とは原則として分離されていることから，オフショア市場と呼ばれている。

オフショア市場は海外からも自由に参加できるようにするために，為替管理等の規制緩和や源泉税等の税制面の優遇，預金準備金の免除等，優遇措置を講じることが創設の条件になる。

オフショア市場の代表的な市場は，ロンドンを中心とするユーロ市場である。

ロンドン市場や香港市場の場合，自然発生的にオフショア市場が形成された経緯から，国内市場との資金移動などが可能な「**内外一体型**」となっている。一方，ニューヨークやシンガポールおよびつぎに述べる東京の各市場では，金融当局の市場育成と整備の目的で創設された経緯から「**内外分離型**」である。

5. 東京オフショア市場

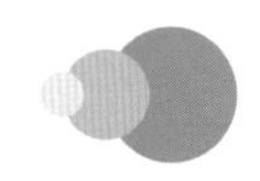

① 東京オフショア市場（JOM：Japan Offshore Market）

わが国の銀行等が国内取引用の一般勘定とは分離して，財務大臣の承認を受け，オフショア取引用の**特別国際金融取引勘定（オフショア勘定：JOM 勘定）**を開設し，非居住者または他のオフショア勘定を相手方として，国外から調達した資金を国外で運用する「**外－外取引**」を原則とした内外分離型の市場である。

② JOMの市場参加者

日本の参加者は，オフショア勘定開設のための財務大臣の承認を受けた金融商品取引業者（銀行，信用金庫，保険会社，在日外銀の支店等）であり，他の国内取引とは明確に区分・管理しなければならない。

一方，外国の取引相手方は，外国法令にもとづいて設立された法人および外国に主たる事務所を有する法人（国際機関や外国政府機関等を含む）ならびに邦銀の海外支店に限定され，個人の外国投資家は除外されている。なお，これらの相手方について国内の他の金融機関のJOM勘定との間の取引は可能である。

③ JOMの特例措置（外為法21条3項ほか）

東京オフショア市場は以下のような優遇等の特例措置がとられているため，オフショア勘定と一般勘定の間の資金の振替は制限されている。

(イ)非居住者に対して支払う利子は非課税扱いとされている。

(ロ)金利規制，準備預金制度，預金保険制度については，適用の対象外とされている。

④ 銀行の確認義務

JOM勘定を使って取引する銀行等は，外国の取引相手方が上記②に示した市場参加者であること，および，貸付金が本邦外において使用されることを確認する必要がある。

6. 東京金融取引所

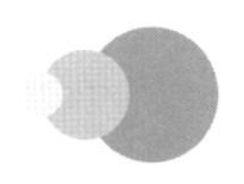

1989年に金融先物取引法（注）に基づいて設立された市場である。当取引所が取扱う金融商品（上場商品）は，ユーロ円3か月金利先物，ユーロ円3か月金利先物オプション，ユーロ円LIBOR 6か月金利先物，無担保コール・オーバーナイト金利先物，取引所為替証

拠金取引，など数種類がある。これらの取引条件等はすべて規格化されている。なお，金利先物取引および金利先物オプション取引の取引単位は1億円とされている。

(注)2007年に金融先物取引法は廃止され，証券取引法を改正した金融商品取引法が施行されている。

7. 外債の発行市場

過去問題
・2022年10月
問45

政府・政府機関・企業等が，海外の債券市場において外国通貨建てで発行する債券を一般に外債という（外為法20条6号，7号）。

外債の発行市場には，スイスフラン債，円建外債（サムライ債：外国の企業等が日本の市場で円建てで発行する債券），米ドル建外債（ヤンキー債）など，発行市場の通貨で非居住者が発行する「外債市場」と，ユーロドル債やユーロ円債のように母国通貨以外の市場で居住者および非居住者が発行する「ユーロ債市場」がある。

外債の発行・募集（外貨建て・円建てに限らず）については，外為法上，許可は不要であるが，10億円相当額以上の場合には事後報告が必要である（第1章4節4.「外為法に基づく報告義務」参照）。

(1) 主な外債発行市場

主な外債発行市場は次のとおりであるが，市況等を勘案して，より有利な条件で資金調達が行える市場を選択することができる。

① 米国外債市場

米国市場は，米国証券取引委員会（SEC）の厳しい規制をクリアしなければならず，煩雑な手続が必要なほか格付制度もある。また，公募に際してはスタンダード・アンド・プアーズ社やムーディーズ社など格付機関からの格付取得が必要である。

②　スイス外債市場

スイス市場は，税制や投資家の投資スタンスから流通市場の流動性が低く，起債も手続が簡便でコストの安い私募債で行われるケースが多い。また，少額の発行も可能であることから，わが国では大手から中堅に至るまで当市場を利用する企業が多い。

③　ユーロ債市場

ユーロ債市場は規制が緩く発行手続が簡便で，国際的なシンジケート団により引受・販売されることや債券が無記名で源泉税が免除される等のメリットがあるため，わが国企業の利用が多い市場である。

また，ドル建債券については，ユーロ債市場を利用することで米国証券取引委員会の規制や諸手続を避けることができる。さらに当市場はスイス市場に比べて流通性が高く，株価を十分に反映した価格形成が行われることから，ワラント付普通社債の発行では特に重要な市場となっている。

(2)　外債発行のメリット

外債発行のメリットは，最も有利な市場を選択してより低利な資金調達が図れることや，資金調達の多様化，海外での知名度向上などがある。また，外貨建債務を持つこととなるので，外貨建債権のある企業には為替マリーによる為替リスクヘッジにも利用できる。なお，外債発行により為替差益を狙えるが，為替リスクもあるので，為替予約や通貨スワップによりリスクヘッジが行われることがある。

国際金融取引

〈学習上のポイント〉

国際金融取引においては，どのような通貨で取引が行われているか，短期資金取引ではどのような市場取引が行われているか，具体的にどのような点に留意する必要があるか，また，シンジケート・ローンやプロジェクト・ファイナンスとはどのようなものか，よく理解しておこう。

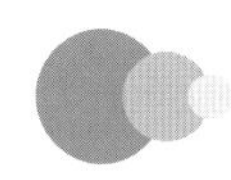

1. 国際金融取引の概要

過去問題
・2022年10月
問46

国際金融取引は，国際間で市場流動性の高い複数の通貨にまたがって行われる資金の運用・調達および関連する各種金融取引である。

国際金融取引は，預金，貸出のほか，債券の発行・譲渡，証券の売買など多様であり，国際的な金融機関が主体となって，ユーロ市場，米国 IBF 市場，アジアダラー市場，さらには本邦 JOM 市場等の場でグローバルに行われる。

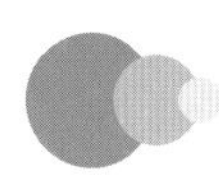

2. 国際金融取引で用いられる通貨

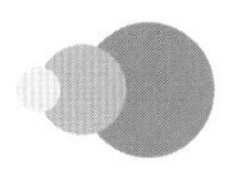

国際金融取引において利用される通貨には，①為替管理や税制面で制約が少なく，自由に利用できる通貨であること，②ある程度以上の市場規模があり，流動性が確保されていること，③為替相場や金利水準が安定していること，④その通貨の国にカントリーリスク

が少ないこと，⑤各国で準備通貨として広く利用されていること，等が必要と考えられているが，いずれにしても当該国が経済力等を背景として国際的に通貨としての信認を得られている必要がある。

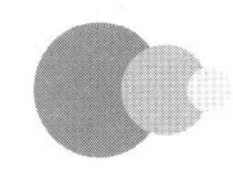

3. 国際金融取引における短期資金取引

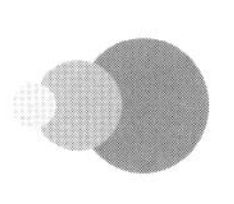

ユーロ市場を中心とする国際金融市場では，ユーロダラー等のユーロ資金を放出したり調達したりする短期資金取引が行われる。その取引内容は，預貸金のカバーのための資金調達・運用，資金操作のための調達・運用，一時的な資金繰り調整などである。

米国では，短期資金取引の代表的なものとしてフェデラル・ファンド（FF）市場があり，これは日本のコール市場に相当する。わが国では外貨建てではインターバンクに限定されるが東京ドルコール市場が短期金融市場となっている。

【市場取引における金利の決まり方】

市場では，資金放出を希望する銀行と資金取入を希望する銀行がそれぞれ市場に対して出し手レート（Offer Rate），取り手レート（Bid Rate）を提示する。市場の資金需給や今後の金利見通し等により，この2つのレートのどこかで取引が成立する。この市場取引には，通常，ブローカーが取引を仲介する。

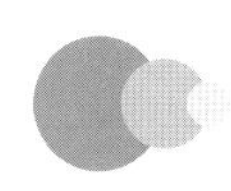

4. 国際金融取引のリスク

過去問題
・2022年10月 問46

①国際金融取引の主要マーケットであるユーロ市場は，市場の取引慣行や税制・通貨政策等の規制を受けることなく自由に取引ができる。しかしながらユーロ市場には市場を管理・統括する中央銀行が存在しないので，市場に需給の変化が生じても最後の拠りどころとなる，いわゆるラストリゾート（Last

Resort)(注) としての機能もないことから，特に市場流動性には十分留意する必要がある。

②国際金融取引の流動性リスクとは，市場が正常に機能しないため，資金の調達・運用および資金のミスマッチ・ポジションの補正など，意図した取引ができなくなるリスクのことをいう。

③国際金融取引では，調達資金と運用資金の受払期日が不揃いになる，いわゆる**ミスマッチ取引**（中長期運用に対して短期調達でつなぐ等）を行った場合には，市場流動性の如何にかかわらず金利リスクにさらされる。

④国際金融取引を行うに際しては，取引相手先の信用リスクのほか，その国の政治・経済・社会情勢の変化や紛争・テロ等に起因するリスクである**カントリーリスク**（Country Risk）にも留意する必要がある。

⑤国際金融取引におけるカントリーリスクには，取引相手先が最終的に国家となる**ソブリンリスク**（Sovereign Risk）と，取引先には問題はないが帰属する国の財政上等の理由で対外支払が差し止められる**トランスファーリスク**（Transfer Risk）の2種類がある。このトランスファーリスクは企業に返済能力がありながら，当該国の外貨準備不足で対外支払が差し止められ，実質的に債権が回収不能となるケースをいう。トランスファーリスクはわが国の輸出代金回収においても発生することがある。

(注)流動性逼迫から銀行間決済や預金者への払戻等に支障が生じた金融機関に対して，信用秩序の維持と連鎖的決済不能の阻止等を目的に，中央銀行が一時的に資金供給を行う。このような「最後の貸し手（Lender of last resort)」として行う中央銀行の機能をいう。日本では「日銀特融」がある。

5. シンジケート・ローン

シンジケート・ローンは，複数の金融機関が**協調融資団（シンジケート団）**を組成して，1つの融資契約書に基づき同一条件（借入期間，金利，担保等）で融資を行う資金調達方法である。

シンジケート・ローンは，主幹事（アレンジャーまたはリードマネージャーと呼ぶ）が引受を行いシンジケート団を組成する。引受や組成は国際的な大手銀行が行うが，一般参加については銀行の規模等に条件はない。

シンジケート・ローンは，中長期の資金調達の利用が多いが，コミットメントラインのような短期融資枠の組成の際に利用されることもある。借入人は国際的に信用力の高いことが要求される点に特徴がある。

このローンは融資対象から生じる収益またはキャッシュ・フローによって分割返済され，ターム・ローン（Term Loan：証書貸付）の形式で行われるのが一般的である。

シンジケート・ローンの金利は，短期のユーロ・ダラー金利などを基準とした変動金利が適用されるのが一般的である。

シンジケート・ローンの借入人のメリットは，多数の金融機関からの借入にもかかわらず，借入交渉相手が主幹事であるアレンジャーだけであるため事務負担が軽減される。ただ，借入人は，ローン金利とは別にアレンジメントフィーやエージェントフィー等の手数料が必要となる。

一方，貸付に参加する銀行にとってはリスク分散ができ，また，アレンジャーは金利収入だけでなく手数料収入も得られる。

過去問題
- 2024年3月問45
- 2023年3月問46

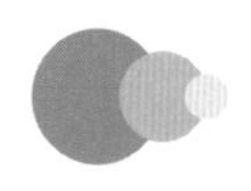

6. プロジェクト・ファイナンス

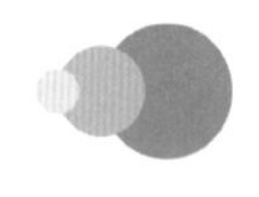

過去問題
・2023年10月 問45
・2023年3月 問46

プロジェクト・ファイナンスは，石油・石炭などの資源開発や水道・道路のインフラ整備等のプロジェクトに対して行われる融資である。このため巨額の資金調達が必要となるので，複数の銀行等で組成する協調融資(シンジケート・ローン)で行われることが多い。

また，このファイナンスは借入人の信用力に依存せず，対象となる特定の事業（プロジェクト）のキャッシュ・フローと収益を担保にした融資方式である。

プロジェクトの実施母体（親会社やスポンサーと呼ばれる）が自ら借入人となることを避けて，プロジェクトの推進・運営のための別会社を設立し，別会社の責任においてプロジェクトの開発資金を借り入れ，融資の返済はその事業の売上収入によって行われる。返済不能の場合も事業の資産の所有権や運営の権利が引当となる。このためプロジェクトの完成がポイントとなり，完工保証の徴求等が必要となる。

プロジェクト・ファイナンスは，実施母体である親会社に返済責任を求めないことから，ノン・リコース・ローン（Non Recourse Loan）に分類される。

また，プロジェクト・ファイナンスは，実施母体である親会社（スポンサー）にとっては自己のバランス・シートに計上することなく巨額の資金を調達できるため，負債比率の上昇を招かないという利点がある。

プロジェクト・ファイナンスは銀行にとって高いスプレッド（利ざや）が期待できるが，長期間にわたり大きなリスクが伴うので，案件によっては国際協力銀行（JBIC）や日本貿易保険（NEXI）が融資や保証に加わることが多い。

デリバティブ取引

〈学習上のポイント〉

デリバティブといえば，まずリスクの大きい取引と思われるであろう。しかし，為替や金利等のリスクヘッジ手法としてオプションやスワップを上手に活用すればメリットは大きい。

デリバティブで一体何ができるのか，オプション取引やスワップ取引の仕組み，留意点をしっかりと理解し，顧客のニーズに応えられるようにしておこう。

1. デリバティブとは

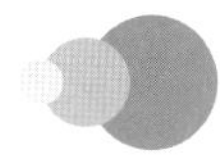

デリバティブ（Derivatives）とは，預金，為替，債券，株式等の従来の金融商品から副次的に生まれた取引であり，「**金融派生商品**」と訳されている。ただ，利用価値からいえば従来の金融商品を原資産として，そこから派生的に生まれた取引であるといえる。

2. デリバティブ取引の種類と取引目的

デリバティブは基本的には，先物取引，オプション取引，スワップ取引の3つに分類できるが，これに先渡契約と，さらにこれらを組み合わせたハイブリッド型のデリバティブ商品もある。デリバティブはこれらの手法を取り入れた**複合的金融取引**である。

デリバティブの利用目的はつぎの3つである。

① ヘッジ（Hedge）取引

ヘッジ取引は，現在保有している（または将来保有を予定している）資産・負債の金利や為替等のリスクを回避するために，先物で反対の取引を行って，ポジションをスクエアにする行為である。

デリバティブは，その仕組み上，金利・為替・商品等の市場価格変動リスクを回避するのに適した取引であるが，ヘッジの範囲は限られたものになるため，市場価格が予想に反したときは，意図した結果が得られないこともある。

② 裁定取引（アービトラージ：Arbitrage）

同じ商品でも市場の違いや現物と先物の間で，あるいは瞬時の時間差で相場に乖離（価格差）が生じることがある。このわずかな相場のズレ（価格差）を利用して売買を行って利ざやを得るのが裁定取引である。

この場合，割高なほうを売り，割安なほうを買い，その後両者の価格差が縮小した時点で反対売買を行う。通常は市場間に裁定取引がはたらきこのズレは間もなく消滅するので，利ざやが小さい代わりにリスクも大きくないのが普通である。

裁定取引の例では，為替取引おいては，同一時点において異なる市場で同時に建てられた相場間の価格差を利用した取引や，異なる期日物の先物スプレッドの価格差を利用した取引，金利裁定取引では，2国間の金利差を利用してスワップ取引によるさや取りを行う等，さまざまである。

③ 投機取引（スペキュレーション：Speculation）

投機取引は同一商品の先物売買を行って利ざやを得ようとする行為をいい，ヘッジ・ファンドのように，デリバティブを投機目的で利用する。

相場の変動により影響を受けるポジションをあえて作り，将来の買戻または売戻により収益を得ることを目的とする取引であり，少ない元手で大きな取引が可能となるハイリスク・ハイリターン取引である。

スペキュレーションを目的とする取引等においては，先物の「売り」か「買い」のいずれかを単体で行う（先物で買戻や売戻をセットにしない）取引となるが，そのような一方向の取引を**アウトライト（Outright）取引**という。

これに対して，直物の買いと先物の売り，またはその逆の取引のように，直物と先物の取引を同時に行い，ポジションをスクエアにする為替操作を**スワップ（Swap）取引**という。米ドルの外貨預金を作成し，同時に満期日に合わせてドル売りの予約をするスワップ付外貨定期預金における為替操作がスワップ取引にあたる。

3. デリバティブ取引の留意点

①デリバティブは相対取引が一般的であるため，当事者のニーズを踏まえたさまざまなかたちでの商品化が可能である半面，取引相手先の契約不履行等の信用リスク（クレジットリスク）や市場価格変動による市場リスク，取引自体に内在するスキームリスク等のほか，多くのリスクがあるので，それに備えたリスク対策を講じておくべきである。

②デリバティブは元本に相当する部分の代金決済が行われない取引（差金決済方式）であるが，①と同様に契約不履行が生じた場合には損失を被ることとなるので，信用リスクも考慮する必要がある。

③デリバティブは，わずかな証拠金でそれを上回る多額の取引を行うことができ，投入金額に対する損益比率が他の金融取引よりも大きくなるので（これを**レバレッジ効果**（テコの原理）という），その仕組みを十分理解して取組む必要がある。

④デリバティブ関連商品は，リスク性金融商品として金融商品取引法の対象となっており，販売・受付にあたっては，金融商品

取引法の規定（第8章1節 1.「外貨預金」参照）を遵守する必要がある。

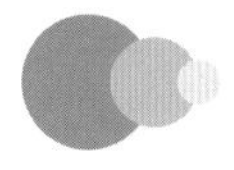

4. 金利先物取引

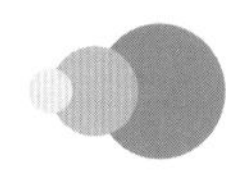

金利先物取引とは，金利商品を将来の一定の日に一定の価格で売買を約束する取引であり，将来の金利変動リスクをヘッジする目的で利用される。この商品は東京金融取引所に上場され取引されている。

金利先物取引の市場取引価格は，100から金利（年利率％，3か月の場合は90/360ベース）を差し引いた数値で表示される。例えば金利が0.5％の場合は100－0.5＝99.500となる。このため先物価格は金利変動とは反比例の関係にある（たとえば金利が上昇すれば先物価格が低下し，逆に金利が低下すれば先物価格が上昇するという）ので，取引の方向を誤らないように注意する必要がある。

この特性から，取引価格（市場価格）は金利の動きと正反対の関係になるので，今後の金利上昇が見込まれるときのリスクヘッジは，先物売りの取引を行えばよいことになる。

金利先物取引は，契約成立時に確定した期日以前に「反対取引」を行い，売買差金の清算方式で決済（＝**差金決済**）するのが一般的であり，当該取引所の清算機関が取引の相手方となるので高い流動性が確保される。

金利先物取引には，ユーロ円3か月金利先物取引や無担保コールオーバーナイト金利先物取引などがある。ユーロ円3か月金利先物取引とは，将来のある一定の日付から始まる円の3か月金利，具体的には全国銀行協会が公表する期間3か月のユーロ円TIBORを現時点で予測し，現時点で価格を決める取引である。

5. オプション取引

①　オプション取引とは

過去問題
・2024年3月
問35
・2023年10月
問35

オプション取引とは，特定の金融商品を将来の一定の日（または期間）に一定の価格（行使価格）で「買う権利」または「売る権利」を売買する取引である。また，その場合の買う権利を**コールオプション**（Call Option），売る権利を**プットオプション**（Put Option）という。

オプション取引は，市場価格変動リスク回避策としての共通性はあるが，為替予約や金利先物取引など，他の先物取引のように将来の一時点における売買価格を現時点で確定させる取引とは性格が異なる。

> 通貨オプションの場合には，ドル・円ではつぎのようにもいう。
> (イ)買う権利（コールオプション）：ドルコール・円プットオプション
> (ロ)売る権利（プットオプション）：ドルプット・円コールオプション

オプション取引には，通貨オプション，金利オプション，債券オプション，株価指数オプション等がある。

②　買い手と売り手の関係

オプションは，買い手（購入者）と売り手（売却者）が権利（行使）と義務（履行）の関係になり，対価（**オプション料**または**プレミアム**と呼ぶ）の受払によって成立する。

例えば，通貨プットオプションの買いは，通貨を売る権利の取得である。売る権利の取得であり，自己に不利な場合は権利を行使する必要はない。ただし，オプション料（プレミアム）は戻されない。

	オプションの買い手	オプションの売り手
コールオプション	特定の金融商品を「買う権利」がある	買い手が買う権利を行使した場合には，「売る義務」がある
プットオプション	特定の金融商品を「売る権利」がある	買い手が売る権利を行使した場合には，「買う義務」がある

したがって，オプションの買い手のリスクは，オプションの売り手に支払うオプション料が上限となる。

③　行使価格

行使価格（ストライク・プライス）とは，権利行使したときに適用される価格であり，オプション契約時に決められる。

④　取引の仕組み

オプション購入後，期日に行使価格より時価（市場価格）が自己に有利な方向に変動したときは，権利放棄して（行使価格よりも高い）時価で売却すれば利益を得ることができる。逆に期日に行使価格より時価が自己に不利な場合には，権利行使をして行使価格で売却することができる。

つまり，オプションは，買い手にとって時価（市場価格）が有利に動けば利益がでる可能性は無限大であるのに対し，オプションの売り手は，市場価格が不利になった場合であってもオプションの買い手の権利行使に応じる義務があるためリスクは無限大である（詳細は後述⑧参照）。

コールオプションは，対象となる金融商品を買う権利であるから，買い手にとっては将来の価格上昇リスク（通貨オプションでは円安）を回避する手段となる。

⑤　行使期日（権利を行使することができる期日）

オプション取引には，権利行使日が異なるつぎの2つのタイプがある。

・ヨーロピアンタイプ…行使期日のみ行使できる。

・アメリカンタイプ…行使期間中いつでも権利行使ができる。

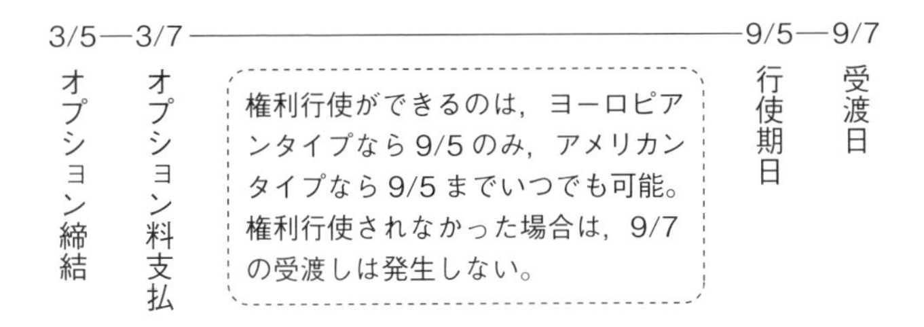

⑥　オプション料（プレミアム）の支払

取引時に購入者は売却者に対して，権利取得の対価（手数料）として，通常は取引約定後の2営業日目に，一定の**オプション料**（オプションプレミアムともいう）を支払う。

オプション料は，契約日からオプション期日までの間に為替相場がどれだけ変動するかという**予想変動率（ボラティリティー）**によって変動する。ボラティリティーが大きくなれば，将来の期待値価格は上がりオプション料も高くなる。このボラティリティーは，後述する時間的価値の一部とされている。

⑦　オプションの本源的価値と時間的価値

オプション料は，本源的価値に時間的価値を加えたものである。

オプションの本源的価値とは，オプションの現時点における価値であり，市場価格と行使価格の差額である。保有しているオプションが利益を生む（有利な）状態にあるとき，そのオプションは本源的価値をもつという。

一方，オプションの時間的価値とは，オプション期日までの間の市場価格に対する不確実性から発生する価値のことをいい，オプション期日が近づくとオプションの時間的価値も減少する。

また，本源的価値をもっている状態（現時点で権利行使すれば利益が発生する状態）のとき，そのオプションはITM（イン・ザ・マネー）の状態にあるという。反対に本源的価値のない状態は

OTM（アウト・オブ・ザ・マネー）という。そして，行使価格が市場価格と同一で本源的価値がゼロの状態をATM（アット・ザ・マネー）の状態にあるという。

⑧　オプションの損益（メリット・デメリット）

(イ)オプションの買い手

市場価格が不利に動いてもオプションを行使してリスクを回避できる。その際の損失はオプション料が上限である。一方，市場価格のほうが有利になれば，オプションを放棄して利益を得ることができる。ただし，オプション料はかかる。

(ロ)オプションの売り手

受取はオプション料のみである。

オプションの売り手のリスクは，オプションの買い手から権利行使を通知してきた場合に，事前に決められた行使価格で売る義務がある。その売る当日の相場が自己（売り手）に不利な場合でも売らなければならないので，オプションの売り手は相場のリスクが無限大となるのである。

	オプションの買い手	オプションの売り手
利　益	無限大	限定的（プレミアム分）
損　失	限定的（プレミアム分）	無限大

⑨　オプション取引の特徴

(イ)権利の売買であり，買い手は売り手にオプション料を支払うことにより，相場が有利に動いた場合には権利を行使し，売り手はこの行使に応じなければならない。

(ロ)オプションの持つ利益を確保しつつ，損失を限定する（リスクヘッジ）効果がある。

(ハ)投機目的の場合，オプション料を支払うことによって，レバレッジ効果を利用した収益の追求が可能である。

⑩　通貨オプション取引の輸出入への活用

(イ)輸出の場合

「円高が進む可能性は高いが，円安に振れる可能性もかなり残されている」という場合，すなわち，「円高リスクは回避したい。もし円安になればある程度円安メリットも享受したい」というとき。⇒プットオプションの検討を勧められる。なお，円高に自信があればオプション料を払うよりも輸出予約のほうが有利である。

(ロ)輸入の場合

輸出とは逆に「円安が進む可能性が高いが，円高の可能性もかなり残されている」という場合，すなわち，「円安リスクは回避したい。もし円高になればある程度円高メリットも享受したい」というとき。⇒コールオプションの検討を勧められる。なお，円安に自信があればオプション料を払うよりも輸入予約のほうが有利である。

【通貨オプション取引の事例】

（事例 1）K社は米ドルコールオプションを 3 月 10 日に購入。

コールオプションの契約内容

・行使価格：141 円　　・行　使　日：6 月 25 日

・金　額：US$300,000.-　　・オプション料：1 円 90 銭

①　行使日のスポットレートが 139 円と円高になった場合

オプションの買い手は権利を行使しない。行使日当日に 139 円でドルを買うことができるのに，権利を行使して 141 円でドルを買う必要はないからである。ただし，オプション料 1 円 90 銭は戻してもらえない。このように権利放棄することにより，市場相場が行使価格よりいくら円高になっても損失はオプション料に限定できる。

② 行使日のスポットレートが143円と円安になった場合

オプションの買い手は権利を行使して141円でドルを買い，市場で，143円で売ることにより2円の収益をあげることができる。ただし，1円90銭のオプション料を支払っているので，差し引き10銭/US$で3万円の利益となる。このように行使日の市場相場が行使価格にオプション料を加えた価格を上回る円安となればネット利益が得られ，円安になるほど利益が増える。

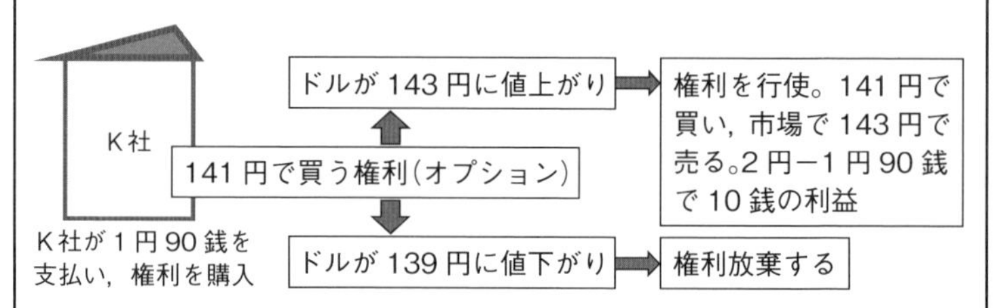

なお，輸入決済や仕向送金のためのコールオプションの場合は，141円より円安になれば権利を行使して141円の輸入予約が保証され（ドル高／円安リスクがヘッジでき），141円より円高になればオプションを放棄して，市場相場でドルを買い輸入決済にあてることで円高メリットを享受できる。

(事例2) T社は米ドルプットオプションを3月5日に購入

3か月後に輸出の買取依頼を予定している。為替は先行き円高だとは思うが，今，輸出予約をして採算を確定させるだけの決心がつかず米ドルプットオプションを購入することとした。

プットオプションの契約内容

・行使価格：140円　　　　・行　使　日：6月5日

・金　　額：US$180,000.-　・オプション料：1円80銭/US$

このケースでは，行使日に140円よりも円高になれば権利（オプション）を行使して140円の輸出予約が保証される（140円－1円80銭＝138円20銭での輸出予約と同様の効果）。逆に行使日に140円よりも円安になればオプションを行使せず，その時の市場相場を使用して円安メリットを享受する。

円安…オプションを放棄
↑
行使価格　140円
↓
円高…オプションを行使

6. 金利先物オプション取引

将来の特定期日または特定期間内に，あらかじめ設定した金利とその時点での市場金利との差額を受払する権利を取引するものである。

円金利先物オプション取引は，円金利先物の「売付け」や「買付け」の権利を売買する取引である。

「ユーロ円3か月金利先物オプション取引」とは，原資産であるユーロ円3か月金利先物を権利行使価格で買う権利（コールオプション）または売る権利（プットオプション）を売買する取引である。この取引は，権利行使期間の間ならいつでも権利行使可能なアメリカン・タイプで行われる。権利行使期間満了を迎えたものは自動権利行使（イン・ザ・マネーのみ）制度が採用されている。この商品は東京金融取引所で取引されている。

7. スワップ取引

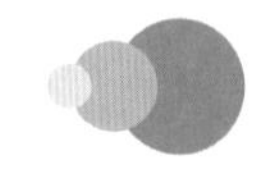

(1) スワップ取引とは

スワップ（Swap）取引とは，相反するニーズをもつ複数の当事者間が保有する（または保有しようとする）資産・負債の全部または一部を原取引とは異なる通貨や金利等に，一定期間交換する取引（双務契約）であり，当事者間の合意による相対取引となる。

スワップ取引は，その特性から契約期間が1年超の中長期にわたることが多いことから，契約相手先の信用リスク回避のため，銀行等を仲介して行うのが一般的である。

スワップ取引は，資産を対象にした**アセットスワップ**（Asset Swap）と，負債を対象にした**ライアビリティスワップ**（Liability Swap）に大別できる。アセットスワップとは，保有する債券等の金利や通貨を交換するスワップ取引のことをいい，資産同士を交換するものではない。ライアビリティ・スワップとは，調達サイドの固定金利と変動金利を交換するなど，調達金利構成を変えるために行われるスワップ取引である。

(2) スワップ取引の種類

スワップ取引には，通貨スワップ，クーポンスワップ，金利スワップ，通貨金利スワップ，エクイティ・スワップ等がある。

① 通貨スワップ

米ドルと日本円など，異なる通貨の元本と金利を交換する取引である。例えば，ドル建社債を発行して，通貨スワップで円に交換すれば利払いや元本償還が円になるため，将来の支払が円貨に確定する。このように通常の通貨スワップは，金利（クーポン）の交換だけでなく元本の交換も行われるが，異種通貨間で元本の交換を行わずに金利だけを交換する取引を**クーポンスワップ**と呼ぶ（第7章4節7.「クーポンスワップ取引や通貨スワップ取引」参照）。

② 金利スワップ

固定金利（長期金利）と変動金利や変動金利同士等，同一通貨で異なる金利を交換する取引である。この取引の場合，元本の交換はせず，金利計算のために元本を名目上決める。これを**想定元本**という。

米ドル LIBOR と日本円 LIBOR の交換のように，異なる指標の変動金利を交換する取引を**ベーシス・スワップ**（Basis Swap）といい，金利スワップの代表的な取引である。

(3) スワップ取引のリスク

スワップ取引は，元本や利息を交換する双務契約であるから，契約相手先が倒産等によって契約不履行となったときは，その時点で契約が無効となり，以降の取引が行われなくなるので，取引金額（想定元本）の全額が損失となることはない。すなわち，相手方が支払を履行できなくなれば，当方も支払を停止すればよい。

しかしながら，そのような場合，同じような条件で契約ができる新たな相手方を探さないと，為替相場や金利変動によるリスクが生じることとなる。

(4) スワップ取引の目的（メリット等）

例えば，長期資金は短期資金に比較して信用度により調達コストに差が開きやすい。このため信用度の低い企業は長期資金を信用度の高い企業に調達してもらい，金利スワップを行うことにより，より有利な長期資金調達が可能となるケースもある。

このように，スワップ取引は，取引当事者がそれぞれの長所（強み）を活かした取引を行ったうえ，そのメリットを分け合うことができるなど，つぎのような利点がある。

① 資金ポジションのミスマッチ調整

スワップ取引は，資金の調達・運用に伴って生じる資金ポジションのミスマッチを調整するための有効な手法となる。また，これにより銀行等における金利・為替リスクヘッジに加え，全体の資金繰りや為替持高，ひいては ALM（Asset Liability Management）(注)対策として利用される。

(注)ALM とは，総合的な資産と負債の管理のことをいい，主に銀行や保険会社等の金融機関で用いられる金融上のリスク管理手法である。具体的には，収益の極大化を図ることを目的として，金融上のさまざまなリスクを適切に把握するとともに，そうしたリスク把握を前提として，戦略的にリスクテイクしながら資産・負債の構成をコントロールしていくことである。

② 実質的な中長期資金の運用・調達と同じ効果

スワップ取引は中長期の契約が多いため，変動金利を長期固定金利に交換すれば，実質的に中長期資金の運用または調達を行ったのと同じ効果を得ることができる。

③ 金利低下リスクの回避

「固定金利受取・変動金利支払」のスワップ取引を行えば，契約時の金利水準が受取金利として確定し，支払金利がその時点における金利となる。このため固定金利の預金を受け入れたときの将来の金利低下リスクを回避する手段となる。

例えば，銀行が定期預金を受入れると，固定金利の支払を約束したことになるが，将来，市場金利が低下した場合，銀行の運用益が約束した預金の金利相当額を下回るおそれがある。そのリスク回避に有効である。

④　金利上昇リスクの回避

「固定金利支払・変動金利受取」のスワップ取引を行えば，契約期間の支払金利が確定し，受取金利はその時の市場金利（変動金利）となるので，将来の金利上昇リスクを回避することができる。

例えば下記事例のように，長期固定の貸出を行っている銀行の調達が短期変動金利の資金に依存している場合は（将来，短期金利が上昇し，利ざやが縮小，ないし逆ざやとなる）金利リスクを抱えるので，金利上昇懸念があれば長期固定資金の調達に努めることとなる。そこで，長期固定金利を調達できればよいが，そう簡単にはできないときもあるので，前述のスワップ取引で対応することとなる。これにより，貸出から受け取る長期固定金利を金利スワップの固定金利支払に充当し，一方，短期変動金利を金利スワップから受け取り，短期市場への変動金利の支払に充当することとなる。

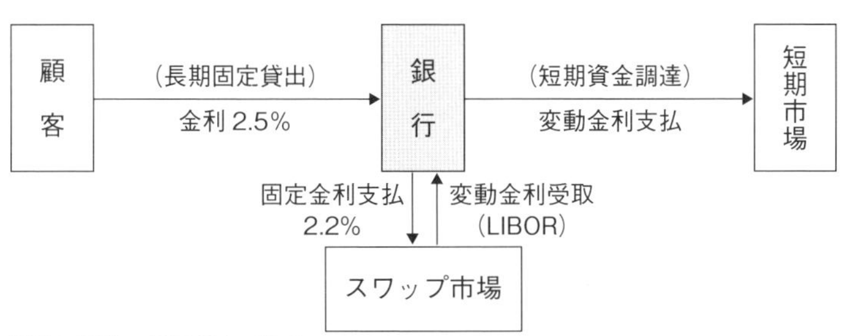

(注)矢印は金利の流れである。

⑤　為替リスク回避策

米ドル建債券を発行した企業が，銀行等と「ドル固定金利の受取（銀行のドル固定金利の支払），日本円固定金利の支払」のスワップ取引を行えば，結果的に日本円建債券を発行したのと同じこととなる。これは通貨スワップであるが，このように通貨スワップは為替リスク回避策として利用される。

⑥　中長期資金の調達

期間１年超の中長期アセットスワップを行うことにより，それに見合う中長期資金を調達することができる。

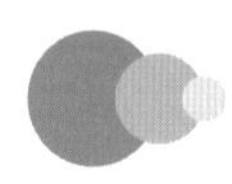

8. 円キャリー取引

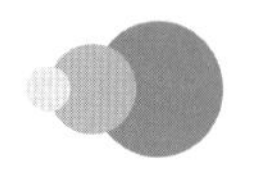

過去問題
・2023年10月 問44

円キャリー取引とは，低金利通貨である円を借り入れて高金利国の金融資産（米ドル等）で運用し，運用益や利ざやを得ようとする取引である。円キャリー取引の実行時には，日本の短期金融市場で調達した円を外貨に換える（円売りドル買い等）必要があるので円安要因となる。一方，解消時には運用していた外貨を円に換えて返済する必要があるので円高要因となる。

円キャリー取引は，日本の低金利政策により内外金利差（主に日本と米国の金利差）が拡大したことからヘッジファンドや機関投資家等によって盛んに行われるようになった。

円キャリー取引は為替リスクを伴う取引であり，またデリバティブも利用して行われることもある。

第10章

外為取引実践

1 外為取引推進

〈学習上のポイント〉

外為取引の推進にあたっては，顧客のニーズや課題をあぶり出し，顧客の立場に立って丁寧かつ迅速・的確に対応することが重要となる。この節では外為ソースや企業ニーズの発掘方法をしっかりと身につけて，これまでの章で学んできた知識を実践の場で存分に活かせるようにしよう。

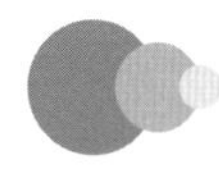

1. 外為ソースの発掘方法

外為ソースは直接訪問して聞き出す方法や外部資料を使って探す方法，あるいは銀行等の窓口に来店された顧客から情報を入手する方法もある。発掘方法に決まったものはないが，一般的にはつぎのような方法で「外為取引らしき材料」を見つけ出すことができる。

①ジェトロ（日本貿易振興機構）等の貿易関係企業名簿，商工会議所名簿，市販の海外進出企業総覧等，外部資料や新聞記事，インターネット検索等から新規開拓先を発掘。

②決算書等財務諸表から下記に記載の有無を調査。

B/S に海外子会社宛貸付金，為替換算調整勘定，海外市場開拓準備金，為替変動準備金，外貨預金，外貨建借入，輸入ユーザンス残高。P/L に輸出売上高，為替差益・差損。有価証券報告書に輸出入比率，仕入・販売先に外国企業，海外拠点，役員に外国人氏名，提携先企業に外国企業名，外国企業との技術提携。

③自行が接受した輸出信用状で，自行と取引のない受益者に訪問

トレース。

④海外からの送金で，取引のない受取人に訪問してのトレース。

⑤海外振出小切手の取引のない換金（取立等）依頼人へのトレース（他行から交換請求を受けた場合を含む）。

⑥外国送金が発生した場合や役職員の外貨両替時に目的を聴取。

⑦渉外担当者の聞き込みによる取引先役職員の海外出張情報。

⑧取引先（通関業者，運送・保険会社等）の紹介または情報（ギブ・アンド・テイクで臨む）。

⑨外国為替・海外進出関連セミナー等を開催し，参加招請。

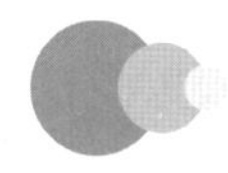

2. 企業訪問による聞き出し（ヒアリング）

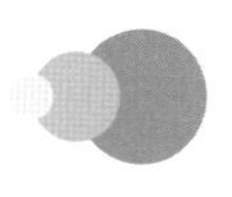

訪問対象先を決めたら外訪する前に必ず当該企業に係る資料を集めたりホームページ等で企業情報を閲覧して概要を頭に入れ，かつ関連業界の動き等も調べたうえで不明点を整理して面談に臨めば，より掘り下げて効率よく聞き出すことができる。

面談にあたっては最初からストレートに聞き出そうとするのではなく，先方が関心をもっていそうなこと，例えばタイに進出していることがわかっていればタイの政治・経済等の諸情勢について話を始めるのがよい。

また，為替相場動向は輸出入企業の最大関心事の１つである。企業訪問前には直近の相場・金利の動きを確かめ，その変動要因を頭で整理しておく。そして，為替相場を話題にすることにより，輸出入の有無から為替リスクで悩んでいること等を聞き出すきっかけともなる。なお，面談にあたっては先方の実権者・キーパーソンを把握しておく必要がある。

ヒアリングの内容は主としてつぎのものがある。

①輸出または輸入の有無。有りの場合は年間/月間取扱高（おおよ

その件数・金額），決済条件（L/Cベース，D/P・D/A，送金（前払・後払）），輸出入相手国，決済通貨，商品，対顧客決済方法（Spot相場または為替予約相場の適用，外貨預金入出金）

②リスクの対応状況：為替リスク，輸出債権回収リスク等

③資金ニーズ（輸入ユーザンス，輸出前貸，インパクトローン，親子ローン資金等）

④他行取引条件（取引種類，与信枠，レート優遇条件等）および他行取引における改善希望点

⑤情報ニーズ（為替相場・金利動向，海外情報等）

⑥海外現地法人等の進出先のニーズ（資金，人材，情報等）

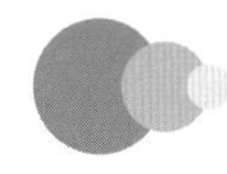

3. 取引推進のための提案・助言

外為取引推進上で大事なことは，自分が顧客の立場であればどのようにしたいと思うか，あるいは銀行等に何を期待するかという視点で考えることである。それによって顧客の問題点やニーズを汲み取ることが可能となる。

ではどのような提案・助言ができるか，取引推進の切り口として，本テキストで学んだことを想起しながら考えてみよう。

(1) 情報提供

金融情報（為替相場・金利動向）や海外情報（現地の外貨管理規制，海外トピックス等），対象企業の業界情報等の提供

(2) アドバイス・協力

①企業の海外取引相手先や輸出見込み先の信用調査協力

自行の海外拠点の活用，ジェトロ（日本貿易振興機構）や商工会議所の海外企業信用調査サービスならびにDun &

Bradstreet 社のダン・レポートといった信用調査サービスの利用を勧奨

②海外輸出入相手先の見つけ方として，ジェトロの国際ビジネスマッチングサイトや世界の主要な BtoB のビジネスマッチングサイトの活用を勧奨。見本市や展示会に自社製品の出展勧奨

③外為法の規制や報告・貿易手続に関するアドバイス

④輸出入手続に不慣れな企業には，自行取引先の運送業者や通関業者・保険代理店などを紹介

⑤輸出債権回収のリスクヘッジに係るアドバイスとして，日本貿易保険の輸出手形保険や貿易保険，民間保険会社の貿易保険の利用をアドバイス

⑥関税優遇策や移転価格税制等の国際税制助言，国際税制に精通した税理士の紹介

⑦親子ローン契約書の作成や現地法人の撤退手続等の助言

(3)　提案

①輸出手形の買取をはじめ，輸出前貸金融や輸出関連保証など輸出入金融全般，輸出債権回収リスクヘッジ策，為替リスク回避策，関税消費税延納保証など。

②資金の運用・調達（外貨預金，インパクトローン等），スタンドバイクレジット，金利スワップ等のデリバティブの活用

③自行のシステム商品・サービス商品（外為 WEB サービス，国際 CMS 等），ネッティング

④自行のサポート体制の説明とサポート提案

4. アプローチのポイント

アプローチの方法は，対象先の企業規模や海外展開状況によって

異なるので，まずは当該企業に関する情報を１つでも多く集め，十分に研究して事前準備をしておくことが大事である。

そして，アプローチにおいては，多方面で当該企業との関係を構築し，丁寧な対応を心掛ける必要がある。

⑴　中小企業へのアプローチ

中小企業には輸出入先や進出先の現地情報，為替相場の見通し，貿易手続の助言などが効果的である。信用力が十分とみられない場合には，輸出手形保険等の貿易保険や信用保証協会の制度融資の活用も考慮してアプローチする。

また，中小企業ではオーナーの後継者問題を抱えているところもあるので，切り口を外為取引に固執せず，事業承継や相続対策などから取引の切り口を探ることもアプローチにつながる。

⑵　大企業へのアプローチ

過去問題
・2023年3月
問49

大企業の場合，自社で情報収集体制はある程度充実しているため，生半可な情報提供では逆効果となり得る。また，大企業には外国為替取引に絞ってアプローチしていたのではチャンスが少ない。

このため幅広い調査を行って先方の諸課題やニーズを探り，価値ある適時な情報提供を行うことが功を奏する。

そのほか，つぎの点がアプローチのポイントとなる。

①大企業の海外事業展開は多岐にわたっていることが多いので，海外拠点の活動状況や資金調達・運用状況などを把握する。

②他社の海外進出動向や対象先の業界動向に関する情報提供も有効である。

③企業の事業戦略の転換や新規事業の立ち上げ時には，資金ニーズのほか種々のニーズが発生することがあるので，その際には関係法制度の助言のほか，資金調達や銀行のEB商品等につい

ての提案をタイミングよく行う。

④現地企業においては，現地の制度変更・規制改革があらたな資金ニーズや商流の発生となり，銀行取引獲得のきっかけとなる。そのようなときは海外拠点を通じた現地での融資や保証等の売り込みを図る。

5. 直貿への移行に関するアドバイス

間貿（間接貿易）も直貿（直接貿易）もそれぞれメリット・デメリットがあるので，いずれを選択するかは取扱商品や取引条件，リスクの程度，社内体制等を総合的に検討して決めるべきことである。顧客から相談を受けた場合にはつぎのような点を考慮し，適切なアドバイスによって顧客の信頼を得るようにする。

なお，ある程度の貿易量のある会社が間貿を行っている場合には，直貿のメリットのほうが大きい場合があるので直貿への移行を提案してみよう。

(1) 間貿のメリット

①貿易担当者を置かなくても商社を利用して貿易ができる。

②為替・貿易リスクを商社に肩代わりさせることができる。

③商社の情報網の活用や商社金融を利用することができる。

(2) 直貿のメリット

①海外取引先のニーズに迅速に対応して取引拡大が図れる。

②海外で十分な自社製品のアフターケアができる。

③海外企業との永続的な取引関係の樹立を図ることができる。

④商社手数料の支払負担を削減することができる。

⑤自社の都合に合わせて為替リスク等の機敏な対応ができる。

⑶ 直貿への移行を検討するうえで考慮すべき事項

①取扱商品は直貿に適しているか。

②継続して輸出または輸入を行うのか。

③輸出は特定のバイヤーに偏っていないか。

④輸出入金融を受ける余力はあるか。

⑤商品のクレーム対応や欠陥商品の訴訟の対応が可能か。

⑥為替リスク等のリスク対応に耐え得る財務体力があるか。

⑦貿易業務に精通した人材の育成等，直貿を行える実務面の社内態勢を整えられるか。

海外進出支援

〈学習上のポイント〉

今や海外戦略は企業経営の最重要課題の一つとなっている。海外戦略の成否が企業の存亡のカギとなっているといっても過言ではない。

銀行等は海外進出支援が取引獲得や取引深耕のチャンスともなる。いかにして他行より早く海外進出のニーズをつかみ，良質な情報を他行に先駆けて提供し，取引につなげていくかを学ぼう。

1．海外進出支援にあたって

過去問題
・2023年3月 問49

わが国では国内市場の拡大が望めないため，企業は成長著しい国の需要をいち早く取り込もうと，海外進出や外国企業との提携等を推し進めている。ただ，海外進出は進出後にトラブル発生や撤退を余儀なくされることもある。このため，事前の情報収集と進出リスクの把握が進出成否のカギとなる。そこで銀行の的確な情報提供やアドバイス等が求められる。

企業が行う海外拠点の取引銀行選定にあたっては，既存の国内銀行取引順位によらず，銀行の情報提供やアドバイス等の進出支援姿勢等を評価して決められることが多いので，進出支援は下位取引銀行であっても新規取引の機会を得ることとなる。

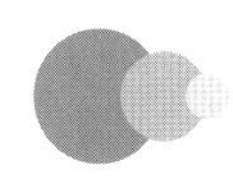

2．進出ニーズのヒアリング

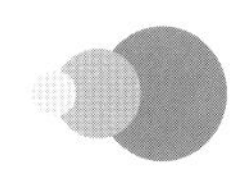

過去問題
・2023年3月 問49
・2022年10月 問48

企業の海外進出は，進出の検討段階から進出後事業が軌道に乗るまでである程度時間がかかる。一方で，海外進出が公表されたときには海外拠点の取引銀行が確定していることがほとんどである。このため銀行等は早期に進出ニーズをキャッチし，進出検討初期の段階から関与することが取引獲得につながる。アプローチにあたっては，企業の経理・財務部だけでなく，海外事業部や経営企画部等にも直接コンタクトすることが情報入手の早道となる。

企業が海外進出を検討する動機や目的はつぎのようなことが考えられるので，ヒアリング等を通じて進出ニーズを発掘する。

【海外進出を検討する動機や目的】

①海外市場の開拓：国内市場の伸び悩みで，販路開拓・販売促進のため，より大きな海外市場に活路

②製造コスト削減：人件費削減や労働力確保のため，より安価な国の労働力を利用した現地生産

③原材料・部品の現地調達：安価な原材料・部品の安定確保

④取引先の海外進出に追随：大口の原材料仕入先や納入先の海外移転で，取引先のニーズに対応し継続的な取引を確保

⑤取引先の要請：取引先やグループ企業の海外移転に伴い，継続的な取引を確保

⑥物流コスト等の削減：国内の輸送費や光熱費の高騰により，原材料・部品等の現地調達・生産・販売

⑦現地の規制に対応：輸出先国の輸入規制で現地生産を検討

⑧現地の風習・習慣・文化・地域性に沿ったビジネス戦略により販売促進：現地ニーズに合った（現地で受け入れられる）商品開発

⑨その他：経済特区等の税制上優遇措置のある国に進出，同業他社が進出していない国に進出，海外の優秀な人材確保，新規事業立ち上げ，為替リスク対策，企業価値・ブランドイメージの向上

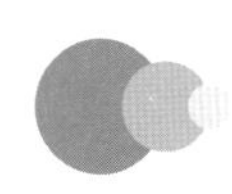

3. 企業の海外進出の検討

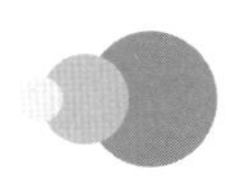

企業が海外進出を検討するにあたっては，まずは明確な目的を持ってフィジビリティ・スタディ（F/S：Feasibility Study：事業化可能性調査）をしっかりと行うことが，進出後の事業化成否を左右する。

F/Sの一般的な調査項目は，カントリーリスク，経済情勢，インフラ（道路等の陸海空交通手段，電力，水道，通信事情等），労働・賃金事情，現地の法規制，外資規制，為替管理規制，建築環境規制，公害規制，関連産業の集積状況等であり，これらを行って費用対効果や技術調査・コスト計算・利益予測等を行うことである。また，進出後，事情により撤退（フェード・アウト）する場合のリスクと対応についても検討しておかなくてはならない。

過去問題
・2023年10月 問48
・2022年10月 問49

4. 海外進出ニーズへの対応

進出情報を入手した場合には，検討している進出先候補国，進出時期，事業目的，進出形態（製造・販売拠点の新設，合弁，海外でのM&A等）等についての意向を聴取する。

そして，本部と緊密な連携を保ち，最善の進出支援ができるように努めることが重要である。銀行等の営業店では入手の難しい海外各国の投資に係る法制度について最新の情報を持っている自行本部の支援を求める。

また，公的機関等の進出支援制度を利用する方法もあり，各銀行等の事情に合わせて利用を勧奨する。これにはジェトロの海外進出支援サービス，各都市の外郭団体等の主に中小企業を対象とした海外進出支援サービス等がある。

過去問題
・2023年10月 問47

海外進出の目的が，現地法人設立による部品調達の多様化や現地の販路拡大等の場合には，銀行が取引マッチングのための現地優良企業を紹介して取引深耕を図る。

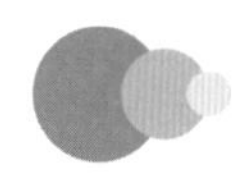

5．進出のための現地情報の提供とアドバイス事項

過去問題
・2024年3月 問47
・2023年10月 問47，問48
・2023年3月 問48
・2022年10月 問48，問49

進出を検討している企業には，対象国についてのF/S（フィジビリティ・スタディ）に関する情報提供など，進出目的に沿ったアドバイスを行う。主な情報提供項目は次のとおりである。

①　進出を検討している国に関する情報

経済・産業動向，政治情勢，カントリーリスク，現地と日本の商習慣の違い，現地の治安や魅力等について

②　進出形態

支店，駐在員事務所，現地法人（単独出資か経営権の確保または共同経営による合弁）等があり，各メリット・デメリット（本節6．参照）の説明と進出目的や進出規模に応じた提案……駐在員事務所設置にも現地の事前許可が必要であるが，設置後は営業活動や商業的活動，収益を得るための活動は禁止されている。

③　進出事業にかかる法規制

許可・制限・禁止の業種や出資比率規制および投資優遇策について……具体的には外資誘致策として投資優遇や奨励している業種と，これに対し業種によっては投資禁止や投資を制限している業種がある。また最低資本金○○以上という規制もある。

④　インフラ状況

外国企業誘致のため優遇措置が講じられている工業団地等に関するインフラや，鉄道・道路・空港・海運等の物流インフラ，電力や水道・通信等のインフラ等について

⑤ **労働事情**

現地の従業員確保と雇用条件設定のための情報として労働条件に関する法規制，労働市場，賃金，労働組合，社会保障制度について

⑥ **法規制等**

貿易管理制度（輸入規制品目等）や為替管理制度について……例えば中国国家外貨管理局による外貨管理規制がある。

⑦ **税制**

現地の法人所得税，個人所得税，付加価値税（VAT），移転価格税制，輸入関税等について

⑧ **投資申請・会社設立手続**

進出先の制度・手続について……日本国内では対外直接投資に該当する出資を行う場合には10億円相当額以上であれば事後報告が必要である。貸付の場合は事後報告が不要である。ただし，相手先が特定業種であれば事前届出が必要である。

⑨ **金融事情（資金調達・預金）**

外資系企業に対する金融上の規制や資金調達方法，預金口座の開設等について……例えば中国では**外貨口座管理規定**により，外資企業の中国現地法人の場合，外貨資金は資本金専用口座，借入専用口座，外債専用口座などを設けて使用目的別に使い分ける必要がある。

6. 海外進出形態別のメリット・デメリット

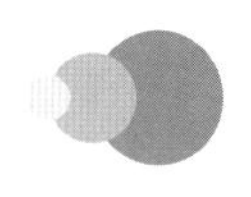

海外進出を検討するうえでは，どのような進出形態をとるかが重要となるが，そのメリット・デメリットはつぎのとおりである。

次頁の図のとおり，独資と合弁でのそれは相反しているといえる。なお，国や事業内容および進出形態によっては外国資本の出資比率の制限や設置（設立）禁止等の規制を受ける。

過去問題
・2024年3月 問47
・2023年10月 問49
・2023年3月 問48

	メリット	デメリット
支店	・営業活動が可能。 ・日本の本社が支店の法律行為に全責任を負う。 ・損失が発生した場合は本社利益に合算できる。	・会計処理が煩雑（外国税額控除の手続等）。 ・海外支店の利益も日本の税率が課される。
駐在員事務所	・法人税が課税されない。	・営業活動ができず，情報収集・連絡業務・市場調査・代理店支援等の業務に限定。
独資（日系企業単独出資）の現地法人設立	・自社の裁量で経営ができ，意思決定が迅速。 ・企業利益を独占できる。 ・企業機密や技術等の流出リスクがない。	・出資負担がかさみ投資リスクが大きくなる。 ・現地で独自に当局との折衝やマーケティング等を行う必要がある。
合弁（海外企業との共同出資）による現地法人設立	・合弁相手（パートナー）との出資分担により投資リスクを軽減。 ・現地事情に詳しい合弁相手の経営資源（ノウハウや人材，生産・販売網等）を活用できる。	・国や業種によっては外国資本の出資比率規制がある。 ・合弁相手の選定が難しく，それが成否を左右する。 ・企業機密や技術等の流出リスクがある。 ・合弁相手との意見調整が必要で，経営方針の違いによる紛争，解散・撤退時のトラブルリスクがある。

【日本企業の海外 M&A（合併と買収）】

日本企業の海外進出方法として，上記のほか現地企業との M&A がある。M&A の形態には合併のほか株式譲渡や事業譲渡などがあるが，広義では上記の合弁などの資本・業務提携も含まれる。

海外M＆Aのメリット・デメリットはつぎのとおりである。

① メリット

・M&A の形態次第では，現地企業が保有する生産拠点や販路，ブランドをそのまま引き継ぐことが可能で，短期間で事業を軌道にのせることができる。

・買収先の事業や人材を譲り受けることで，新会社を設立するよりも業務展開の時間を大幅に短縮できる。

・M&A が株式譲渡による場合，買収した現地企業がもつ現地の許認可や経営ノウハウをそのまま引き継げる。

・特定の資産のみを譲り受ける事業譲渡では，偶発債務を含む現地企業の債務を切り離し，新会社にとって必要な資産のみを引き継ぐことができる。

②　デメリット

・買収した現地企業に多額の簿外債務が発覚し，割高な買収となることがある。

・企業文化の違いや，社員のモチベーションの変化，優秀な人材流出などで買収後の経営が軌道に乗らないことがある。

・合併には新設合併と吸収合併があるが，新設合併の場合，会社自体が新しく生まれ変わるとの考えから，合併先の現地企業が有していた現地当局の許認可を新会社がそのまま引き継ぐことができない。

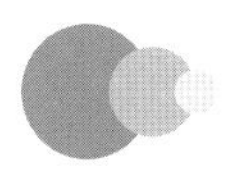

7. 海外進出に関連する税制

過去問題
・2024年3月 問50

企業が海外進出等，海外事業を展開するうえで留意しておくべき国際的な税制のポイントを説明する。

①　租税条約

A 国に進出した日系企業が，A 国でも日本でも課税されるという国際間の二重課税回避と脱税の防止を目的とする二国間の条約である。所得の源泉地国の課税率等の制限を定めており，内容は条約相手国ごとに異なり，適用を受けるには，その国の所定の届出が必要である。

②　移転価格税制

主に税率が高い国での利益を減らすために，企業が親子間等，海外の関連企業との間で取引する価格を通常とは異なる価格に設定すれば一方の利益が他方に移転するが，これによる不当な所得の海外移転を防止することを目的としている。

この税制では，海外関連企業との取引が通常の（第三者との）取引価格（独立企業間価格）で行われたものとみなして所得を計算する。

③　過小資本税制

関連企業への配当は損金算入できないが，借入れで生じる支払利子は損金算入できることから，日本の企業が海外の関連企業から資金調達するのに際し，出資を受けての調達を少なくして借入れを多くすれば，わが国での税負担は軽減できることとなる。

この出資に代えて借入れを多くする方法による租税回避を防止するため，外国親会社等の資本持分の一定倍率を超える負債の平均残高に対応する支払利子の損金算入を認めないとする制度である。

④　外国税額控除

法人が外国の支店で外国税を支払った場合や，外国法人から受け取ったロイヤリティなどに外国税が課税された場合などで，外国税と日本の税金が二重に課税される際に，一定額を法人所得税額から差し引くことで，二重課税の排除を目的とする制度である。また，個人の場合も，外国の法令で外国税を納付することになれば，確定申告によってその外国税額を控除限度額まで所得税額から差し引くこと（税額控除）ができる。

⑤　タックスヘイブン対策税制

タックスヘイブンとは租税回避地（＝税負担が日本に比べて著しく低い国や地域）という意味で，本邦企業の海外現地法人がタックスヘイブンを利用して不当な税負担の軽減で留保した所得に対して課税し，租税回避を防止するものである。

⑥　PE（恒久的施設）課税

PEとは，支店や工場といった事業を行う一定の場所のことをいう。PEに認定されると税務申告・納税が求められるので，海外進出検討時にPEに関する現地情報を確認しておく必要がある。

8. 本邦企業による技術輸出について

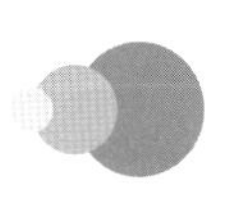

過去問題
・2024年3月
問49

技術輸出とは，企業がもつ特許・実用新案・技術情報などに関する権利を外国に提供し，対価としてロイヤリティ（特許権使用料）を受け取ることである。

企業が所有する独自技術は，多くが収益の源泉となる重要な経営資源である。このため，技術の社外流出リスクを最小限に留め，また，将来の海外展開を有利に進めるためにも，供与の対象となる技術等については必要最小限にするのが望ましい。

国によっては海外へのロイヤリティ送金（支払）について，当局への事前届出義務があり，ロイヤリティ料率およびライセンス契約期間についての上限規制，送金規制等を受けて，ロイヤリティを日本に送金できないという問題が生じることがあるので，契約前に十分に調査しておく必要がある。

ロイヤリティの支払には，支払者に源泉徴収と支払国での納付義務があるのが一般的である。日本と租税条約を締結している場合には，租税条約が国内法に優先して適用され，税率の低減や免除される場合もある。

ロイヤリティの計算方法が適切かどうか，受取側で確認が困難な場合があるため，あらかじめ契約書で支払側の情報開示や監査方法について取り決めるのが一般的である。

貨物の輸出と同様に，技術指導を含む技術輸出についてもリスト規制やキャッチオール規制の対象にならないか，輸出者自身が事前に十分確認する必要がある（外為法 25 条 1 項，55 条の 10）。

9. 現地法人等の資金調達方法

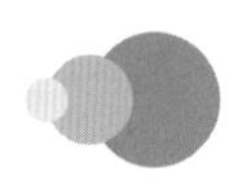

過去問題
・2024年3月 問48
・2023年10月 問47

海外に進出した企業，特に中小企業においては一般的に知名度も低いので資金調達が課題となる。銀行等は，取引先の現地法人等に対して資金調達方法の的確な提案が求められている。

資金調達方法には主に，①親会社の出資（増資），②邦銀現地拠点から主として親会社の保証付で借入，③現地地場銀行から邦銀のスタンドバイ・クレジット付で借入，④親子ローン，⑤本邦金融機関からの借入（現地貸付），等がある。

上記③の地場銀行から現地通貨で借り入れるケースでは，現地通貨で借りたほうが金利が少々高くても為替リスクが生じない。

一方，現地法人等が日本円等の外貨で調達すると現地通貨の下落による為替リスク（返済金額の増加）が生じることに留意すべきである。また，現地の市場金利と乖離した親子ローンの金利であると**移転価格税制**の問題が生じることにも注意が必要である。

なお，中小の日系進出企業が現地の銀行からいきなり融資を受けるのは難しく，その場合，スタンドバイ・クレジット（第 5 章 2 節 7.「その他輸入金融」参照）を要求されるケースが多い。

10. 現地法人等が本邦から借入を受けるケース

過去問題
・2023年10月 問47

本邦からの支援方法には，親子ローン，現地貸付，本社のユーザンス供与等の方法がある。

① 親子ローン

親子ローンとは，日本の親会社・本社が直接，子会社の現地法人等に対して資金を貸し付けることをいう。この親子ローンの原資は，現状，親会社の自己資金よりも日本の銀行等から低利で借り入れて調達するケースのほうが多い。

親子ローンや現地貸付は，金額や期間の長短にかかわらず外為法上の事後報告は不要である。ただし，貸付と返済時の3,000万円相当額超の送金・被仕向送金の際は「支払又は支払の受領に関する報告」が必要である。

②　現地貸付

現地貸付とは，わが国の銀行等が非居住者である海外の現地法人等に対して直接外貨または円貨で融資する取引をいう。通常，手形貸付または証書貸付形式で行い，融資代り金を現地法人に送金する。この場合，わが国の銀行は親会社の保証を得てローンを実行する。親子ローンと同様に事後報告は不要である。

③　親子（本支店）間の貿易取引における金融

進出後に日本の本社等が海外現地法人に輸出した貨物代金をシッパーズ・ユーザンス（D/A 90days after sight 等）としてユーザンスを供与したり，後払い送金ベースを認めるなどの方法もある。

④　設備機械等の現物貸与

親会社が現地法人に融資以外で資金援助する方法として，設備機械を現物貸与する方法がある。この方法は金銭の貸付ではないので対外直接投資には該当せず日本銀行宛て事後報告も不要である。

11. 海外拠点との連携と進出前後の取組

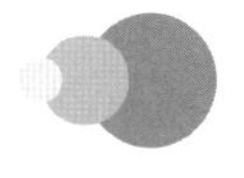

①　自行海外拠点との連携

自行の海外拠点では現地でしかわからない情報を有している。企業の現地法人がある国に自行海外拠点があれば，海外拠点と連携をとって現地法人への情報提供や企業関係者の現地出張時のアテンド

過去問題
・2024年3月 問48
・2023年10月 問47
・2023年3月 問48

を依頼することは取引推進に効果的である。

自行海外拠点では，現地事情の説明や法律・税務・会計事務所等の現地専門家の紹介，法制度・税務等の情報提供，会社設立手続等の実務面の支援等協力できることが多い。

②　海外進出後の銀行の取組み

企業の現地法人設立時には親会社の出資金送金や事務所開設費等の経費送金が，また，設立後には，資金の調達・運用ニーズの発生だけでなく親会社との間で原材料・製品等の経常的な輸出入取引や，経費送金，配当金送金，ロイヤリティ送金，親子ローンの融資と返済代り金の送金等の発生が見込まれる。

このため，進出後においても親子間の商流と取引先ニーズをしっかり把握して，日本の親会社と現地法人を一体とした取引推進を図ることが重要である。

12. その他の貿易と英文契約書

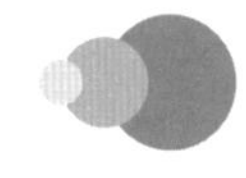

(1)　通常の貿易とは異なるかたちの貿易形態

過去問題
・2023年10月
問50

①**仲介貿易**…わが国の居住者が外国相互間（A国とB国の間）で貨物の移動をさせ，A国企業からの買いとB国企業への売りの双方の売買契約の当事者となって売りと買いの決済を行う取引をいう（第1章4節4.「外為法に基づく報告義務」参照）。

なお，同じ三国間貿易の一種で，二国間の貨物の売買をする仲介者が外国にいる場合を「スイッチ貿易」というが外為法では定義されていない。

②**委託加工貿易**…海外の企業（委託者）から原材料や部品を輸入して（生産を受託し），指定された製品に加工のうえ，その加

工品を輸出することをいい，**順委託加工貿易**ともいわれる。これとは逆に，わが国の企業が外国の企業に原材料を輸出して生産を委託し，製品を再輸入する方式を**逆委託加工貿易**という。

③**並行輸入**…並行輸入とは，時計やバッグなどの高級ブランド品を国内の正規輸入総代理店を通さずに，第三国の輸入総代理店や商標権者より販売を委託された業者から，同じ真正商品を輸入することをいう。なお，真正商品の並行輸入は商標権の侵害には当たらないとされている。

④ **OEM（Original Equipment Manufacturing）**…OEMとは，製造企業が発注者（相手先）のブランド（商標）で製造し，発注者に供給することである。発注者は製造設備を待たずにすむ利点がある。日本の企業は自社製品を製造コストの低い海外メーカーに製造委託（OEM）することが多いが，OEMは国内の企業間でも行われており，OEM製品は自動車や家電製品，食品，衣料品など多数見かける。

(2)　国際取引で作成される英文契約書の条項

①**秘密保持条項**…契約の当事者が契約上知り得た情報を秘密に保持する義務を規定するもので，契約以外の目的には利用しないとする用途制限も規定されることがある。

②**契約解除条項**…契約期間中でも相手側の契約違反や破産などの事由が生じた場合は，契約を一方的に解除できる規定。

③**仲裁条項**…契約から生じる紛争の解決方法として，いきなり裁判によらず，仲裁を利用することを定める規定で，仲裁地や仲裁機関が明記され，輸出入契約などの国際取引では和解や裁判に比べて利用されることが多い。

④**不可抗力免責条項**…地震などの自然災害や紛争・内乱など当事者の不可抗力な事象が発生した場合，これによって生じた契約

過去問題
・2022年10月
問50

不履行や遅延については責任を問わないとする規定。

⑤**準拠法条項**…契約上の文言や条項に疑義が生じた場合，どの国の法律に基づいて契約が成立し，効力が生じ解釈されるかが規定され，第三国の法律を準拠法として定めることもある。

【執筆協力】

奥田 善生

☆ 本書の内容等に関する追加情報および訂正等について ☆

本書の内容等につき発行後に追加情報のお知らせおよび誤記の訂正等の必要が生じた場合には，当社ホームページに掲載いたします。

（ホームページ 書籍・DVD・定期刊行誌 メニュー下部の 追補・正誤表）

銀行業務検定試験 公式テキスト **外国為替3級** 2024年10月・2025年3月受験用

2024年7月29日 第1刷発行

編　者　経済法令研究会
発行者　髙橋春久
発行所　㈱経済法令研究会
〒162-8421 東京都新宿区市谷本村町3-21
電話 代表03-3267-4811 制作03-3267-4897
https://www.khk.co.jp/

営業所／東京03(3267)4812 大阪06(6261)2911 名古屋052(332)3511 福岡092(411)0805

制作／経法ビジネス出版㈱・菊池一男 印刷／あづま堂印刷㈱ 製本／㈱ブックアート

ISBN978-4-7668-4455-9